SW
MINERVA
社会福祉叢書
㊽

準市場の成立は高齢者ケアサービスを変えられるか

―日韓の比較実証分析―

李 宣英著

ミネルヴァ書房

準市場の成立は高齢者ケアサービスを変えられるか——日韓の比較実証分析

目次

序　章　高齢者ケアサービスにおける準市場とは何か……1
1　福祉サービスの市場化への問い……1
2　「準市場」の登場……4
3　本書のねらい……9

第Ⅰ部　ケアサービスにおける「準市場理論」

第1章　ケアサービス供給の多様化と準市場……17
——日本・韓国の状況との整合性——
1　福祉供給の多元化……17
2　福祉国家と福祉ミックス……24
3　「準市場」とは何か……29
4　ケアサービス制度のなかの国家介入と市場原理……38

第2章　イギリス・日本・韓国における準市場研究……45
——その動向と理論の日韓への適用——
1　本章の枠組み……45
2　イギリスのコミュニティケアサービス……47
3　日本の介護保険制度……64
4　韓国の老人長期療養保険制度……72
5　ル・グランの準市場成功前提条件——日本・韓国への適用にあたっての留意点……78
6　ル・グラン理論の日韓の制度への適用——限界と課題……87

第3章　ケアサービス準市場構造の日韓比較……93
1　本章の視点……93
2　ケアサービス供給・利用の場における準市場の要素……94
3　供給者側からみた準市場の構造……98
4　利用者側からみた準市場の構造……109
5　日韓比較からみた準市場の構造的な特徴……113

第4章　日本におけるケアサービス準市場の歴史……117
1　本章の視点……117
2　いつ、財政主体と供給主体の分離が行われたのか……118

3 いつ、準市場メカニズムの要素が取り入れられたのか……126
4 介護保険は準市場のなかでいかに位置づけられるのか……130
5 準市場の認識に対する再検討の必要性と新たな時期区分……133

第5章 韓国におけるケアサービス準市場の歴史……139
1 本章の視点……139
2 いつ、財政主体と供給主体の分離が行われたのか……141
3 いつ、準市場メカニズムの要素が取り入れられたのか……153
4 老人長期療養保険は準市場のなかでいかに位置づけられるのか……156
5 準市場の要素による韓国歴史の時期区分……158
6 準市場の観点からみた社会福祉供給歴史の日韓比較……161

第Ⅱ部　ケアサービス「準市場」の日韓比較

第6章　ケアサービスの供給量と利用量……169
1　本章の視点……169
2　日韓における高齢化の特徴および介護保険制度の導入……171
3　ケアサービス利用量の比較……174
4　ケアサービスの供給量および供給主体の比較……180
5　日韓比較からみた利用量・供給量の特徴……190

第7章　ケアサービス供給における市場の集中度……193
1　分析の背景……193
2　社会サービスインフラにおける供給の公平性と地域間格差……195
3　分析方法と対象……200
4　供給の市場集中度に関する分析結果……204
5　社会サービスインフラのなかでケアサービスインフラがもつ特徴……214

第8章　ケアサービス準市場における現在の姿……219

1　本章の視点……219
2　調査の特徴……220
3　調査の概要……222
4　分析の結果——調査対象者の特徴および国家間の比較……229
5　日韓における介護サービス準市場の特徴と課題……245

終　章　準市場（論）のこれから……253

1　異なる経路からの出発と展開……253
2　「理論」「歴史」「現状」の多角度からのアプローチ……255
3　準市場理論・現状の評価と将来像……262

参考・引用文献……269
あとがき……287
索　引

序章　高齢者ケアサービスにおける準市場とは何か

1　福祉サービスの市場化への問い

そもそも、福祉サービスの供給において「市場化」という概念はふさわしく思われないものであった。なぜなら、福祉サービスの市場化は伝統的に福祉国家がめざす理念とは相反する概念であり、福祉国家への発展を妨げるものであるという考え方が強かったためである。

福祉サービスの供給に市場原理をもっとも早く取り入れた国はイギリスであり、実際の政策の面においても、学問的な研究の面においても先駆的な役割を担ってきている。しかし、そのイギリスにおいても、ある時期までには、市場原理は社会サービスとは異質のものであるという考え方が一般的であった（平岡 二〇〇四：二九四）。

一方、近年「市場化」という用語は、福祉サービスの供給の場において珍しい概念とは思われなくなってきている。第二次世界大戦以降続いてきた経済成長と福祉国家の発展は、一九七三年のオイルショックにより崩壊の危機に直面するようになった。とくに欧米諸国において、右肩上がりの経済成長が期待できない状況下で、社会的リスクの増加や社会保障費の増大による国家財政の圧迫問題が新たな課題として登場した。それは先進諸国が共通して経験したことであり、そこで注目をあつめた方策の一つは「新自由主義」という新たなパラダイムの導入のことであり、それを通して財政問題を解決しようとした歴史的な経験を共有したのである。新自由主義の登場は、ケインズ主義理論による大きな政府の失敗に基因しており、いわゆる「個人と市場の自由」「経済効率性の極大化」「政府による介入の縮小」などを基本的な概念とするものである。その具体的な政策の一つが福祉サービスの供給に市場原理を導入することである。

オイルショックによる経済不況はイギリスにおいても例外ではなかった。一九七〇年代に入って、物価上昇率が二四％を上回り、ポンド危機を迎えるようになったのである。失業者は一〇〇万人を超え、国家非常事態の宣言を繰り返す最悪の状況に直面するようになった（Freeman 1998）。そのような状況のなかで、ケインズ主義政策の無能力に対する批判とともに過多の福祉支出と公共部門の膨張、政府の肥大化などが経済危機の原因となったという批判から、社会福祉支出を減らし、福祉に対する政府の役割の再整備が余儀なくされた。

以上の状況下で、一九七三年に登場したサッチャー首相による保守党は、政府の役割を縮小し個人の責任を強調する、いわゆる新自由主義理念として代表される「サッチャリズム」を形成した。以上の状況をふまえ、イギリスの福祉サービスの供給には市場原理主義が働くようになり、その後、イギリス以外にもアメリカのレーガン政府など、新自由主義を標榜する政権が次々と誕生した。

一方で、日本においては、一九七〇年代末に自助努力と小さな政権を念頭に置いた、いわゆる「日本型福祉社会論」の実現に向け、中曽根政権が「社会福祉改革の基本構想」のなかにみられるように社会福祉の自由化、柔軟化路線による民間活力の導入を提唱した。その後も、一九九〇年代後半から医療・年金・福祉の各分野で社会保障・社会福祉の構造改革を推進してきた。一九九七年に社会福祉基礎構造改革の一環として制定された介護保険法（二〇〇〇年四月施行）とともに、福祉分野へも市場原理が拡大されるようになった。措置制度に基づき運用されてきたケアサービスに市場原理が拡大されるようになった結果、多様なサービス供給主体が参入するようになり、利用者にはサービスに対する選択権が与えられるようになった。また国家は、主に費用負担主体としての役割に縮小されるようになった。この点について、横山（二〇〇三）は行政の役割を「権利保障に直接に責任を負う立場から、契約に基づく売買が円滑に行われるための条件を整える立場」へと転換するようになったと述べている。

他方、韓国においては日本に比べ二〇年ほど遅れた一九九〇年代後半に襲われた経済危機以降、新自由主義に関する議論が活発に行われ、その影響を受け、二〇〇八年の公的老人長期療養保険制度の導入とともに福祉サービスの供給システムにおいて市場メカニズムが機能するようになった。同制度は、日本の介護保険制度をモデルとしたものである。

以上の背景から、今日において「福祉サービスの市場化」は、いまや珍しい概念でもなく、福祉サービスの供給に市場の力を活用しようとする傾向は、先進諸国の社会政策において大きな潮流となっていることは確かであろう。とはいえ、イギリス・日本・韓国を含め、先進諸国における市場化の状況はさまざまであり、多少のタイムラグもある。

そこで、日本の福祉サービス市場化の歴史や現状を他国との比較を通して明らかにする必要がある。とくに、いち早く市場化を進めたイギリスの経験を参考にしつつ、日本よりは八年遅れているが、同様に市場原理を取り入れた韓国を主な比較の対象国とすることにしたい。それぞれの国において、もっとも早く市場原理を取り入れた制度は、イギリスのＮＨＳおよびコミュニティケアサービス、日本の介護保険制度、韓国の老人長期療養保険制度があげられる場合が多い。それらの制度の特徴は、高齢者を対象とするケアサービスという共通点をもつ。さらにイギリスとは異なる日本・韓国制度の共通点としては保険原理下で市場化を進めたという点も分析する際のポイントとなると考える。そこで、本書の対象とする制度としては、以上三カ国の高齢者ケアサービス制度を中心とするのが適切であろう。

2 「準市場」の登場

(1) 国家規制と市場機能の併存

以上のように、福祉国家体制を再編する手段の一つとして、市場メカニズムを有効に活用しようとする政策は、多くの福祉国家でみられる傾向となっている。しかし、福祉サービスの供給において市場原理が導入されたとしても、完全な市場体制として成り立つことはできない。なぜなら、福祉サービス供給の最終的な責任は国にあるためである。したがって、市場原理によりサービスが提供されるとしても他の分野と比べ国家の介入が非常に強く、完全な市場体制とはいえない。そこから、ある程度の国家規制が存在するうえでの市場が形成されることになる。

したがって、福祉サービスの市場化を分析するにあたって、市場的な側面のみならず、国家規制の側面にも同時に焦点を当てる必要がある。そこで、有効なものが「準市場（Quasi-Market）」という概念である。「準市場」という概念は、一九九〇年代にイギリスの経済学者であるJ. Le Grand（ル・グラン）とW. Bartlett（バートレット）によって体系化され、彼らの研究は今日に至るまで日本のみならず、多くの国家の福祉サービス供給体制を分析するにあたって有用な概念として評価されている。

「準市場」という用語は「Quasi-Market」の訳語であり、類似概念として「擬似市場」、「社会市場（Social Market）」や「内部市場（Internal Market）」などがある。また「準市場」という概念は、市場の側面も非市場の側面もあるという曖昧な意味をもち、幅広く指すことができるため、経済、医療、福祉、教育、保育などのさまざまな分野において、多様な意味で用いられている。

準市場メカニズムの導入は、既存の福祉供給システムに市場原理を取り入れ、多様なサービス供給組織を参入・競争させることによりサービスの質を上げ、効率性を高めようとする考え方である。駒村（一九九九b）は、準市場を「購入と供給の分離による供給者間の競争の促進という形で公的部門の内部に市場メカニズムを導入することにより効率性を高める擬似的な市場メカニズム」と定義している。

具体的に、イギリス・日本・韓国の制度の中で準市場的な要素として、何があげられるだろうか。イギリスの準市場のポイントは「供給者」と「購入者」の分離である（Le Grand 1993）。イギリスにおいて準市場メカニズムは、一九九〇年に制定されたNHSおよびコミュニティケア法（National Health Service and Community Care Act）によって本格的に進められたといわれている。つまり、一九九〇年以前には、政府がすべての費用を負担すると同時にサービスを供給する役割も果たしてきた。しかし、準市場メカニズムが働くことによって、サービスに対する供給は民間部門に委託し、それらの間に競争を起こすことによって、質の高いサービスを提供することができるように誘導する役割に変化した。実際に、ホームケアサービスにおける組織別の供給割合をみると、一九九二年には地方政府（公共部門）が九八%、独立部門（民間営利・民間非営利）が二%にすぎなかったが、一九九九年を境に独立部門の供給割合が地方政府の供給割合を超え、二〇〇五年には地方政府が二七%を、独立部門が七三%を供給するようになり、NHSおよびコミュニティケア改革が行われた前後において著しい変化があったことがわかる（Laing & Buisson 2003）。

一方で、日本と韓国の場合にも、準市場のポイントである「供給者」と「購入者」の分離が当てはまるであろうか。その答えを明確にするためには、日本と韓国の各国において、準市場の導入政策とされる介護保険制度（韓国の場合、老人長期療養保険制度）の施行により、「供給者」と「購入者」が分離されたか否かについて検討する必要がある。しかし、それに関しては、第4章および第5章で詳しく論じることにし、ここでは、そうでない可能性が高いことについて問題提起を行いたい。

それは、日本と韓国における福祉供給の歴史はイギリスとは大きく異なる経路を経て現在に至っている歴史的な事実に起因する。高齢者ケアサービスに限ってみれば、日本と韓国は他の欧米福祉国家にくらべ、国家（公的部門）が福祉サービスを主導的に供給してきた歴史がほぼなく、当然ながら、それによる国家財政の浪費や非効率性なども経験していないかごく短い期間にすぎない。そのように民間部門が福祉サービスの供給において先頭の役割を果たすことになった背景は、欧米諸国とは時期的にも政策的にも異なる。

以上のような観点にたってみれば、イギリスとは異なり、日本や韓国は介護保険制度が導入される以前から「供給者」の役割は民間部門が、「購入者」の役割は政府（公的部門）が担当してきたため、すでに「供給者」と「購入者」が分離されていたともいえる。それゆえ、それぞれ介護保険制度と老人長期療養保険制度が導入された時点を前後してみれば、イギリスのように「供給者」と「購入者」の分離に焦点をおくより、むしろ保険原理をもちいた準市場メカニズムの導入や営利組織の活発な参入などに焦点を当てて準市場メカニズムの機能を検討した方がより的確であると考えられる。

したがって、日本と韓国における準市場の現状を述べるにあたってまず、イギリスとは異なる日本・韓国の準市場の特徴を明らかにする必要があると考えられる。

さらに、J. Le Grandの準市場理論に依拠して説明すれば、彼は準市場が成功するための前提条件として⑴市場構造、⑵情報、⑶取引費用と不確実性、⑷動機づけ、⑸クリーム・スキミングをあげている。それは、日本のケアサービス準市場を分析するにあたって有意義な示唆を与えており、研究結果もある程度蓄積されている（駒村 一九九九ａ；平岡 二〇〇二；佐橋 二〇〇二ｂ；佐橋 二〇〇六；佐橋 二〇〇八）。しかしながら、それはイギリスの状況を想定して提唱された理論であり、前述した保険原理との関連づけなどは考慮されていない。言い換えれば、J. Le Grandの準市場理論がもっとも多く用いられており有効ではあるが、日本と韓国の準市場を体系的に説明するためには、根本的な限界があるといえる。このような限界を克服するため、既存の理論を日本と韓国に適用した場合、当てはまる側面は参考にしつつ、当てはまらない側面を指摘し、それを補うための評価軸を探す必要があると考えられる。

（2）日本・韓国における民営化なき市場化

福祉サービスにおける市場化は、一九八〇年代のイギリスやアメリカにおいて、社会政策における民営化（privatization）というかたちで現れた。当時は、非常にラディカルな民営化が主張されており、医療や教育についても市場に任せた方がいいといった議論も散見された。とくにイギリスの場合は、公営住宅の民営化が世論の支持を集めたこともあって、民営化に関する議論が勢いづいていた。しかし、その後の一〇年の試行錯誤の結果、国営企業についてはともかく、社会政策の領域における完全民営化（full privatization）は不可能だとの結論が多くの人々から受け入れられるようになった。条件整備者（enabler）としての政府や、準市場（quasi-market）といった議論が登場し、一定の影響力をもつようになったのが一九九〇年代の状況である（武川 二〇〇二：八）。

一方で、日本の場合にも、福祉サービスの市場化が進む際に、イギリスと同様の民営化という動きがみられたのであろうか。その歴史的な背景は、第二次世界大戦後、ＧＨＱによって占領を受けた時期に遡る。その当時、ＧＨＱは「国家実施責任」を強調するために「公の支配」に属さない民間事業への公的援助を禁止した。しかし、日本政府は、社会福祉法人制度を創設することにより、民間事業を公の支配下に置き、民間が福祉サービスを提供し政府（公）が財政を支援するシステムを構築した。つまり、民間組織が主な福祉サービスの供給を担当する、いわば

「財政＝公、供給＝民」という現行のシステムは、その当時から存在していたのであり、それが現在まで維持されてきたという独特な歴史的経験を有している。

さらに韓国の場合には、またそれらとは異なる背景をもっている。一九五〇年代の朝鮮戦争以降、国家全体が貧困状態に陥ることによって、外国の民間援助団体が来韓し、救貧事業を行ったが、それが韓国の社会福祉に関する法律制度が設けられる出発点となった。その後、一九七〇年代に入って、それらの外国援助団体が撤収することになり、その穴を埋めるために社会福祉法人が創設され、また残った外国援助団体がそのまま社会福祉法人化されるようになった。それが日本と共通する「社会福祉法人制度」の始まりであった。しかしながら、イギリスとも日本とも異なり、福祉サービスの制度が整えられた最初の段階からほぼすべてのサービスの供給が民間によって行われたのである。

以上の内容をまとめると、市場化をすすめる手段の一つとして民営化があげられるが、民営化がすすめられた歴史はイギリス・日本・韓国の間に大きな違いがみられるといえる。とくに、日本と韓国の場合、諸外国にはみられない「社会福祉法人」という、法律上には民間組織となっていながらも、完全な民間でもなく公でもない独特な体制をもっているのが、準市場の歴史を分析するにあたってもう一つの重要な鍵概念となるであろう。

（3）準市場がいかに有効に機能しているか

以上で述べたように、日本と韓国におけるケアサービス準市場の評価を行うにあたって、既存の準市場理論を援用することを基本とするが、そこには考慮されていない日本・韓国の福祉供給システムの独特な特徴も考慮に入れる必要がある。それによってより有効に準市場の評価を試みることができると考えられる。ル・グランは準市場が成功する命題として「競争は現実的でなければならない」こと、「選択には情報が与えられなければならない」こと、「いいとこどりは防がなければならない」ことなどを強調している（Le Grand 1993）。どのような市場にも、アクターが競争を損なうような行動、いわゆる反競争的な行動をとるという危険が存在しているが、それをコントロールしなければならないということである。

理論上には「準市場メカニズム」が機能しているとしても、それがいかに機能しているかは別の問題になると考えてもよいであろう。そこで、理論的な側面からの評価のみならず、具体的な現場の側面においても、準市場がいかに有効に機能しているかを把握する、実証的な分析を行う必要もあると考えられる。このことは本書がもつもう一つの意義でもある。

そこで、五つの準市場の成功前提条件（(1)市場構造、(2)情報、(3)取引費用と不確実性、(4)動機づけ、(5)クリーム・スキミング）をベースにしつつ、それに加えて、前で言及した日本と韓国におけるケアサービス準市場の特徴を参考にして探索的な調査を行いたい。

3　本書のねらい

本書は「日本と韓国における高齢者ケアサービス準市場の現状」を理論的および実証的に解明することを目的とする。

イギリスの準市場理論は日韓両国において、もっとも一般的に援用されている。しかし、その理論だけではイギリスとは異なる「日韓における準市場の運用システムの仕方」（保険原理の活用）や「歴史的な背景の中での準市場」（かなり以前から続いてきた圧倒的に多い民間組織の供給割合）などは説明できない。そこで、まずイギリスの準市場理論を日本と韓国の状況に照らし合わせて、その有効性と限界を明らかにする。そのうえで、日本と韓国における準市場の形成過程を検討することによって、イギリスとは異なる日本・韓国における準市場の独自の特徴を明確にする。

さらにル・グランが提示している準市場の成功前提条件を参考にしつつ、以上の特徴を考慮に入れた評価軸を通して、日本と韓国の高齢者ケアサービスの準市場がいかに有効に機能しているかを把握したい。

以上の観点をふまえ、本書で明らかにすべき論点は以下の通りである。

① 準市場理論と日韓の状況との整合性検討およびその特徴

日本と韓国のケアサービス準市場は、ル・グランの準市場理論（Quasai-market theory）に照らし合わせてみれば、どのような準市場の要素をもっているのか。また、その理論は日本と韓国のケアサービス準市場にもそのまま適用できるのか。

② 日本と韓国における準市場の形成過程の歴史検討およびその特徴

日本と韓国における準市場の形成もイギリスと同様に「財政主体と供給主体の分離」を通じて取り入れられたのか。イギリスとは異なる日本・韓国の独自の歴史的経験としては何があげられるのか。

③ ケアサービス準市場の現状と課題

日本と韓国におけるケアサービス準市場は実際、どのように機能しているのか。現状はどうなっており、今後の課題としては何があるのか。

本書は、日本と韓国における高齢者ケアサービス準市場を明らかにするため、ル・グランの理論にもとづいて分析を行っている。

第一に、ル・グランの準市場理論について検討を加え、彼が着目している準市場のポイントや理論上における準市場の要素を導き出す。

第二に、それを手掛かりに、ル・グランの理論を日本と韓国の状況に適用する際の限界を明らかにする。その方法としては、日本と韓国における福祉サービスの供給体系の歴史分析を通して、その特徴を把握し、さらに、現行の制度上における運用の特徴もその根拠として提示する。

第三に、日本と韓国の高齢者ケアサービス準市場を分析するには、何が鍵概念となるかを検討し、以上の過程をふまえて、イギリス・日本・韓国の高齢者ケアサービス準市場の形成過程の類似点と相違点を明らかにする。

第四に、現行の高齢者ケアサービスの準市場の分析を実証的に行う。一つの方法は、統計資料などに基づいて、それぞれの供給量と需要量の変化や介護インフラの地域間格差の比較分析などを行う。もう一つの方法は、第一から第三の過程から得られた評価軸に基づいて、実践現場の調査を行う。日本と韓国の高齢者ケアサービス準市場の有効性を検証するために同様の質問紙を用いた量的調査を実施し、既存の準市場に関する実証研究がもっている限界の克服に努める。

以上の四つを図式化したのが、図序-1である。以下、簡単に図の示すものについて補足説明を加えておく。

まず、「①準市場理論と日韓の状況との整合性検討およびその特徴」に対する答えを探るためには、既存の準市場概念から準市場のポイントを明らかにし、それらを日韓のケアサービス制度に当てはめ、具体的な準市場の要素を明確にする必要がある。そこで、第**1**章では、準市場概念などの理論的検討を行う。ル・グランによる準市場概念と日本の研究者による準市場概念の整理を通じて、準市場概念の特徴と日韓の現状における準市場の要素について明らかにする。次に第**2**章では、イギリス・日本・韓国のケアサービス制度の紹介と準市場研究の動向を検討する。さらに、ル・グランが提示している準市場の成功前提条件を日本と韓国の状況に適用して、当てはまる点と当てはまらない点を明確にする。そのうえで、第**3**章では、日本・韓国のケアサービス制度上における準市場の構造について日韓比較を行う。以上の過程のなかで、準市場の理論的限界を提示し、日韓の準市場における特有性を模索する必要性を示す。

それらの課題と関連している「②日本と韓国における準市場の形成過程の歴史検討およびその特徴」に対する答えを探るためには、第**1**章から第**3**章までにおいて明らかにした準市場の理論的限界を克服し、準市場の形成過程に関する歴史検討を通じて日韓の準市場を説明する際の着目点を示す。そこで、第**4**章と第**5**章において、日本・韓国におけるケアサービス準市場の歴史的検討を行い、いかなる変化を経験してきたかを明らかにすることによって、イギリスとは異なる日本・韓国のケアサービス準市場の特徴を浮き彫りにする。以上の検討から、日韓の準市場における特有性を導き出し、それらを反映したうえでの実証分析が必要であることを新たな課題として提示する。

その課題と関連している「③ケアサービス準市場の現状と課題」を明らかにするために、統計資料を用いた分析と調査を用いた分析などを行う。そこで、第**6**章ではケアサービスの利用量と供給量の分析、第**7**章では市場集中度の分析を統計資料にもとづいて行い、さらに、第**8**章ではル・グランの準市場成功前提条件にもとづいた量的調査を日本と韓国の現場を対象として実施することによって、準市場の姿を明確にする。

以上の分析結果を総合して、準市場研究の理論的な側面における新たな可能性、そして実際のケアサービス現場における準市場の評価と将来像を示し、結びとしたい。

図序-1　研究の構成

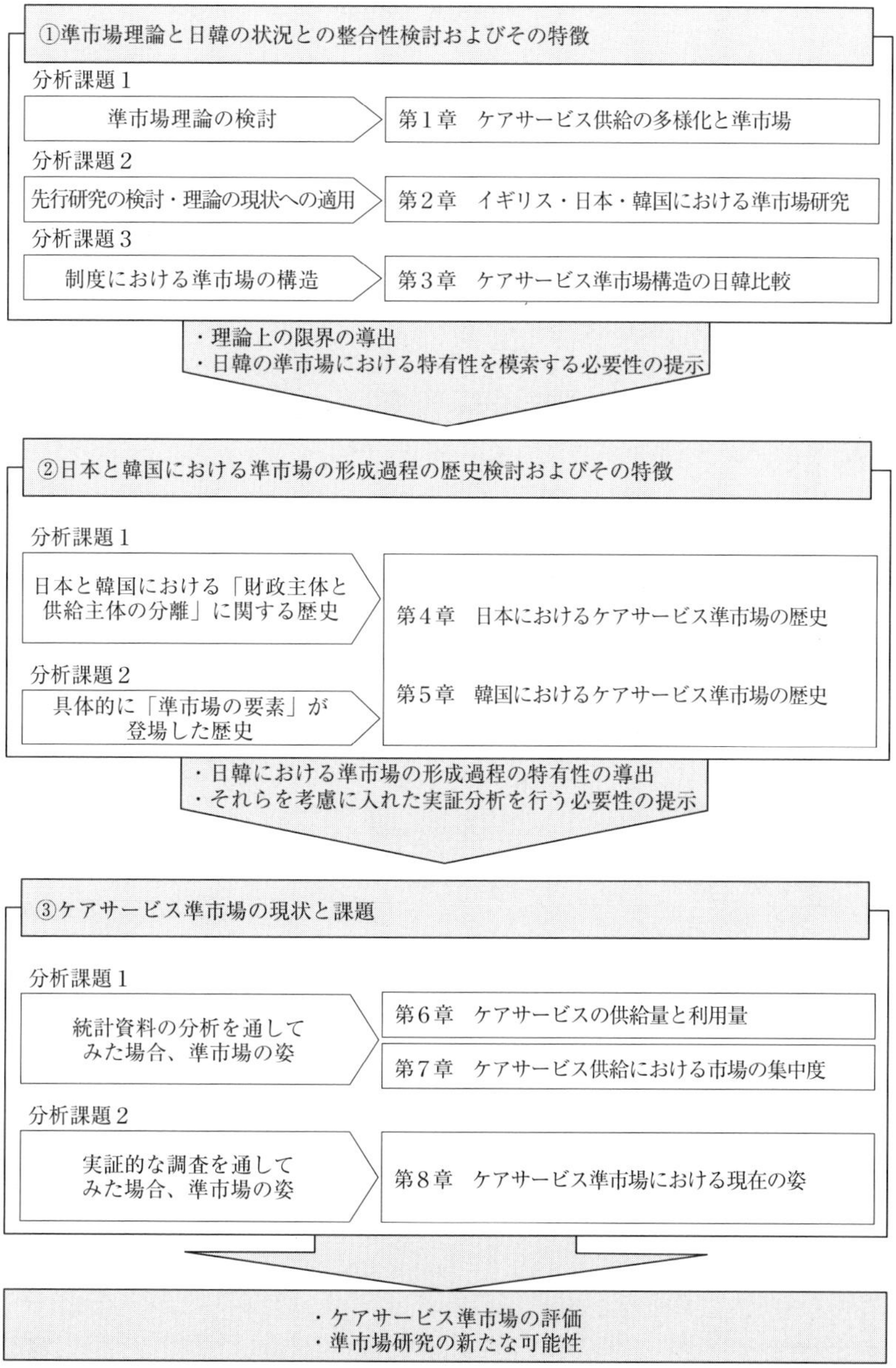
①準市場理論と日韓の状況との整合性検討およびその特徴
分析課題1
準市場理論の検討
第1章　ケアサービス供給の多様化と準市場
分析課題2
先行研究の検討・理論の現状への適用
第2章　イギリス・日本・韓国における準市場研究
分析課題3
制度における準市場の構造
第3章　ケアサービス準市場構造の日韓比較
・理論上の限界の導出
・日韓の準市場における特有性を模索する必要性の提示
②日本と韓国における準市場の形成過程の歴史検討およびその特徴
分析課題1
日本と韓国における「財政主体と供給主体の分離」に関する歴史
分析課題2
具体的に「準市場の要素」が登場した歴史
第4章　日本におけるケアサービス準市場の歴史
第5章　韓国におけるケアサービス準市場の歴史
・日韓における準市場の形成過程の特有性の導出
・それらを考慮に入れた実証分析を行う必要性の提示
③ケアサービス準市場の現状と課題
分析課題1
統計資料の分析を通してみた場合、準市場の姿
第6章　ケアサービスの供給量と利用量
第7章　ケアサービス供給における市場の集中度
分析課題2
実証的な調査を通してみた場合、準市場の姿
第8章　ケアサービス準市場における現在の姿
・ケアサービス準市場の評価
・準市場研究の新たな可能性

第Ⅰ部　ケアサービスにおける「準市場理論」

第1章　ケアサービス供給の多様化と準市場
――日本・韓国の状況との整合性――

1　福祉供給の多元化

（1）本章の視点

福祉サービス供給組織に関する多様なモデルが存在しているなかで、それぞれの組織に対する意味や範囲も、研究によって、また国によって多少の違いがみられる。したがって、本書で用いているそれぞれの組織の範囲についても説明する必要がある。また、本書における分析枠組みの基本理論となる「準市場」について簡単にふれておきたい。

そこで、第2節では本書の前提となる公共組織や民間組織などの範囲について述べる。また第3節では、ル・グランをはじめ、多様な研究者による準市場の定義を検討したうえで、それを日韓のケアサービス準市場に適用する際に問題がある可能性を提示する。さらに、第4節では準市場においてポイントとなる国家介入要素や市場原理要素を介護保険制度に照らし合わせて検討を行う。

（2）多様なケアサービスの供給主体

伝統的な福祉国家において所得保障や医療保障などは、国家の主要政策として位置づけられてきた。しかし、ケアサービスなどは、家族をはじめとしたインフォーマルな組織の役割としてみなされ、国家の政策として整備されはじめた時期が比較的に遅かった。

日本の場合、健康保険が一九二七年に発足し、年金が一九四二年、労災保険と失業保険が一九四七年に発足し、その後、改正を経て一九六一年に国民皆保険体制が整えられたことに比べ、介護保険は二〇〇〇年に施行された。韓国の場合も、一九六三年に施行された労災保険をはじめ、医療保険が一九七七年、年金は一九八八年、失業保険は一九九五年であることに比べ、介護保険の施行は二〇〇八年であり、最近になってから施行されるようになったのである。

さらに、ケアサービスが制度化される以前から現在に至るまでのケアサービス供給主体の流れをみれば、制度化される以前には家族や近隣などのインフォーマルな組織によって担われ、また戦後一九六〇年代に入り選別的な社会事業制度としてケアサービスが提供されはじめた時期に至ってからは、フォーマルな組織、とくに、非営利組織によって提供されるようになり、インフォーマルな組織とフォーマルな組織が混在する様相を帯びるようになった。その後、二〇〇〇年介護保険制度が普遍的な社会保障制度として位置づけられるようになったことによって株式会社などの営利組織が大幅に参入するようになり、同一サービスを多様な組織が提供する完全な福祉ミックスの状態となっている。そのことは、日本のみならず韓国を含む他の国家においてもみられる一般的な現状ともいえる。

とくに、ヨーロッパ諸国においては一九七〇年代福祉国家の危機以降、それを克服するための戦略として多様な形態の福祉供給主体がサービスを提供する「福祉多元主義（welfare pluralism）」を推進してきており、その中心はインフォーマルな組織と第三セクター（民間非営利組織）の活用にあった。

そのような現状は一般的に福祉ミックス、福祉混合、福祉多元主義と称されるが、その類型の区分については多くの研究者によって多様な形で提示されている。例えば、Gilbert & Terrel（2005）は、社会福祉サービスの供給主体を(1)家族を含む親族、(2)宗教、(3)企業、(4)市場、(5)相互扶助、(6)政府に区分しており、Johnson（1987）は、(1)国家、(2)ボランティア部門、(3)インフォーマル部門、(4)営利部門として論じている。また、Starr（1988）は、(1)公共部門、(2)民間社会福祉部門、(3)民間非営利部門として区分しており、さらにDinitto & Dye（1983）は、(1)公共部門、(2)民間非営利部門、(3)民間営利部門に区分している。以上の類型化は、主に、インフォーマルな組織やフォーマルな組織について論じており、今日にみられるような第三セクターや官民パートナーシップなどは含まれていない限界をもつ。

さらにEvers（1993）は(1)家計（households）、(2)国家、(3)市場経済の三つに大きく区分し幅広く類型化しつつ、それらがミックスしながら多様な形態の供給主体が形成されると述べている。また、家計と国家の間に存在しながらも、相対的に家計に近い形態として(4)セルフヘルプグループがあり、相対的に国家に近い形態として(5)ボランタリー組織があるとしている。さらに、家計と市場経済の間に存在する(6)小規模の雇用創出組織（small-scale initiative for job creation）があり、家計と国家および市場経済の間に(7)協同組合組織（cooperative）が存在していると述べている。彼の定義は、混合的な性格をもつ組織が存在している実態を反映したうえでの類型化のように考えられる。

一方で、第三セクターとされている民間非営利組織の場合、公共と民間の性格が混合している性格をもっているため、それ自体が福祉混合であると主張している研究もある。このような特徴のため、最近の福祉ミックスは第三セクターである非営利民間組織がさらに活性化している点に焦点を当てている分析が多く登場している（Evers 1993：23-25）。

表1－1　福祉ミックスによるサービスの類型

	国内的	国際的
国　家	現金給付、社会サービス	国際機構や外国からの援助またはサービス
市　場	民間保険、教育および医療などの福祉サービス	多国籍企業が運営する民間保険、教育などの福祉サービス
非営利組織	NGOや非営利組織が提供する給付、サービス	国際NGOからの援助、サービス
企　業	国内企業が提供する企業福祉	多国籍企業が提供する企業福祉
家　族	家族内での私的移転、保護サービス	外国に住んでいる家族からの送金

資料：Gough（1999）より作成。

他方では、そのような民間非営利組織の複合的な特性は除いて、比較的に明確な性格をもっている国家、家族、市場のみに限定してこそ、福祉ミックスの特徴が明らかになる（Rose 1989：Abrahamson 1991）という主張もある。それをふまえて、Rose（1989）は民間非営利組織を除いた国家、市場、家計のみで類型化を行っている。しかし、以上の分類枠組みは、序章で述べたように「社会福祉法人」という民間組織でありながらも、公共組織としての性格ももっている民間非営利組織が多数存在している日本と韓国の状況を説明するには不十分であると考えられる。

しかしながら、福祉ミックスの中身は国によって異なっており、また一つの国の福祉ミックスも時間が経つことによって変化しつつあるため、一つの類型ですべての国を、あるいはすべての時代を論じるのはできないであろう。以上のような観点をふまえ、Gough（1999）は福祉ミックスによるサービスの類型を表1－1のように提示している。彼の指標は各供給組織によっていかなるサービスの提供ができるかを具体的に示している。

（3）サービスの供給者と財政負担者

それにしても、以上の福祉サービスの供給システムに関するモデルにおいては、サービスの供給主体にのみ焦点を当てているものが多い。そこで、「財政負担者」の役割を加えて、「サービスの供給者と財政負担者」という二者関係のなかで類型化している研究がある。とりわけGlennersterのモデルとKendallらのモデルが多く

表 1 - 2　Kendallらによる福祉ミックスの類型

<table>
<tr><th rowspan="2">財源負担</th><th colspan="4">サービスの提供</th></tr>
<tr><th>公共部門</th><th>非営利部門</th><th>営利部門</th><th>インフォーマル部門</th></tr>
<tr><td>税金・社会保険</td><td>内部準市場</td><td colspan="2">契約、外部準市場、補助金</td><td>介護（介助）者支援</td></tr>
<tr><td>慈善・寄付</td><td>追加支援金
（一時的支援）</td><td>民間募金、非営利
団体による支援</td><td>追加支援金
（一時的支援）</td><td>相互扶助による
金銭的支援</td></tr>
<tr><td>企　業</td><td>—</td><td colspan="2" rowspan="3">民間市場</td><td>扶養者有給休暇</td></tr>
<tr><td>個人負担</td><td rowspan="2">公的サービスに
おける利用者負担</td><td>現金支給による
インフォーマル経済</td></tr>
<tr><td>民間保険</td><td>—</td></tr>
<tr><td>ボランティア</td><td colspan="3">社会的ケアのボランティア</td><td>インフォーマル
支援ネットワーク</td></tr>
</table>

資料：Kendallら（2006：417）より作成。

引用されている。Glennerster（1997）は、サービスの供給と財源調達の側面から区分している。公共部門と民間部門を二つの次元で、六つの種類に分類している。具体的には、(1)公的供給―公的財源、(2)公的供給―民間財源、(3)公的供給―混合財源、(4)民間供給―公的財源、(5)民間供給―民間財源、(6)民間供給―混合財源に分類している。

さらに、Kendallら（2006）は、社会サービスのなかでケアサービスを提供する主な福祉ミックス体系を供給者と財政負担者の二者関係のなかで述べていると同時に、具体的な方式も提示している。表1－2はそれらを示したものである。この見解の特徴は、福祉ミックスの類型を論じている既存の類型とは異なり、供給と財源とを関連づけてより幅広い範囲を説明することができるモデルである。とくに財源負担の側面において、税金・社会保険、慈善・寄付、企業、個人負担、民間保険、ボランティアに分類しており、より詳しく類型化している点が特徴的である。そのなかでも、社会保険と民間保険、慈善・寄付とボランティアを区分している点から他の類型に比べて、具体的な説明が可能となる。さらにそれぞれの領域の組み合わせによる福祉サービスの提供形態を示していることも優れた点として評価できる。

(4) サービスの「設置主体」と「運営主体」

表1-2にもとづいて、本書の前提となる「準市場の範囲」について簡単にふれておきたい。Kendallらは、財源は税金・社会保険で賄いつつ、公共部門、非営利部門、営利部門が提供する体制に準市場が含まれていることを示している。そのことは、税方式でケアサービスを提供しているイギリスのみならず、社会保険方式で運用している日本と韓国は、それだけでも準市場メカニズムの要素があることを意味している。

それをふまえて、日韓両国においてケアサービスの運用を社会保険方式に転換したことは、準市場メカニズムのなかで、単に「多様な供給組織の参入」以上にもつ意味が大きいことを示しておきたい。

一方で、以上で紹介した研究者らによる議論は「サービスの供給者（Provider）＝企画者（Producer）」ということを前提としている。しかし、このような議論も日本と韓国の状況を説明するのに十分とはいえない。なぜなら日本と韓国の場合、介護保険制度が導入される前には「委託方式」という特殊な形態の運営方式を主に採択しており、その方式においては供給者と企画者がイコールではないため、必ずしも二者関係の議論が有効ではないためである。

そこで、このような日本と韓国の状況を説明するに適切なモデルとしては、以上のモデルとは多少次元が異なるかもしれないが、Savasの研究が示唆に富む。Savasは、サービスの供給にかかわる担い手として、サービスの企画者と供給者を区分している。つまり、彼はサービスの「Producer」と「Provider」との違いを理解することは非常に重要であると主張し、サービスの供給における基本的な参入者を⑴Producer、⑵Consumer、⑶Provider／Arrangerの三つに分類している（Savas 1987：60）。

本書においては、Savasのモデルを援用し、ProducerとProviderを分けて論じたい。その理由は、実際に日本・韓国の福祉サービス供給の流れをみると、サービスを企画する担い手（Producer）と、直接に供給する担い手（Provider）が異なる場合が多いためである。その典型的な例が「委託方式」である。つまり、公共機関が建物の設置・

図1－1　社会福祉サービス供給の流れ

Producer

中央政府、地方政府、民間非営利部門、民間営利部門、官民パートナーシップ

↓

Provider/Arranger

中央政府、地方政府、非営利公共機関、民間非営利部門、
民間営利部門、インフォーマル部門、官民パートナーシップ

↓

Consumer

高齢者、障害者、児童・家族、一般住民

資料：尹榮鎭（2009）より作成。

表1－3　福祉サービス供給の構成体系

	公共組織			民間組織		
	フォーマル部門					インフォーマル部門
	中央政府	地方政府	公共機関	非営利部門	営利部門	
日　本	厚生労働省（旧厚生省）	都道府県・市町村	福祉公社	社会福祉法人、財団・社団法人など	株式会社運営の事業所など	家族、親族、近隣など
韓　国	保健福祉部（旧保健社会部）	市郡区	国民健康保険公団など	社会福祉法人、財団・社団法人など	株式会社、個人運営の事業所など	家族、親族、近隣など

資料：筆者作成。

財政の負担を担うなど、いわゆる企画者としての役割をする一方、サービスを供給する役割は社会福祉法人等の民間機関に移譲する場合が多いということである。言い換えれば、サービスの企画者は設置主体であり、サービスの供給者は運営主体であると理解することができる（図1－1参照）。

以上で述べたように、福祉供給の多元化が世界的な主流となっているなかで、日本と韓国の状況を理解するためには、サービスの「設置主体（＝財政負担主体）」とサービスの「運営主体（＝直接的な供給主体）」を分けて議論す

ることは重要であると考えられる。したがって本書では、用語の誤解を避けるために、「供給主体」という意味は、「運営主体」の意味に限定することにしたい。また、設置主体をさす際には、そのまま「設置主体」と述べることにする。

なお、本書における公共組織と民間組織の範囲をいかに規定するのかについては表1－3に示している。以下の枠組みに沿って日本と韓国における具体的な供給組織を例としてあげており、そのことを本書における社会福祉供給の「公共組織」と「民間組織」の範囲として規定する。

2　福祉国家と福祉ミックス

(1) 世界の社会サービス

以上で検討を行ったように多くの国家で多様な形で福祉ミックスが進んでいる。しかし当然ながら、供給主体間の割合は各国の諸事情によって異なるであろう。例えば、ドイツは民間非営利組織がサービス供給の主な担い手であり、補足性の原理にもとづいて民間組織がサービスを提供することができないときに限って地方政府がサービスを提供する。それに対してギリシャは家族が社会的ケアの重要な担い手となっており、宗教機関（ギリシャ正教会）と協力して公共組織がサービスの提供を主導している。民間組織は公共組織が十分に対応することができない特定サービスを提供する役割を果たしている（Claudius 2006）。

そのように社会サービスに対する供給組織の形態は各国の諸事情によってそれぞれ異なる様相を示しているが、それらを国家別に分析している研究結果が興味深い。とりわけ、郷（二〇〇〇）、李インゼ（二〇一一）、Salamon & Anheier（1998）の研究がそれに当たる。

図1－2　市場化の国際比較イメージ

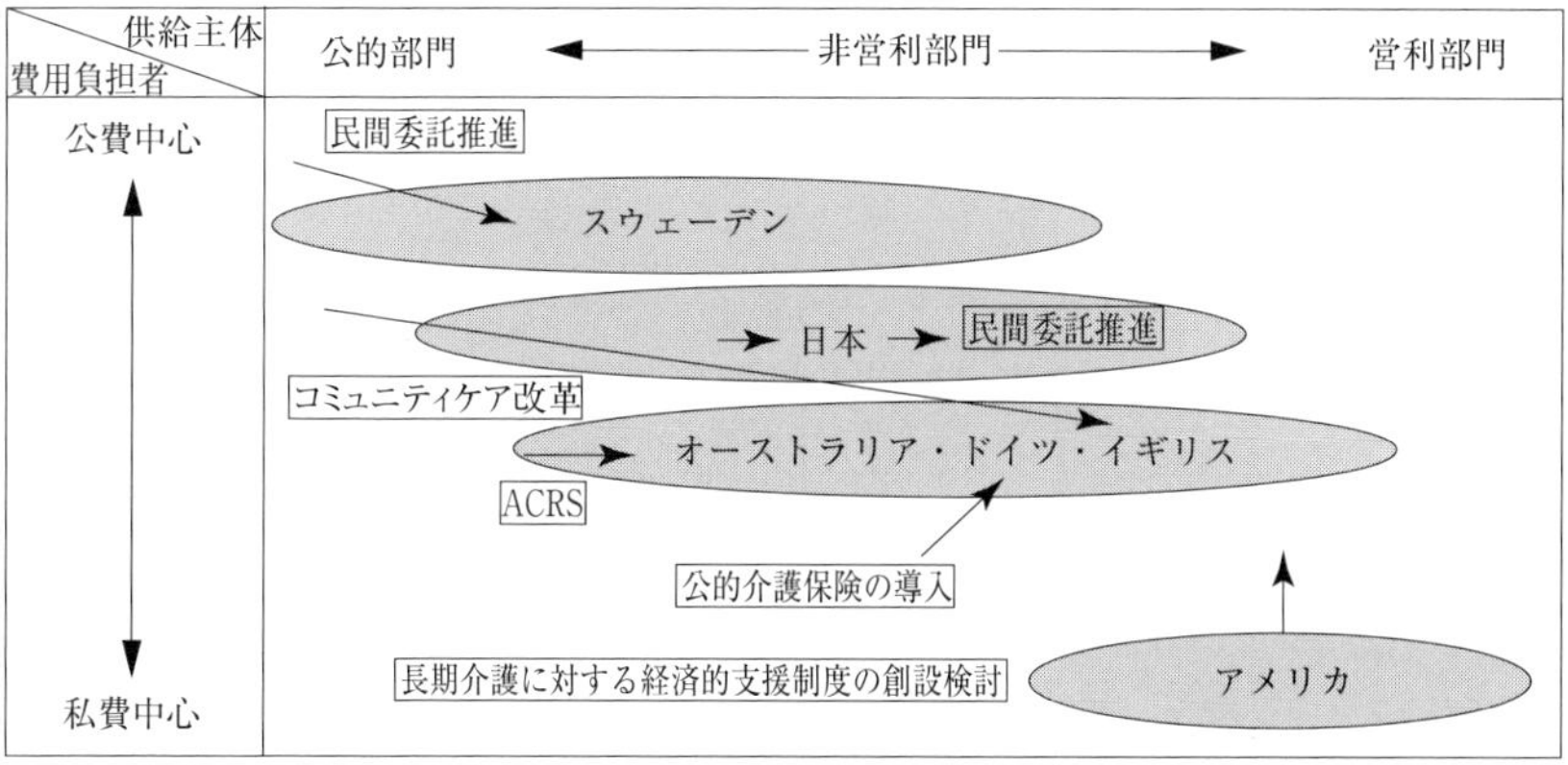

注：1）矢印はこれまでの主な動きと、今後の大まかな方向性。
　　2）ACRS=Aged Care Reform Strategy（オーストラリアの高齢者福祉改革）。
資料：郷（2000）より作成。

郷（二〇〇〇）は、市場化政策を供給サイドと需要サイドに分けて国際比較を行っている。まず、供給サイドの市場化、つまり「誰（政府・非営利団体・企業など）がサービスを供給するか」を基準にして類型化を行っている。大きく、(1)公的部門が大きく、民間部門はその補完や委託先として位置づけられるスウェーデン、(2)大きな公的部門がなく民間部門が中心となっているオーストラリアやドイツ、(3)福祉の公民ミックスの実現をめざすイギリス、(4)民間が中心となっているアメリカの四つに大別している。

さらに、需要サイドからは「誰（税・社会保険・民間保険・利用者）が介護費用を負担するか」について類型化を行っている。(1)自己負担を中心とするアメリカ、(2)社会保険で運営されるドイツや日本、(3)税を中心とするその他の国々の三パターンに大別している。それらを示したのが図1－2である。

また、李インゼ（二〇一二）は、エスピン＝アンデルセンが提示している福祉国家のレジーム別に社会サービス体制がどう違うかについて分析している。李によれば、社会民主主義類型に属する国家の場合、女性の労働市場への参加率を高めるために、公共部門を拡大してきた。また、保守主義に属する国家の場合

表1－4　福祉国家類型による社会サービスの特徴

（単位：％）

区分	政府主導型モデル	保守主義型モデル	市場主導型モデル	第三セクター主導型モデル
主要国家	スウェーデン、デンマーク	ドイツ	イギリス、アイルランド	イタリア
福祉国家レジーム	社会民主主義	保守主義	自由主義	南ヨーロッパモデル（保守主義）
福祉ミックスの主導主体	公共部門	公共部門、第三セクター	民間営利部門	第三セクター
第三セクターによる財政調達[1)]	70/10/20	65/5/30	39/31/30	57/7/36
政府による財政支出の水準[2)]	高（19.91/3.5）	中（9.52/1.9）	低（5.52/2.9）	低（2.34/1.2）
第三セクターによるサービス供給の水準	低（17.8）	高（36.8）	低（13.1）	高（27.5）

注：1）政府/寄付金/市場への支出割合。
　　2）社会サービスの支出対公的社会支出比/家族サービス支出対GDP比。
資料：李インゼ（2011：181）より作成。

には政府の支出を抑制するため、公共部門より民間非営利部門の役割を強調してきた。例えば、フランスの場合、一九九〇年から一九九五年までの間、全体雇用率は低下した一方で、社会サービス分野における非営利部門の雇用率は二〇％増加した。さらに、自由主義類型に属する国家の場合、市場の役割を強調してきた。その結果、民間サービス市場における低賃金雇用の拡大と所得の不平等を深化させる結果を生み出した。国家間の違いが顕著な国としてはイタリアとイギリスの施設ケアサービスがあげられる。保守主義類型に属する国家であるイタリアの場合、民間非営利組織が八一％、営利組織が一九％である反面、自由主義類型に属する国家であるイギリスの場合、営利組織が四六％、公共部門が四一％を占めている（李インゼ 二〇一一：一七九―一八三）。彼は社会民主主義国家を「政府主導型モデル」、保守主義国家を「保守主義型モデル」、自由主義国家を「市場主導型モデル」、南ヨーロッパ国家を「第三セクター主導型モデル」と定義している（表1－4参照）。

さらに、Salamon & Anheier（1998）は、国家の福祉支出と非営利部門の供給規模を基準として四つの類型に分類している。それによれば、国家の福祉支出と非営利部門の規模両方とも高水準にある国家はドイツやフランスなどの「保守主義」に属する国家、また国家の福祉支出は高いが、非営利部門の規模が小さい国家はスウェーデンやイタリアなどの「社会民主主義」に属する国家であると位置づけており、李インゼのモデルとは多少の違いがみられる。また、国家の福祉支出と非営利部門の規模両方とも低水準にある国家は日本などの「国家主義」に属する国家であると位置づけ、さらに国家の福祉支出は低いが、非営利部門の規模が大きい国家はアメリカなどの「自由主義」に属する国家であるとしている。この点についても、李インゼが自由主義国家を国家の福祉支出と非営利部門の規模両方とも低水準である国としてとらえていることとは対照的である。

（2）日・韓の社会サービス

日本と韓国における社会サービスの場合、公共財源の支出割合が低い方に属する。とくに韓国の場合「立ち遅れた国家・成長した市場・変形した共同体」（金尚均・洪坰駿 一九九九）という表現や「残余的国家・成長した市場・低迷したボランタリー部門・保護的家族」（申東勉 二〇〇一）という評価からいかに国家の役割が弱いかが読みとれる。さらに、金鎭郁（二〇〇五）は福祉ミックスの支出構造を国家二四・七％、企業二二・四％、市場一四・〇％、第三セクター一・四％、家族三七・四％の「保護的な家族主導型の福祉ミックス構造」と定義している。

以上のように他の福祉国家と日本・韓国がそれぞれ異なる福祉ミックスの姿をもっているのは福祉国家の発展過程においても同様である。簡単に述べれば、欧米の国家は一九三〇年代に自由主義国家が危機を迎えることによって国家が市場を統制し、社会福祉を拡充するケインズ主義福祉国家に転換した。その後、約四〇年間続いてきたケインズ主義は一九七〇年代のオイルショックによって批判を受け、再び市場経済に戻る新自由主義国家に移行するようになった。

一方で、日本においては、敗戦後の制度再編にあたって封建的な社会関係を一掃したいGHQが、福祉サービスの供給への民間組織の関与に強く反対した。一九四六年二月には、GHQは政府にSCAPIN775「社会救済」を提示し、「公私分離の原則」を明らかにした。これは公的財源について民間慈善事業への支出を禁じた憲法八九条を受けて、福祉サービスにおける公的責任の確立を求めたものであった。

しかし、当時の日本の養老施設、救護施設などはその約四割が民間の組織であり、民間組織がまったく関与しなければサービス供給が成り立たなかった。したがって制度体系としては、こうした民間組織を社会福祉法人として国の制度に組み込む代わりに、その運営を厳格に指導していく体制がとられた（三浦 二〇〇〇）。その後、一九七三年に老人医療費を無料化するなど、いわば「福祉元年」を頂点として国家の役割を増やそうとした。しかし、同時期にあったオイルショック、経済悪化は日本にも影響を与え、福祉サービスの供給も新しい局面を迎えるようになったが、それは、新自由主義を国家運営の基本理念として受け止めるきっかけとなった。つまり、日本は、宮本（二〇〇八）が主張するように、社会サービス供給への公的関与が確立する前に、石油ショックと低成長に直面し、福祉支出の拡大に歯止めがかかった。それによって、雇用レジーム（雇用保障）が福祉レジームの機能を代替してきており、福祉レジームの規模が小さいことは、日本型福祉レジームの特徴ともいえる。

他方、韓国の場合、植民地時代、開発独裁政治下で約三〇年間を送り、一九九〇年代に入って、開放化のはじまりとほぼ同時に二〇〇〇年代に新自由主義が導入された。そこで、公的部門による社会福祉サービスの供給領域が大きくない状態で、国家は規制や財政支援などを通じて、民間部門をコントロールしようとしてきた。一九九七年のIMF介入以降、福祉改革過程においても、そのような状況は大きく変わらなかったのである（金鎭郁 二〇〇九）。

韓国は日本よりも国家の役割を増やそうとする議論の期間が短く、そのまま新自由主義理念を受け入れたことになるが、その点が欧米国家との大きな違いであろう。この点は、本書においてイギリスと日本・韓国の準市場の定義の違いを生み出す大きな根拠ともなる。それに関する日本と韓国の歴史的な背景はそれぞれ第4章と第5章で詳しく検討する。

3 「準市場」とは何か

(1) ル・グランの準市場への評価

「準市場（Quasi-Market）」という用語を最初に提起し、もっとも体系化してきた研究者はル・グラン（J. Le Grand）である。彼の準市場定義によれば、準市場の「市場」とは、国家が独占的にサービスを提供する体制から競争的で独立した供給体制へ変化したことを、「準」とは、利用者をめぐって営利組織と競争する非営利組織が存在すること、購買力は貨幣ではなく、特定のサービスに対するニーズやバウチャーのかたちをとっていること、サービスは購買代理者により購買された後で、利用者に分配されることを意味している（Le Grand 1993：10）。

彼の定義に対し、準市場の概念について幅広く研究を行っている児山（二〇〇四）は、定義としての限界を次のように述べている。まず、準市場が「市場」である理由のうち、「国家が独占的にサービスを提供する体制から競争的で独立した供給体制へ変化」という点について、以下のような問題を指摘している。(1)「独占市場」という言葉があるように、市場が競争的であるとは限らない、(2)「国家」と比較させて「独立」という言葉を用いると、国立（公立）の供給者は準市場における供給者から排除される、(3)準市場が「市場」である理由のなかには、利用者の選択が可能であるという点が含まれていないとしている。

次に、準市場が「準」である理由のうち、「営利組織とも競争する非営利組織が存在する」という部分から、「経済学では、供給者が営利を追求するかどうかは、市場の定義ではなく経済主体の動機の問題として扱われている」

（児山 二〇〇四：一三四）としている。彼はまた、サービスの費用を利用者ではなく政府が負担するという点が含まれていないと指摘している（児山 二〇〇四）。

児山は、日本の研究者のうち、ル・グランの定義を批判している数少ない研究者の一人であるが、彼の見解に対して筆者の意見を述べたい。ただし、筆者の見解は社会福祉学の立場から、また介護保険制度における準市場の立場からみた場合の見解であり、その部分で経済学の立場をとる児山の視点とは差があることを断っておく。

まず、営利か非営利かということは、準市場の定義とは直接関係がないと主張しているが、社会福祉学では、準市場の導入によって営利組織の参入が可能となったことは非常に大きな意味をもっている。過去、通常の社会福祉サービスの供給と利用が行われる場において、供給者側は非営利であり、利用者はサービスの対価を現金のかたちで支払わないということは、常識のようにとらえられてきたことであり、いわば「措置制度」の特徴の一つでもあった。つまり、準市場が「準」である理由として、営利組織と非営利組織の混在をあげるのは、非常に重要なことであり、とくに社会福祉学の立場から、準市場を区別する定義として不可欠なことであると考えられる。

また彼は、「サービスの費用を利用者ではなく、政府が負担する」ことがル・グランの定義では抜けていると指摘しているが、介護保険制度の場合には、保険料以外に、サービスの利用に対する一割負担の義務が利用者に与えられたことを考慮すると、正確にいえば「利用者と政府の共同負担」の方が適切ではないかと考えられる。

以上のように、ル・グランの定義とそれに対する児山の指摘、また筆者の意見を述べてきたが、最後にル・グランの定義についてまとめよう。ル・グランは、イギリスの教育・医療・コミュニティケアなどの分野で行われた公共サービス改革の視点から準市場を定義しており、非常に広範囲の意味として準市場の意味をとらえている。また、それは当然、イギリスの状況にもとづいた定義であり、日本の状況に従う定義としては限界がある。例えば、ル・グランによる定義のうち「購買代理者により購買された後で、利用者に分配される」との表現はイギリスのＮＨＳ

サービスには当てはまるが、日本の介護保険制度には当てはまらない。日本の場合、サービスに対する購買権は利用者本人がもっており、要介護認定を受けた本人がいかなるサービスを利用するかを決め、直接サービス供給機関と契約を結ぶ形式をとっている。

そのような限界はあるが、日本において準市場の研究を進めるにあたり、その基盤となる考え方を提示したという点で、ル・グランの理論は日本においても有用なものであるといえる。

それでは、日本における準市場は、どのような意味として定義されているのか。準市場の定義に関しては、大きく二つの枠組みに分けることができる。一つは公的規制と市場原理の併存に注目しているもの、もう一つは役割分担の変化に焦点を当てているものである。

（2）日本の準市場の定義

①　公的規制と市場原理の併存に着目した視点

まず、公的規制と市場原理の併存に注目している研究としては、横山（二〇〇三）、佐橋（二〇〇二ａ）、狭間（二〇〇四）、岡崎（二〇〇七）の論文・著作がみられる。

それらの研究において、準市場の定義の共通点は、「国家の規制と市場原理の併存」としてまとめることができる。例えば横山（二〇〇三）は「規制された市場」として、狭間（二〇〇四）は「参入規制等の公的規制を残しつつも、可能な限り市場原理を活用して公共サービスを運営していくやり方」、そして佐橋（二〇〇二ａ）は「市場原理を活用しつつも公的規制をも併存させる制度的仕組み」としてとらえている。

これらのことは、経済・医療・教育などの多分野に通用する一般的な定義といえる。しかし、市場原理と公的規制が併存するなかで、「いかなる部分を準市場の範囲」として規定するのかを議論する際には、議論の基礎となる

表1－5　日本の研究者による準市場の定義

研究者	準市場の定義
①　公的規制と市場原理の併存に着目した視点	
佐橋（2002ａ）	市場原理を活用しつつも公的規制をも併存させる制度的仕組み
横山（2003）	規制された市場
狭間（2004）	公的規制を残しつつも、可能な限り市場原理を活用して公共サービスを運営していくやり方
岡崎（2007）	規制された特殊の形態の市場
②　役割分担の変化に着目した視点	
駒村（1999ｂ）	購入と供給の分離による供給者間の競争の促進という形で公的部門の内部に市場メカニズムを導入することにより、効率性を高める擬似的な市場メカニズムのこと
広井（2000）	「財政＝公、供給＝私」というパターン
佐橋（2002ｂ）	「供給体制」については従来の国家独占の形態から脱却し、多様な供給主体による消費者をめぐる競争を要求する一方で、「購入体制」においては、公的機関等による購入代行の後、利用者に対してそのニーズに従いサービスが分配されること[1)]
児山（2004）	政府が費用を負担し、当事者間に交換関係がある方式

注：１）佐橋（2002ｂ）は、イギリスと日本における準市場の定義を区別していない。したがって、彼はこの定義を日本の準市場の定義として用いているが、筆者はこの定義はイギリスにおける準市場の定義であり、日本のことを考慮した定義とは考えない。ただし、この定義と日本の現状との適合性の問題とは別に、役割分担の変化に着目して定義している点からここに引用している。
資料：筆者作成。

学問領域によって、意見が異なる可能性がある。

例えば、経済学では準市場の範囲を通常の市場（conventional market）の立場から論じている。それによると、「国家の規制・関与」の部分が準市場の範囲となる。しかし、社会福祉学で準市場の範囲を規定するとき、社会福祉供給の最終的な責任をもっている公的領域が中心となり、準市場の範囲は「自由競争、利用者の責任」の部分、つまり公的規制から外れた部分となる。それは経済学が市場から出発している一方で、社会福祉学は公共的な分野から出発しているためである。

整理すると、準市場の定義は多様な分野において類似しているが、準市場の範囲について議論する際には、大きな違いがみられると考えられる。したがって、社会福祉学でいう「準」と「市場」の要素を明確にする必要があると考えられる。本書における「準」と「市場」の要素に関しては、第**3**章で詳しく検討する。

②　役割分担の変化に着目した視点

次に、役割分担の変化を基準として準市場を特徴づけている研究としては、駒村（一九九九b）、児山（二〇〇四）、広井（二〇〇〇）、佐橋（二〇〇二b）などの研究がそれに属する。準市場の概念を日本にもっとも早く紹介したといわれている駒村によると「購入と供給の分離による供給者間の競争の促進という形で公的部門の内部に市場メカニズムを導入することにより、効率性を高める擬似的な市場メカニズムのこと」（駒村 一九九九b：一八八―一八九）と定義している。彼は「購入と供給の分離」というやり方を通じて、準市場のメカニズムが福祉領域に取り入れられたとみている。

その「役割の変化」と関連して、広井（二〇〇〇）も、擬似市場を「財政＝公、供給＝私」というパターンであると位置づけ、財政と供給をそれぞれ公と私の役割を分けている。彼らの見解を総合すると、「サービスを提供する主体は私（民間）となり、お金を支払う主体は公（公共）となることにより、二つの役割が分離された」というようにまとめられる。

表1－5は以上の二つのグループの研究者による準市場の定義をまとめたものである。

(3)　準市場の定義をめぐる日英比較

ここで一つ疑問に思うのは、「購入と供給の分離」が準市場メカニズムの導入により行われたのかということである。つまり、準市場の導入の以前には購入と供給を一つのセクターで担当してきただろうか。そこで、彼らの見解が準市場を特徴づける際に充分な意味を含んでいるのかを検討する必要があると考えられる。とくに供給体制における変化に焦点を当て、日本とイギリスの場合を比較し、彼らの定義が日本の準市場の特徴として適切なのかを明らかにすべきであろう。

表1-6　イギリスにおけるホームケアの供給部門別の提供割合

（単位：％）

	1992	1993	1994	1995	1996	1997	1998	1999	2000	2001	2002	2005
地方政府	98	95	81	70	64	58	54	49	44	40	36	27
独立部門	2	5	19	30	36	42	46	51	56	60	64	73

資料：Laing & Buisson（2003：35）より引用。

表1-7　日本における老人福祉施設の公営・民営の割合

（単位：％）

	1996	1997	1998	1999	2000	2002	2004	2006	2008	2009	2010	2011
公営施設	19.9	18.0	16.6	15.1	23.0	21.9	20.5	17.7	16.0	15.8	21.2	19.3
民営施設	80.1	82.0	83.4	84.9	77.0	78.1	79.5	82.3	84.0	84.2	78.8	80.7

資料：厚生労働省（1996-2011）『社会福祉施設等調査』より作成。

まず、イギリスの場合は、ＮＨＳサービスに準市場メカニズムを導入した背景に「政府の独占的なサービス提供による非効率性・財政の浪費」という問題があり、実際に、ホームケアサービスにおける供給部門別の提供割合をみると、一九九二年には地方政府が九八％、独立部門[1]（民間営利・非営利）が二％にすぎなかったが、一九九九年を境に民間部門の提供割合が公共部門の提供割合を超え、二〇〇五年には地方政府が二七％を、民間部門が七三％を提供するようになり、ＮＨＳ改革が行われた二〇〇〇年以前と以降の変化が著しいことがわかる（表1－6参照）。

一方で、日本では、介護保険制度の施行前の一九九九年において、老人福祉施設（全体二一万八二〇カ所）のなかで公営施設が一五・一％（三二八八カ所）、民営施設が八四・九％（一万八五三二カ所）を占めていた。二〇一一年の時点においても、公営施設が一九・三％（九三〇カ所）、民営施設が八〇・七％（三八九七カ所）を占めており、介護保険制度の施行による変化がみられない（表1－7参照）。

このことから、日本の場合、社会福祉分野に準市場メカニズムが導入された二〇〇〇年を境として、その以前にもサービスの供給に当たっては民間部門が主に担当してきたことがわかる。そしてその傾向は今日においても続いている。つまり、介護保険制度の施行により、

表１－８　日本における公立老人福祉施設の運営主体の割合

（単位：カ所、％）

	1996	1997	1998	1999	2000	2002	2004	2006	2008	2009	2010	2011
総　数	6,501	7,282	8,045	8,896	5,713	6,254	6,590	4,400	3,846	3,556	2,318	2,230
公　営	2,980	3,067	3,165	3,272	2,671	2,822	2,830	1,787	1,481	1,330	1,028	930
民　営	3,521	4,215	4,880	5,624	3,042	3,432	3,760	2,613	2,365	2,026	1,290	1,300
民営の割合	54.1	57.8	60.6	63.2	53.2	54.8	57.0	59.3	61.4	57.0	55.7	58.3

資料：厚生労働省（1996-2011）『社会福祉施設等調査』より作成。

財政と供給が分離されたといえないのではないだろうか。むしろ、日本の準市場を定義する際には、「財政の一部を利用者が負担するようになった」ことを強調する必要がある。

次に、準市場の概念について、ル・グランの定義にやや批判的な視点から見解を述べている児山は、「準市場とは、政府が費用を負担し、当事者間に交換関係がある方式である。「準」であるのは、サービスの費用を利用者ではなく政府が負担するからである。また、「市場」であるのは、当事者間に交換関係があるからである」（児山 二〇〇四：一三四―一三五）と定義している。

しかし、前述した通り、「政府が費用を負担する」という部分について、利用料に対する一割負担の義務が利用者に課せられたことを考えると、「政府と利用者の共同負担」の点に着目すべきであると考える。

また、以上の研究者らは共通して「サービスの供給における多様な民間競争的な機関の参入」を定義にあげているが、ここでもそれが準市場の導入によるものかどうかを確かめる必要がある。準市場メカニズムが導入される以前には、競争がまったくなかったかというとそうではない。なぜなら、前述のとおり、介護保険制度の導入以前にすでに大部分のサービスが民間部門によって提供されていたためである。つまり、民間機関同士の競争の「内容」には変化が生じたと考えられるが、以前にも他の形として競争は同様に存在していたかもしれない。この点について表１－８をみると、公立老人福祉施設のなかで民営の割合が五四・一％から六三・二％の割合を占め、毎年半数以上の施設が民間によって運営されていることがわかる。

(4) 現状との整合性に対する問い

これらのことから、筆者の意見は以下のとおりである。まず、児山（二〇〇四）も指摘しているように、準市場における供給者間の競争は、民間か政府かを問わず、競争することが基本となっている。しかし、以上の定義のように供給者を「民間」に限定すると、公的な供給者は準市場における供給者から排除されてしまう（児山 二〇〇四：一二三）。さらに、民間組織のなかで、非営利組織間の競争は介護保険制度施行の以前から存在しており、その後、同制度の施行によって新たに営利組織が参入し、営利組織と非営利組織が一緒に競争するようになったことを強調する必要がある。それに関してル・グランは準市場の定義のなかで「営利と非営利の競争」について示したが、日本の研究のなかでは、それをあげている定義はみられない。したがって、日本における準市場の定義において「公共か民間か」というよりは、民間において「営利か非営利か」に焦点を当てる必要があるのではないかと考える。

以上の筆者の意見に関して、非常に有意義な示唆を与えている研究としては駒村（一九九九a）の研究があげられる。彼は、準市場のポイントを「供給者と購入者の分離」と「購入者と支出者の分離」に分けて論じている。措置制度の時代には供給者、購入者、支出者の役割をすべて政府が担っていたのが、準市場メカニズムが導入されることによって、供給は多様な民間競争的な事業者が、購入は利用者が、そして支出はそのまま政府が担当していると言及しており、他の研究者よりは具体的にその役割分担の変化についてふれている。しかし、その主張も措置制度時代の「供給」の担い手と介護保険制度時代のそれとの違いについては、具体的に述べていないと考えられる。

以上の検討をふまえて、介護保険サービスの準市場における各役割別主体の変化をまとめたものが図1‐3であ

図1-3　介護保険制度の導入による各役割主体の変化

	供給者	購入者（サービス選択者）	費用負担者（支出者）	利用者
措置制度	政府＋民間非営利組織	政府	政府	
	↓	↓	↓	
介護保険	政府＋民間非営利組織＋民間営利組織	利用者（＋ケアマネジャー）	政府＋利用者	

資料：筆者作成。

る。

以上の点に着目して、筆者は日本の介護保険制度が導入される以前にすでに財政主体と供給主体が分離されていた可能性と、仮に多くの研究者が主張している通りに介護保険制度が準市場メカニズムを初めて導入した制度だとすれば、それは財政主体と供給主体の分離によって行われたのではなく、他の過程を経て行われた可能性があることを指摘しながら、本書において、その点を明らかにする必要性があることを一つの課題として提示したい。

以上からみれば、日本と韓国のケアサービス準市場がイギリスのように財政主体と供給主体の分離を通して成立したのか、あるいは他の経路をたどって現在に至っているのかについての話は別として、「サービスの供給と利用を市場に任せつつ、一定の国家規制を設けているシステム」が準市場であると広義にとらえれば、そのことはイギリス・日本・韓国における現在の状況に共通する事実となる。

つまり、従来の福祉サービス供給の場と準市場の違いは、後者の導入によって市場原理が強まったことであり、一般市場と準市場との違いは、後者の場合、国家介入が相対的に強いことである。そこで、次の第4節では「国家介入」の機能と「市場原理」の機能にさらに注目して、ケアサービスの供給と利用において、政府はいかなる形態でそれぞれの機能を働かせることができるかについて理論的な検討を行う。国家介入についてはBarr（2004）が提示している形態を、市場原理についてはBlöchliger（2008）が提示している要素を参照しながら、ケアサービス制度のなかでそれぞれの機能についてみてみよう。

4　ケアサービス制度のなかの国家介入と市場原理

(1) ケアサービス準市場における国家介入

Barrは市場における国家介入の形態を「①規制、②財政、③行政による生産、④所得移転」に分類している。まず、第一の「規制」について彼は「いくつかの規制（regulation）は経済的価値よりは社会的価値に多くの比重を置いているが、通常は市場機構に対する介入を通じて、より高い効率性または公平性を達成することを目的としている（Barr 2004：72）」と述べている。とりわけ、ケアサービスを含む社会サービスの場合には、社会的価値を実現するための規制が多く設けられているが（例えば、サービスの種類による参入組織の制限、価格競争の禁止など）、そのことはまさに社会サービス準市場の特徴ともいえよう。

次に、国家は第二の「財政」（補助金や租税）を通して特定の商品の価格や個人の所得水準に影響を及ぼすことができる。具体的には価格補助（price subsidy）は、商品の価格の変化やそれによる予算制約線（budget constraint）の傾きを変動させ、個人や企業の経済行為に影響を与える。そのような価格補助金は一部の商品（例えば、公共交通、住宅供給価格）または全体の商品（例えば、高齢者のための無償医療）を対象とすることができる（Barr 2004：73）。ケアサービス準市場においても「財政」を通じた規制が設けられている。例えば、サービス価格を設定していることや一割の本人負担分を課すことがあげられる。

第三に、「行政による生産」である。規制と財政は市場機構の基本的な機能については介入せずに市場の結果をコントロールしようとする政策的な意図を含んでいる。しかし、行政による生産は、国家が特定の財を直接生産することによって市場機構の代わりに供給者の役割を担うことになる（Barr 2004：73）。準市場と関連づけていえば、ル・グランが言及しているように、営利・非営利の民間組織と一緒に併存して公共組織が存在していることは、準市場のなかでもつ意味が大きい。また、それは日本と韓国のケアサービス準市場における国家介入の程度が弱いといえる根拠ともなる。詳しくは後述するが、日本と韓国の場合、欧米福祉国家と異なり、かなり以前から公共組織によるサービス供給割合が低かったためである。

最後にBarrは、第四の「所得移転（Income transfer）」を通じて介入をすることができると述べている。所得移転の方法としては特定支出の目的と連携して選別的に運用したり（例えば、教育バウチャー、住宅給付）、または特定の目的なく普遍的な方法（例えば、社会保障給付）で行うことができる（Barr 2004：73）。本書と関連していえば、低所得者には一割の本人負担分を免除したり、所得に応じて保険料を納めたりすることがそれに当たる。

（2）ケアサービス準市場における市場原理

ケアサービスを含む社会サービスの供給における市場原理の活用方式として、Blöchliger（二〇〇八）は「①民間による供給と契約、②選択と競争、③利用料の負担」に大きく分類している。以下、図１-４にしたがって、それぞれの要素について述べる。

一つは「民間による供給と契約」である。公開入札、アウトソーシング、公共—民間のパートナーシップなどを通して多様な民間組織がサービス市場に参入することができる。日韓の現状からいえば、数多くの民間供給者が参入しており、供給者全体の九〇％以上は民間組織が占めている。すなわち、第４章と第５章で詳しく検討するが、介護保険制度導入の以前から民間組織による供給割合が高かった事実を考慮すれば、日本のケアサービス準市場の概念において「民間による供給」がもつ意味は大きくはないと考えられる。しかし、介護保険制度の施行によって

図1－4　公共サービスの供給における市場メカニズム

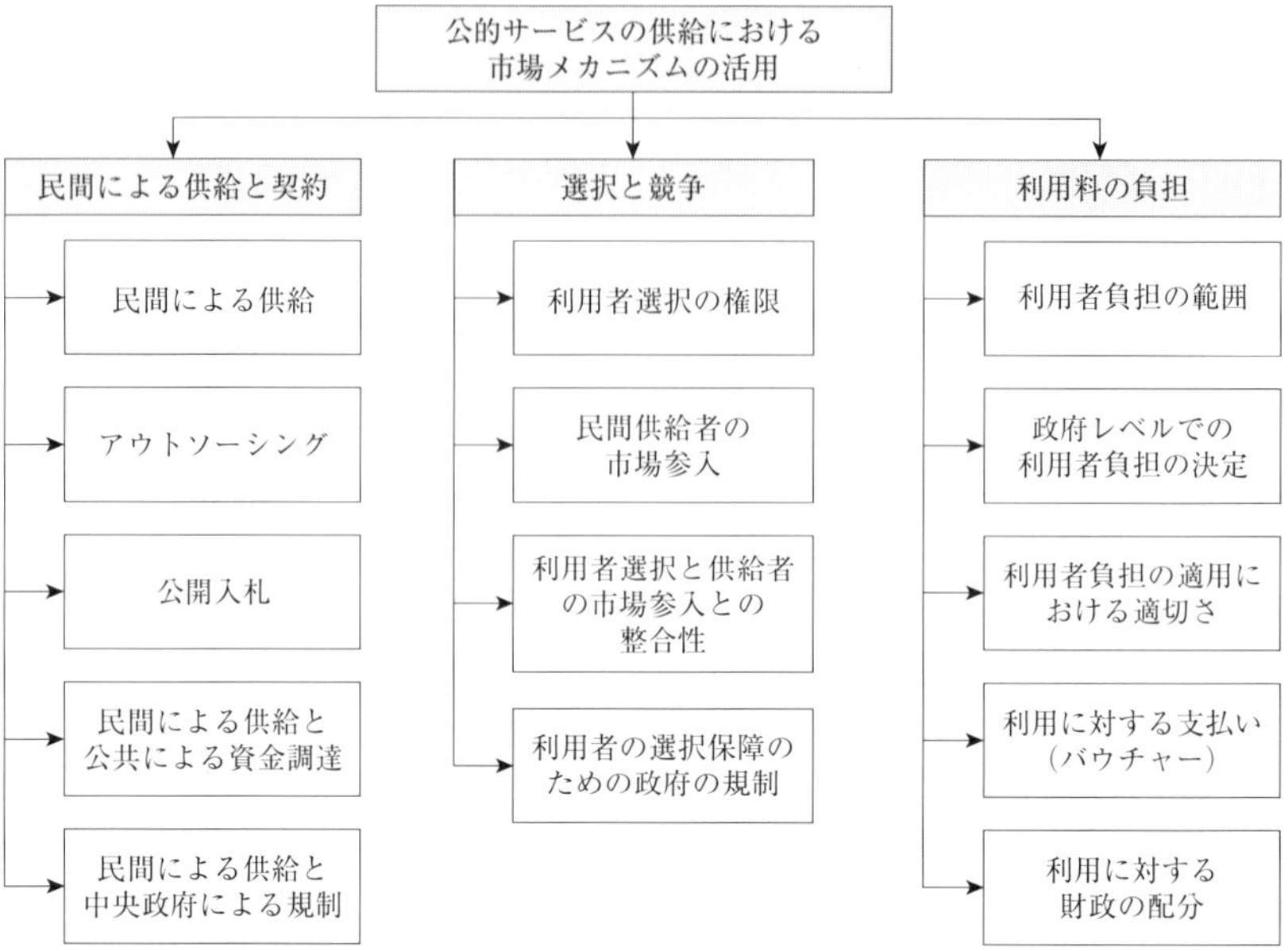

資料：Blöchliger（2008：9）より作成。

契約制度に変わったことは大きな変化ともいえる。同制度の導入以前には行政の措置によってサービスの利用と供給が行われてきたが、介護保険制度が導入されてからは、供給者と利用者が直接契約を結ぶ関係となったのである。ただし、イギリスのように自治体が公開入札を通じて民間供給者と契約を結ぶシステムにはなっていない。さらに契約についても自治体と供給者が契約関係にあるのではなく、供給者と利用者が契約を結んでいる（須田 二〇一一：二六）。

次に、利用者の「選択」と供給者間の「競争」があげられる。利用者は多様なサービスのなかで自ら選択することができ、供給者間では利用者の獲得をめぐって競争を行う。利用者選択は、多様なサービス供給者のなかで、自ら一つを選ぶ消費者個人の権利を意味する。利用者による選択は、利用者に対する供給者の応答性を向上させる。また、利用者が多様な供給者によるサービスを比較することができるならば、サービスの質は向上する結果につながる（Blöchliger 2008：9-10）。日韓の介護保険制度においても、利用者は多様なサービスのなかで自ら利用したいサービスを選ぶことができるようになっている。

さらに利用者の選択にあたって多様な供給者が市場に参入することは重要な前提となり、民間事業者は市場に参入することができる潜在的な権利をもっている（Blöchliger 2008：9-10）。実際に、介護保険制度においても一定の基準を満たして市場に参入した多様な供給者は利用者の獲得をめぐって競争を行っている。

最後に「利用者の負担」を市場メカニズムの要素としてあげることができる。利用者の負担には保険体制による個人の支出を含め、公的サービス利用の代価として支払われるすべての個人による支出が含まれる。それはサービスの過多な利用を抑制することのみならず、公的サービスの供給を促進する効果ももっている（Blöchliger 2008：17-19）。日本・韓国の介護保険制度においても、一定の利用者負担が設けられているが、以上のような効果が作用しているといわれている（京極 二〇一三）。

イギリスの場合、利用者負担分は自治体によって、また所得によって異なってくるが、日本・韓国は応益負担となっており、利用した分に対して一定の負担割合が定められている。日本の場合、一律に一割負担が、韓国の場合、施設サービスは二割負担、居宅サービスは一・五割負担が定められている。以上の国家介入要素と市場要素に関する日韓の制度比較に関しては、第3章でより詳しく検討を行う。

（3）日韓の位置づけ

以上で述べてきた内容を確認してみよう。本章では、日本と韓国においては、福祉制度が体系的に整備されはじめた当時から「委託運営」が発展し、設置主体と運営主体が異なる福祉供給の類型が主流となっている点に着目して、既存のケアサービス供給主体の類型化について検討を行った。また、福祉ミックス論を福祉国家の類型と関連づけて論じている研究を紹介した。そこで、明らかになった日本・韓国の特徴は、公的財源の投入割合が低いこと、また福祉供給においてケインズ主義の歴史が短く、福祉に対する国家の介入が成熟する前に新自由主義理念が導入されたことが、他の欧米国家と日本・韓国との違いであることを確認した。

さらに、ル・グランによる準市場の定義とそれに対する評価、そして日本の研究者による準市場のとらえ方を整理し、それらが日本の現状に適合する概念であるかについて検討を行った。一般的に、イギリスにおいては、準市場メカニズムの導入は「財政主体と供給主体の分離」を通じて行われたとされている。そのことは日本の研究にもそのまま用いられている傾向がある。しかし、日本で準市場メカニズムを導入した制度といわれている介護保険制度の施行前後からみれば、その以前に民間によって運営されている施設が大部分であり、準市場メカニズムが介護保険制度の以前から存在しているか、あるいは、準市場メカニズムが財政主体と供給主体の分離ではなく、他の経路を経て導入された可能性があることを指摘しながら、本書の問題意識をより明確に示した。

最後に、以上のような定義上の限界があるとしても、国家介入の要素と市場原理の要素が併存することは、イギリスのみならず日本と韓国の準市場にも当てはまる定義であることを確認するため、BarrとBlöchligerの主張に依拠しながら日韓の介護保険制度における国家介入要素と市場原理要素について簡単に述べた。

以上の検討をふまえ、第**2**章では、イギリス・日本・韓国における高齢者ケアサービスの現状について紹介し、各国における準市場研究の動向について検討を行う。さらに、本章で言及したル・グランが主張している準市場の成功前提条件を詳しく述べながら、日本・韓国の状況に当てはまる側面と両国において現状では考慮されていない側面を明らかにする。

注

（1）イギリスでは，民間部門という用語の代わりに，独立部門（independent sector）という用語を用いる場合が多い。それは，サービスの提供者や組織が地方政府に雇用されておらず，地方政府の統制と管理下にいないことを強調するためである。独立部門には，民間非営利部門（voluntary sector）と民間営利部門（private sector）が含まれる。

第2章　イギリス・日本・韓国における準市場研究
——その動向と理論の日韓への適用——

本章では、本書の分析対象であるイギリス・日本・韓国における高齢者ケアサービスの供給・利用構造および財源構造、そして準市場研究の動向について検討する。また、それらの内容をふまえて、ル・グランの理論に対する有効性と限界を指摘する。

1　本章の枠組み

まず、イギリスの社会サービスは、イングランド、ウェールズ、スコットランド、北アイルランドの四つの地域において、それぞれ独自的な供給体系をもっているものの、同様の法律の下で行われているという共通点をもっている。

イギリスにおいて高齢者に対人サービスを提供する法律的な根拠としては、一九四六年に制定された国民保健サービス法（National Health Service Act）、一九四八年に制定された国民扶助法（Public Assistance Act）、一九六八年に制定された保健サービスおよび公衆衛生法（The Health Service and Public Health Act）、一九八三年に制定された保健社会サービスおよび社会保障法（Health and Service of Social Security Act）、一九九〇年に制定された国民保健サービスおよびコミュニティケアサービス法（National Health Service and Community Care）などがある。

しかし、イギリスでは、日本・韓国のように高齢者ケアのみを対象としている制度は存在していない。すなわち、NHSやコミュニティケアサービスは、全国民を対象とする対人社会サービス全般を規定している制度であり、そのなかに高齢者ケアサービスも含まれている。そこで、第2節では、そのなかでも高齢者介護に関するサービスを提供する主な基盤となっている「コミュニティケア制度」について検討を行う。

次に、日本はイギリスと異なり「介護保険」という社会保険方式で全国一律にケアサービスの供給・利用を行っている。しかし、保険者は市町村となっており、制度の運用については市町村に大きな権限を与えている。第3節では「介護保険制度」の供給・利用構造と財源構造について検討を行う。ただし、同制度に関しては、他の章においてもふれているため、ここでは簡単に述べることにする。

さらに、韓国は日本と同じく「老人長期療養保険」という社会保険の枠組みの中で全国一律にケアサービスの供給・利用を行っている。しかし、日本と異なり、国民健康保険公団（中央政府）が保険者となっており、日本のように地域レベル（市町村）の裁量は少ない。そこで、第4節では「老人長期療養保険」の供給・利用構造と財源構造について検討を行う。ただし、韓国の制度については、第5章においてもふれているため、ここでは簡単に述べることにする。

最後に、イギリス・日本・韓国の制度的な状況と先行研究の検討をふまえ、第5節では、ル・グランの理論を韓国と日本の状況に照らし合わせて、イギリス・日本・韓国の類似点と相違点を明らかにする。まず、ル・グランの準市場成功前提条件を紹介し、それを日本・韓国のケアサービスに適用する際の留意点を示すことにする。同時に、イギリスのケアサービスには当てはまらない日本・韓国の特有性も明らかにしたい。

ル・グランは一九九三年の研究において、公共サービスの準市場が成功するための前提条件として、(1)市場構造(Market Structure)、(2)情報(Information)、(3)取引費用と不確実性(Transactions Cost and Uncertainty)、(4)動機づけ(Motivation)、(5)クリーム・スキミング(Cream-Skimming)の側面からの整備が必要であると述べているが、それらの各条件について検討していく。

2　イギリスのコミュニティケアサービス

(1) 供給・利用構造

コミュニティケアサービスを利用するためには、ケアサービスに対するニーズをもっている高齢者が自治体に所属しているケアマネジャーからアセスメントを受ける必要がある。国民保健サービスおよびコミュニティケア法の第四七条において「地方政府はサービスを受けることを要求する者に対して、サービスを提供する必要性についてアセスメントを実施する必要がある」と規定している。つまり、国民はアセスメントを受ける権利をもっており、国は必要なサービスを提供する責任をもっている。

地方政府は、在宅サービスの種類、サービスの利用決定基準、利用料の設定などについて幅広く裁量が認められていたが、コミュニティケア改革以降、利用者の権利を強化し、サービスの質を高めるために、裁量が制限された部分もある。例えば、手続きに関しては、アセスメントの実施や苦情処理手続きが「国民保健サービスおよびコミュニティケア法」で義務づけられたほか、サービスの質の維持に関しては「ケア基準法」と「保健および福祉〈地域福祉保険〉法」でサービスごとの最低基準が設定され、保健省が設置した社会ケア監査委員会(Commission for Social Care Inspection：CSCI)が全国一律の最低基準を設定して監査を行うようになっている(平部 二〇〇八：二三)。

地方政府が行うケアサービスの場合、社会サービス部が介護ニーズについてアセスメントを実施した後、より重度の要介護状態にある者を優先させながら、高齢者のニーズと利用可能なサービスを組み合わせるケアマネジメントを行う。その際に、地方政府がニーズを判断する基準は表２‐１のように大まかな基準を定めている。ただし、そのなかでどの程度までの高齢者をサービス提供対象とするかについては、各自治体の財政状況などによって異なる(1)。

ケアマネジャーによるアセスメントの結果に従って、利用できるサービスの量や内容などの支援計画が立てられる。その際、医療的な措置が必要と判断された場合には、国民保健サービス（ＮＨＳ）が適用され、身体介護を中心としたサービスが必要と判断された場合には、コミュニティケアサービスが適用される。

ケアに関するサービスとしては、大きく在宅サービスと施設サービスに区分でき、そのなかで利用したいサービスを自ら選ぶことができる。在宅サービスには、ホームケア、デイケア、配食サービス、短期介護、介護用具貸与、ダイレクト・ペイメント(2)、個人予算制度(3)など、その種類が多い。また、サービスを提供する組織の類型には地方政府が設置して、独自に運営する事業所、民間組織が設置・運営する事業所などがある。それらの事業所は、地方政府と契約を結ぶことになるが、その点が日本や韓国との大きな相違点でもある。つまり、日本・韓国では利用者と事業所が直接契約を結ぶようになっていることに比べ、イギリスは利用者の代わりに地方政府と事業所が契約を結ぶようになっている。

施設サービスは、大きく老人ホームとナーシングホームに分類される。老人ホームは何らかの理由により自宅で生活することができず、介護が必要な者を対象としている入所施設である。ナーシングホームは、常時介護が必要であり、医療的な措置も必要な者を対象としている入所施設である。医師は常勤せずに、施設と契約を結んでいる

表2-1　ケアサービスの利用可能な基準

段　階	判断基準
最重度 (Critical)	・命を脅かされているか、その可能性がある場合。 ・健康上において深刻な問題があるか、症状が進行する見込みがある場合。 ・生活上の重要な場面において、自らの選択やコントロールが不可能な場合。 ・深刻な水準での虐待やネグレクトが起きているか、その可能性がある場合。 ・核心的なパーソナルケアや家事を行う能力がない場合。 ・労働、教育、学習活動などにおける参加や継続ができないか、その可能性がある場合。 ・社会的な支援システムとの関係の構築や継続が不可能な場合。 ・家族または他の社会的な役割・責任を果たすことが不可能な場合。
重　度 (Substantial)	・生活上の場面において、部分的に自らの選択やコントロールが不可能な場合。 ・虐待やネグレクトが起きているか、その可能性がある場合。 ・多くの部分において、パーソナルケアや家事を行うことに支障がある場合。 ・多くの部分において、労働、教育、学習活動などにおける参加や継続に支障があるか、その可能性がある場合。 ・多くの部分において、社会的な支援システムとの関係の構築や継続に支障がある場合。 ・多くの部分において、家族または他の社会的な役割・責任を果たすことに支障がある場合。
中　度 (Moderate)	・複数の部分において、パーソナルケアや家事を行うことに支障がある場合。 ・複数の部分において、労働、教育、学習活動などにおける参加や継続に支障があるか、その可能性がある場合。 ・複数の部分において、社会的な支援システムとの関係の構築や継続に支障がある場合。 ・複数の部分において、家族または他の社会的な役割・責任を果たすことに支障がある場合。
軽　度 (Low)	・パーソナルケアや家事を行うことに少なからず支障がある場合。 ・労働、教育、学習活動などにおける参加や継続に少なからず支障があるか、その可能性がある場合。 ・社会的な支援システムとの関係の構築や継続に少なからず支障がある場合。 ・家族または他の社会的な役割・責任を果たすことに少なからず支障がある場合。

資料：Department of Health（2012）を参考にして作成。

図2-1　イギリスのコミュニティケアサービスの供給構造

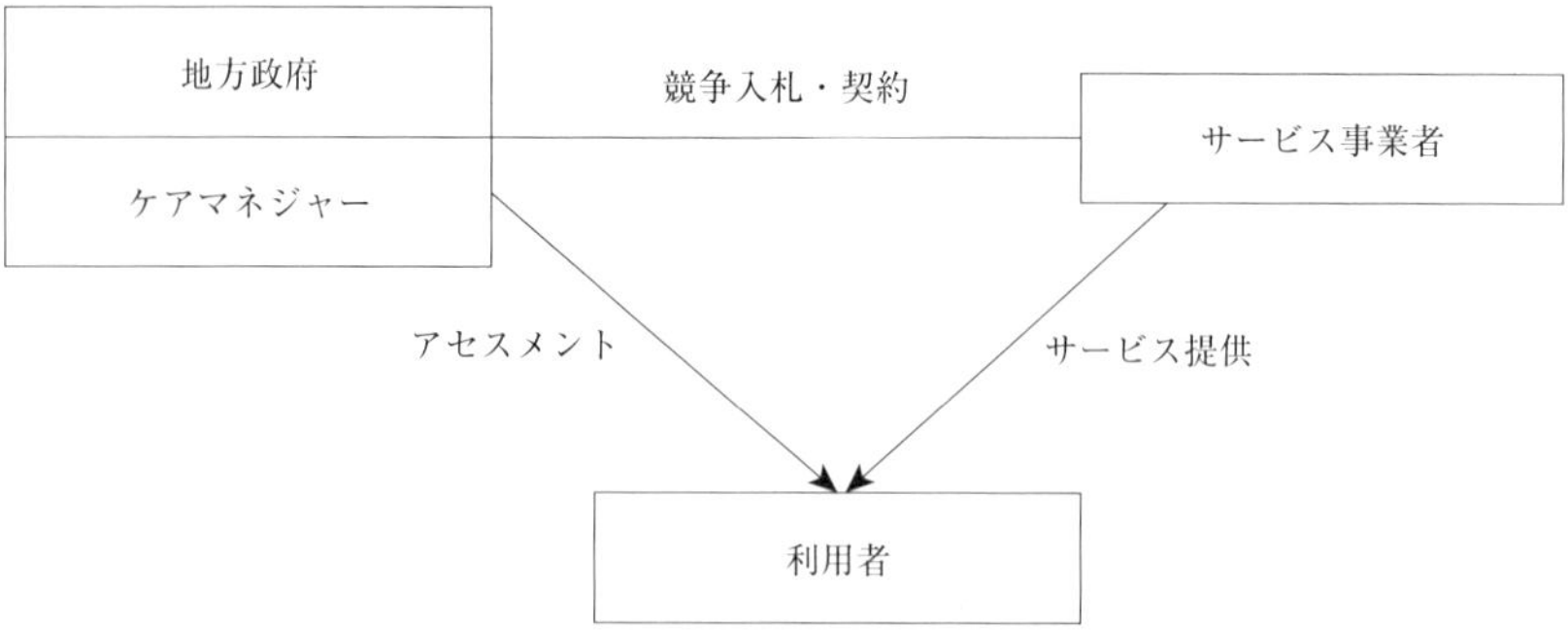

資料：筆者作成。

医師または地域単位で配置されているNHS所属の家庭医（GP）が定期的に往診する。

それらのサービスは政府が直接提供するのではなく、地方政府に所属しているケアマネジャーが供給者と交渉してサービスを購入する。つまり、事業者と地方政府が契約を結んだうえで、事業者は地方政府がアセスメントを行った利用者に対してサービスを提供することになる。ケアマネジャーを指名する責任は地方政府にあり、指名された大部分のケアマネジャーは地方政府の社会サービス部に雇用されている。したがって、地方政府はケアサービスに対する「費用負担者」としての役割とともに、円滑にサービスの契約が行われるように調整する「コーディネーター」としての役割も担うことが求められている。図2-1は、イギリスのコミュニティケアサービスにおける供給構造を示したものである。

事業者と地方政府が契約を結ぶ際に、もっとも重要視されている要素は「価格」と「契約方式」であるが、供給者は自ら求める価格と契約方式を掲げて、購入者と契約を結ぶ（Matosevic et al. 2001）。契約方式は大きくBlock, Call-off, Spot, Cost and Volume, Grant契約の五つに分類される。契約制度の導入初期には一種類の契約による購買が多かったが、それに対して一九九六年にイギリス政府は、多様な契約方法を用いて外部のサービスを購入することを勧め、その後、大部分の地方政府は一種類以上の契約

図2-2　イギリスの地方政府が採用している契約方式の割合

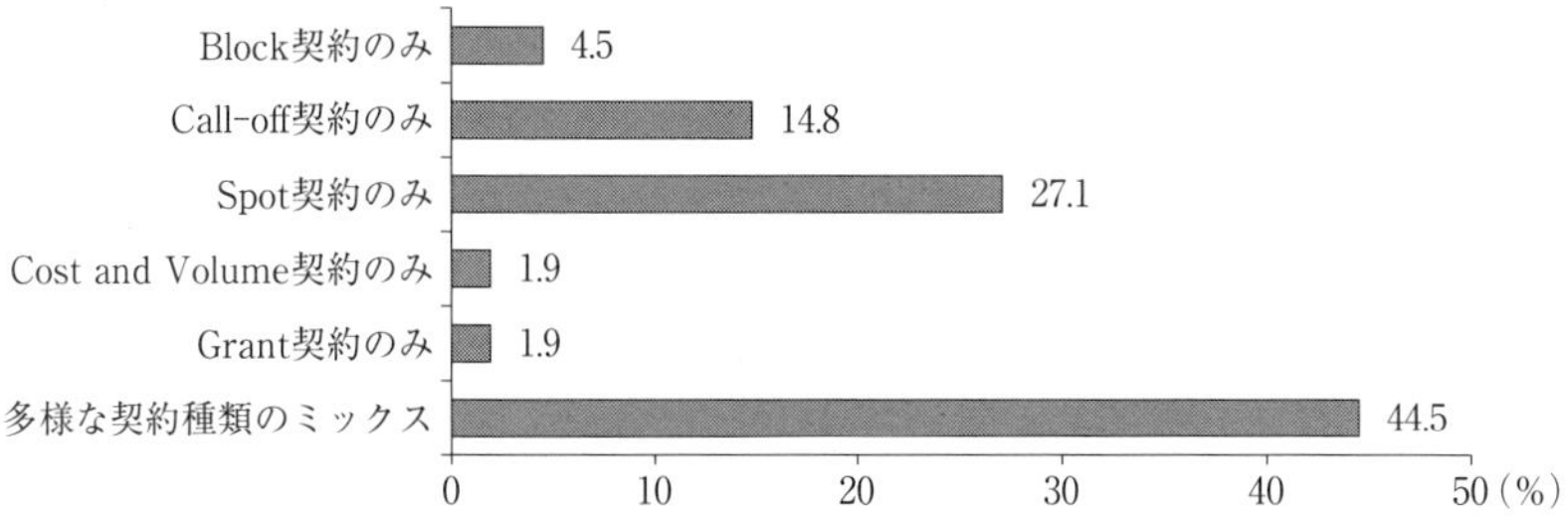

資料：Matosevic et al（2001）より作成。

方式を採用した（Knapp et al. 2001：294）。その結果、四四・五％の地方政府が多様な契約形態をミックスして採用するようになった（図2-2参照）。

Block契約とは、予め決めた時間または利用者の人数分に対してサービスを提供することを契約したうえで、地方政府が事業者に前もってその分の補助金を支給する方式である。またCall-off契約は、時間当たり価格を予め決めたうえで、提供したサービスの量に相当する費用を支払う方式である。さらにSpot契約は、サービスが提供された時点で、サービス価格を決めると同時に費用を支払う方式であり、Cost and Volume契約は、契約したサービス分に関してはBlock契約と同じく費用の支払いが保障されるが、それを超えたサービス分に関しては利用件数にしたがって追加費用が発生する方式である。最後にGrant契約は、地方政府による費用の支払いが提供したサービスの量と連動しない方式であり、採用率がもっとも低くなっている。

以上の内容をふまえ、実際に各地方政府は、どのような契約方式をよく用いており、事業者はどのような契約方式を望んでいるかについて図2-3と図2-4にもとづいて検討してみよう。

各自治体がもちいている契約方式は、Spot契約が六二・六％でありもっとも多く、半数以上を占めている。次にCall-off契約が三六・七％、Block契約が二八・三％で多くなっている。しかし、事業者が望んでいる方式とは大きく異なっている。事業者がもっとも望んでいる方式はBlock契約であり、三一・六

図2-3　イギリスにおける各自治体が用いている契約方式の割合

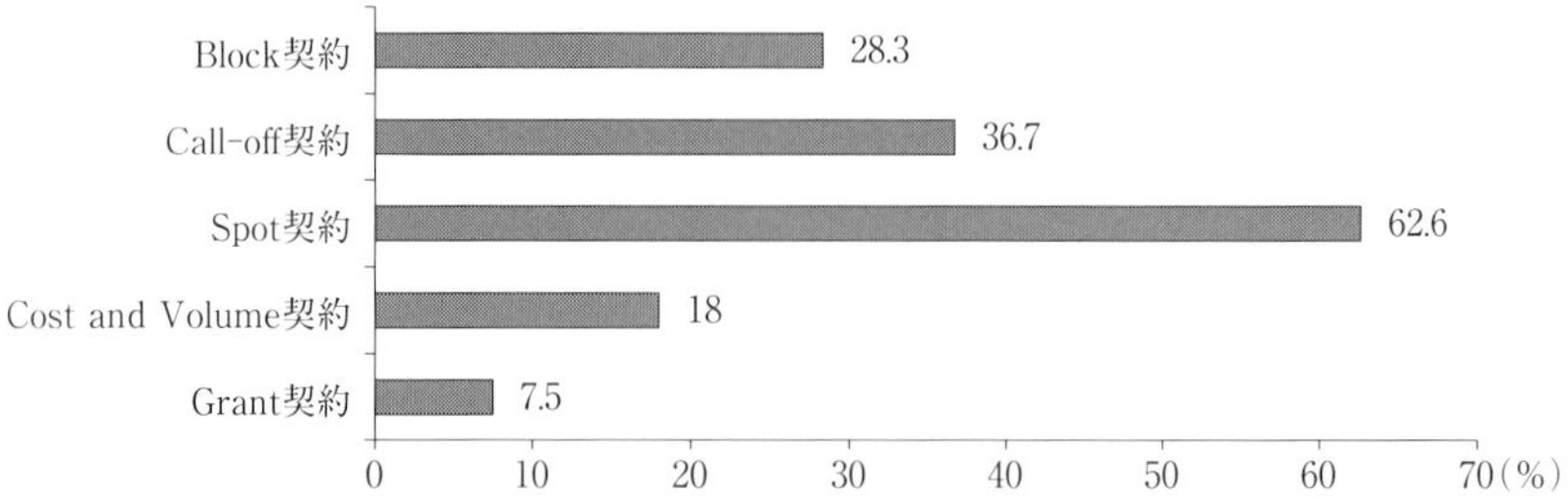

資料：Matosevic et al（2001）より作成。

図2-4　イギリスにおける事業者が望む契約方式の割合

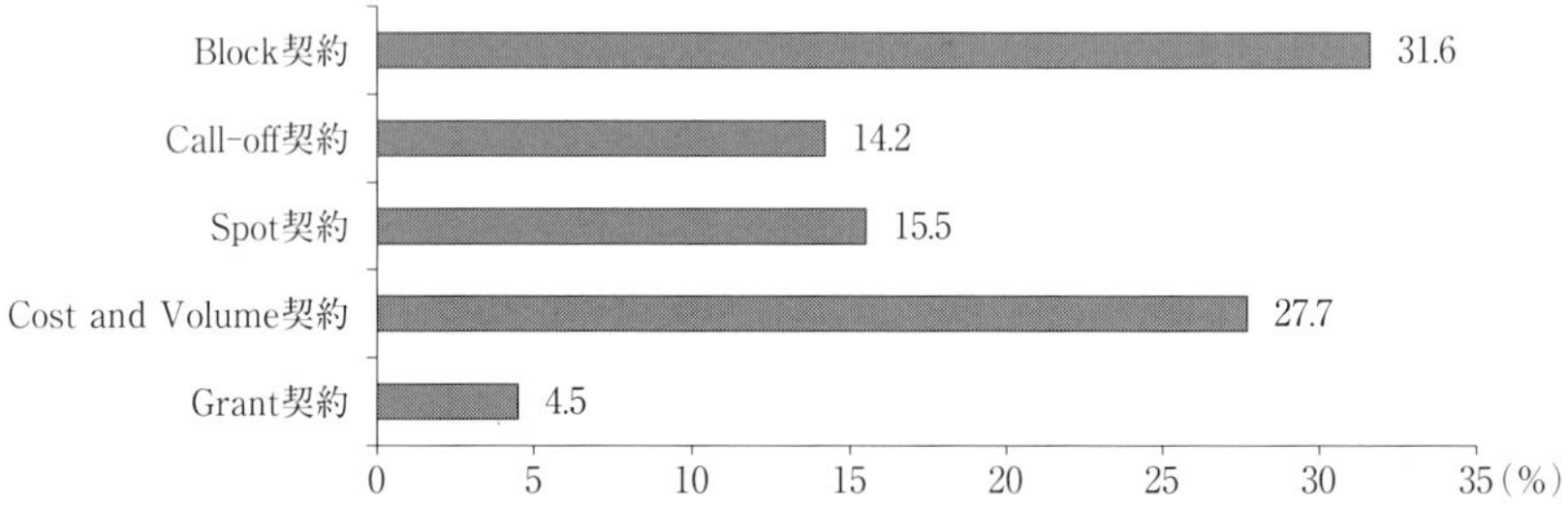

資料：Matosevic et al（2001）より作成。

%を占めている。Block契約の場合、地方政府が契約を結んだ事業者に対して、実際にどれぐらいのサービスが提供されたかを問わず、一括して費用を支払うため、事業者のリスクが低くなるためであろう。その次に多いのは、二七・七%を占めているCost and Volume契約であり、この場合にもBlock契約と類似した方式であるため、事業者が望んでいると考えられる。一方で、実際にはよく採用されている、Spot契約とCall-off契約はそれぞれ一五・五%と一四・二%となっており、事業者が望む割合は低い。この二つの契約方式の場合、実際に提供したサービス分に対して地方政府が費用を支払うため、事業者が抱えるリスクが高いため、それほど望まれていないことがうかがわれる。

次に、コミュニティケアサービスにおける供給組織の割合についてみてみよう。一九九三年に制定されたコミュニティケア改革法

図2-5　ホームケアの地方政府と独立部門によるサービスの週あたり提供時間

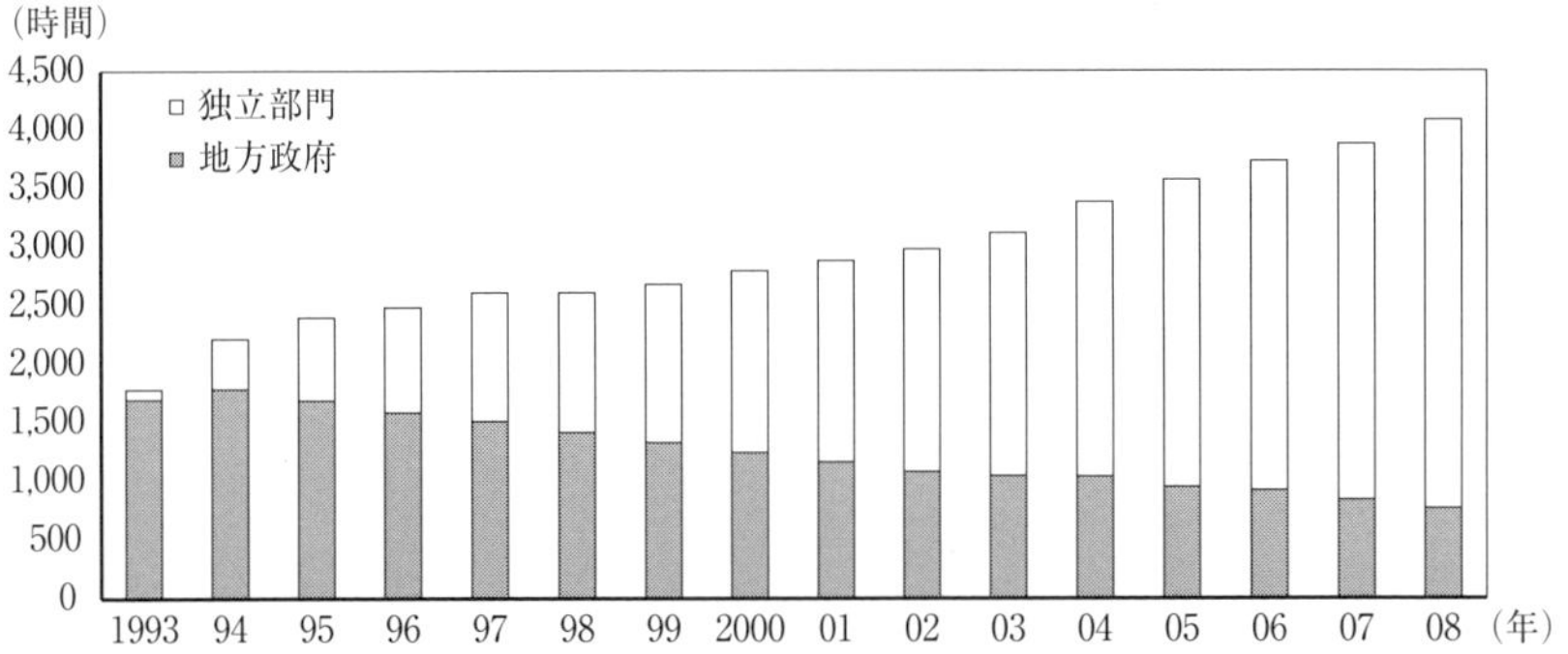

注：イングランドの場合。
資料：Department of Health (1999-2003) Community Care Statistics 2003 Home care services for adults; The NHS Information Centre (2004-2008) Home Help/Care services for adults; The NHS Information Centre (2009-2010) Social Services Activity Reportより筆者作成。

(Community Care Reforms Act) により、供給組織としては民間組織による供給割合が明らかに増加してきた。同法律の制定により、ホームケアサービス（在宅サービス）を提供する地方政府は利用者の多様なニーズに対応するのに非常に困難な状況に直面した。なぜなら、労働組合との交渉やスタッフとの契約期間・条件などを含む運用環境に大きな変化が必要となったためである。一方で、独立部門（民間部門）の場合、利用者の多様なニーズにフレキシブルに対応するための準備がすでにできていた。さらに、ホームケアサービス供給者としての市場参入に対する規制（例えば、許可や認可など）がなかったため、相対的に民間供給者が市場に参入するのに非常に良い環境であった（Mathew 2004）。以上の理由により、その時期からホームケアやデイケアなどの在宅サービスは民間部門を中心として量的に著しい成長を遂げた。

図2-5は、一九九三年から二〇〇八年までホームケアサービスにおける地方政府（公的部門）と独立部門（民間部門）によるサービスの提供時間の推移を表したものである。一九九三年には、地方政府による提供時間が一六九六時間（九八・〇％）、独立部門による提供時間が八七時間（二・〇％）であり、大部分のサービスが地方政府により提供されていたことがわかる。しかし、その

図2-6　高齢者施設ケアにおける地方政府と独立部門の供給推移

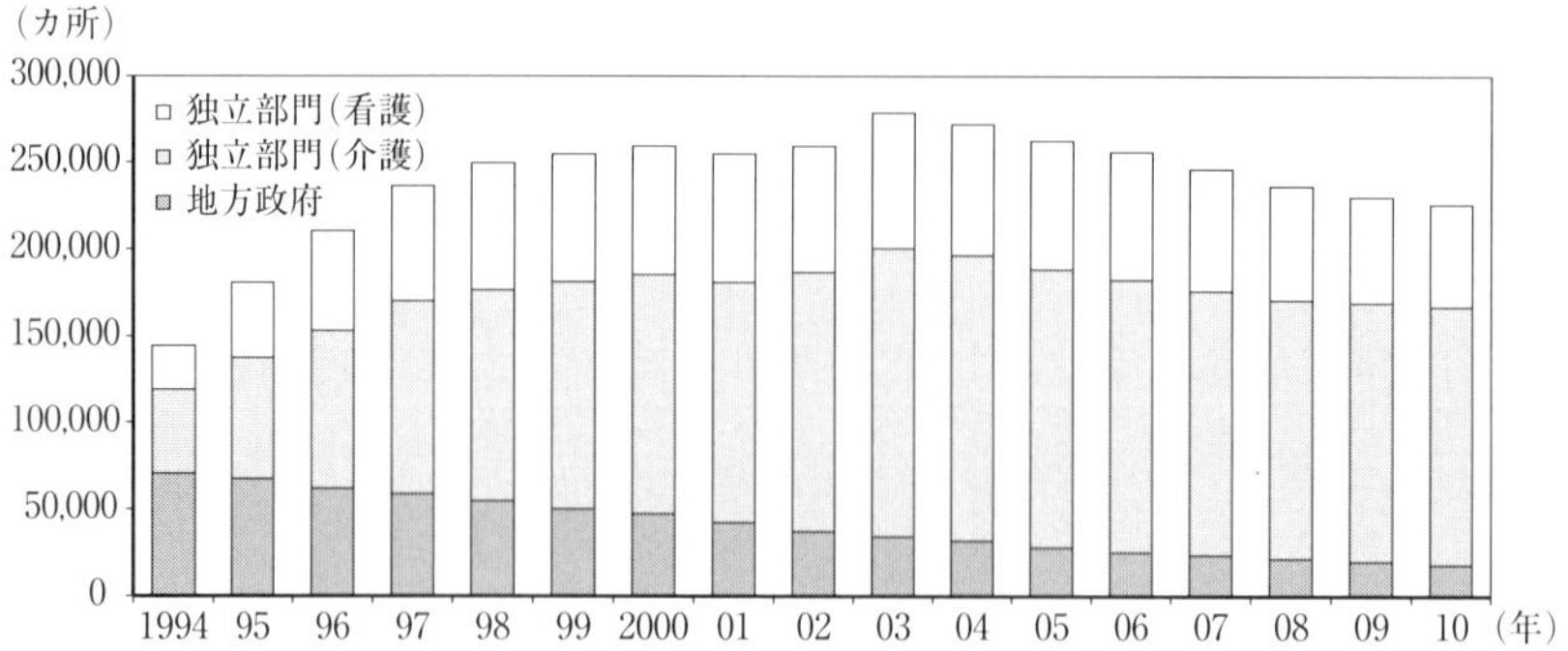

注：イングランドの場合。
資料：The NHS Information Centre（2009-2010）Social Services Activity Reportより筆者作成。

後、毎年独立部門による供給割合が増加する一方で、地方政府による供給割合は減少し、一九九九年には独立部門が一三五四時間、地方政府が一三二四時間で、それぞれ五〇・六%、四九・四%を占め、地方政府による割合と独立部門による割合が逆転した。二〇〇八年には地方政府が七六四時間（一八・七%）、独立部門が三三一九時間（八一・三%）であり、独立部門による供給割合が明らかに高まったことがわかる。

また、施設サービスにおける供給割合の変化をみてみよう（図2-6参照）。施設サービスを提供している組織は、大きく地方政府と独立部門による施設に分類し、さらに独立部門による施設を、ケアサービスを提供する施設と医療（看護）サービスを提供する施設に分類している。独立部門による介護施設と看護施設を一つの「民間部門」による施設としてみれば、一九九四年の時点で七万三八六八カ所（全体の五〇・一%）が民間部門により提供され、二〇一〇年には二〇万七六八〇カ所（全体の九二%）まで増加した。ここで、注目すべきことは、施設サービスの場合、在宅サービスと異なり一九九四年当時から独立部門によるサービス提供割合は高くなっており、その傾向は今日まで続いてきていることである。また、ホームケアサービスは毎年増加している一方で、施設サービスは二〇〇三年をピークに徐々に減少していることも相違点としていえよう。

いずれにせよ、今日の社会サービスにおける供給割合は、在宅サービスと施設サービスの両方とも、地方政府による供給割合より民間部門による供給割合が明らかに上回っていることが現状である。

以上の内容から、コミュニティケアサービスの供給に関わっている各主体の役割を整理すれば、地方政府は「購入者」として位置づけ、資金提供に関しては一定の予算そのものを「購入者」に与え、その範囲内でサービスを「購入」させるようにしたのである（佐橋 二〇〇〇：一三九）。また、地方政府は、多様な事業者と契約を結び、利用者に対してサービスを提供することは、それらの事業者が行っている。さらに、サービスを提供している事業者の性格は政府による組織より民間部門による組織の割合が著しく上回っている。

ここで、もう一つ注目すべき点は、ダイレクト・ペイメント制度である。従来、日本・韓国はもちろん、イギリスにおいてもケアサービスは現金給付より、サービス給付が圧倒的に多かった（Glendinning 2008）。しかし、一九九六年に成立したコミュニティケアとダイレクト・ペイメントに関する法律（Community Care Direct Payment Act）により、ケアサービスの現金化が開始された。

ダイレクト・ペイメント制度とは、利用者により多くの選択肢を与えることを意図するために、彼らに対するニーズ調査を行ったうえでコミュニティケアサービスの代わりに、それを購入することができる現金を支給する制度である。利用者はその現金の範囲内でパーソナル・アシスタントを雇用したり、介助に必要な物品を購入することができる。また、彼らにはパーソナル・アシスタントの雇用主として、または自らのサービスの受任者としての責任が付与される。利用者は以上のような責任を果たしつつ、自治体から委託されたダイレクト・ペイメント・サポートサービスから助言を得ることができる。

以上のように、どの国においても伝統的なケアサービスの提供形態は「サービス給付」が主であり、行政が利用者に財を得るための現金を渡さず、直接サービスとして提供することは、従来の福祉サービスにおける一つの特徴でもあった。それに比べて、財を得るために現金を支払うことは典型的な市場の方式である。つまり福祉サービスの供給において、直接サービスを渡さず現金を渡して、利用者が自らサービスを選択し購入するという方式は、準市場メカニズムの導入方式ともいえる。

この制度は、イギリス全国で実施している制度であり、障害児・精神障害者・介護者などを含むすべてのクライエントグループが利用することができる。しかし、地方自治体が直接提供するサービスや施設ケアを購入する際には利用することができない（Samuel 2011）。また、一九九六年からダイレクト・ペイメントが実施されたとはいえ、当初は六五歳未満の者のみを対象としていたので、六五歳以上の高齢者を対象とするようになったのは、二〇〇〇年からである。この制度の実施により、利用者にサービスの選択権が与えられ、予算使用に対する自由が保障されることになったのである。

BCODP（British Council of Disabled People）によると、ダイレクト・ペイメント制度は政府が直接サービスを供給するシステムより、費用的な側面で約四〇％程度効率が向上したといわれている（Yeandle et al. 2007）。したがって、イギリス政府はダイレクト・ペイメント制度を拡大しつつある。しかし、利用者数が年々増えているとはいえ、全体のコミュニティサービス利用者数の増加推移からみれば、それほど高くないという批判の声もある。例えば、二〇〇五年から二〇〇六年までダイレクト・ペイメントの利用者数は三万七〇〇〇人であったが、その数値は全体のコミュニティケア利用者の二・五％にすぎない（Davey et al. 2007）。六五歳以上の高齢者のなかでダイレクト・ペイメントの利用者数をみると、二〇〇五年から二〇〇六年までの利用者数は一万三〇〇〇人であり、コミュニティケアサービスを利用している高齢者全体の一・三％を占めている。さらに、地方自治体において、この制度の実施が法的な義務となっているにもかかわらず、地域による格差が激しいため、実際の利用割合は平均値の一・三％より低くなっている（Fernandez et al. 2007）といわれている。その後、二〇一二年においても、六万七六五人が利用し、コミュニティケアサービスを利用している高齢者全体の五・二％を占めており、微増しているとはいえ、未だに少ないとよく指摘されている（図2－8参照）。

（2）財源構造

以上のように、一九九三年にNHSおよびコミュニティケア法律が制定されることによって、とりわけ在宅サービスにおける民営化がすすめられた。同時に、中央政府は地方政府への財政移譲もすすめてきた。さらに、イギリス政府は「新たなコミュニティケア政策」を打ち出し、施設介護に関する中央政府の予算を地方政府に移譲することによって地域のニーズに対応したサービス供給体制を構築しようとした。したがって、地方政府の社会サービス部は、市場開発と市場管理のための新たな役割と責任をもつようになり、社会サービス部の体系全般において「革命」が必要となったのである（Wistow et al. 1996：3）。

一方、単に財政を移譲したのではなく、その使途に関する規制は、ある程度維持していた。一九九三年四月に施設サービスに財政補助を行っていた中央政府の予算のうち、約一〇億ポンドが地方政府に移転されたが、中央政府は地方政府に財政を移転する際に、民間部門の参入を誘導するため、「中央政府から補助された金額の八五％を民間営利部門が供給するサービスの購入に費やすこと」を明示したのである（Wistow et al. 1996）。さらに中央政府は、地方政府への財政移譲による変化を最小限にするために、地方政府に対する「特別移行補助金（Special Transition Grant）」を導入した。それは、ひたすらコミュニティケアにのみ支出するように使途を限定した補助金である（Player et al. 2001）。

現在、イギリスにおけるケアサービスの財政は、大きく「地方政府からの補助金、NHSからの資金、利用者負

図2-7　対人社会サービスの支出推移

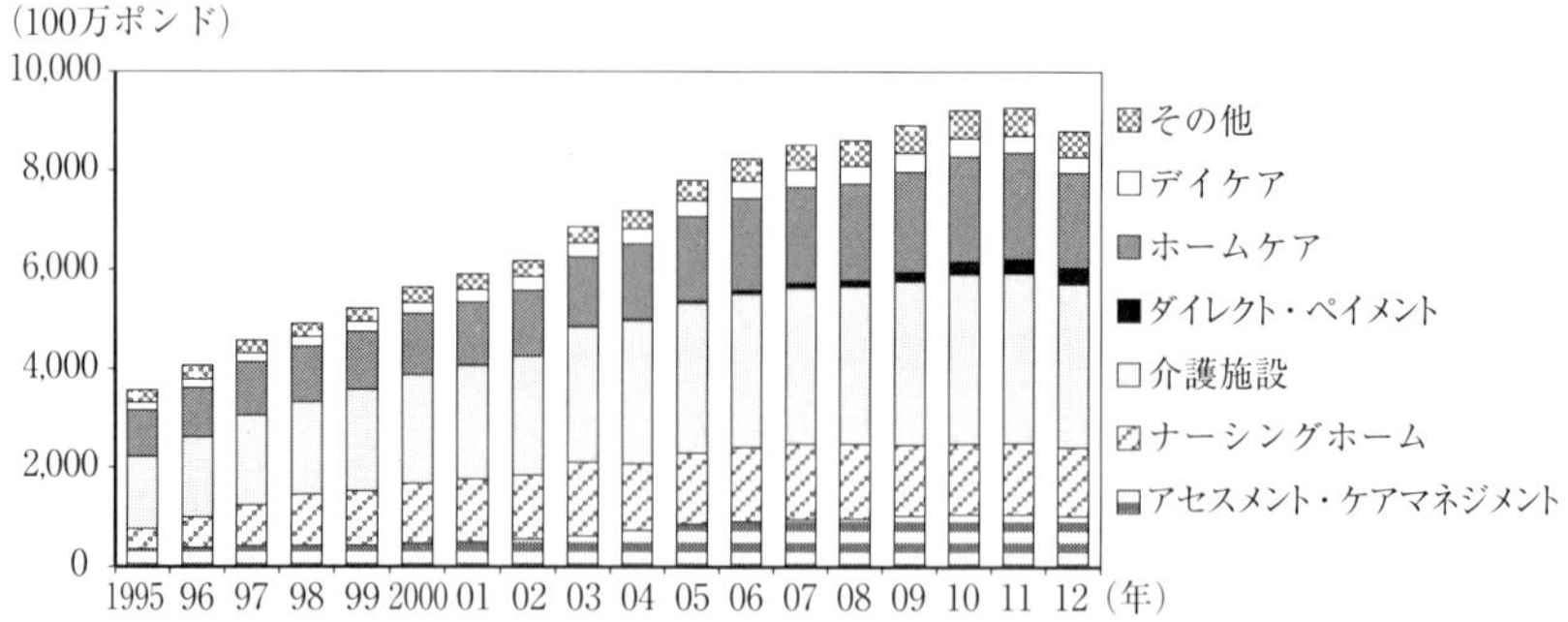

注：1）65歳以上の高齢者に対する支出に限定。
　　2）イングランドの場合。
資料：The NHS Information Centre（2009-2012）Personal Social Services : Expenditure and Units Cost を参照して筆者作成。

担金」の三つに分けることができる。そのうち、もっとも大きな部分を占めているのは「地方政府からの補助金」であるが、地方政府は中央政府からの補助金（Revenue Support Grant）を通じて財政補助を受けている。補助金の配分は、地域コスト、高齢者の人口数、地域のニーズレベルなどにより決定される「相対的なニーズを反映した方式（Relative Needs Formulae）」に基づいて行われている。

また、固定資産税（Private property tax）のような地方税は、地方政府の主な財源である。The NHS Information Centre（2009-2012）によると、社会サービスに関する地方政府の総支出額は二〇〇九年から二〇一〇年にかけて一六八億ポンドが支出された。一九九九年から二〇一〇年までと比べて四七％増加した金額である。そのなかで、高齢者支出は二〇〇九年から二〇一〇年にかけて九四億ポンドが支出されたが、そのうち三四億ポンドは高齢者施設に支出され、一四億ポンドはナーシングホームに支出された。

さらに、利用者負担については、財政アセスメント（financial assessment）の結果によって異なってくる。施設サービスには国の費用徴収基準があり、資産と所得に応じて決定される。施設

図2-8　コミュニティケアにおける在宅サービスの利用者推移

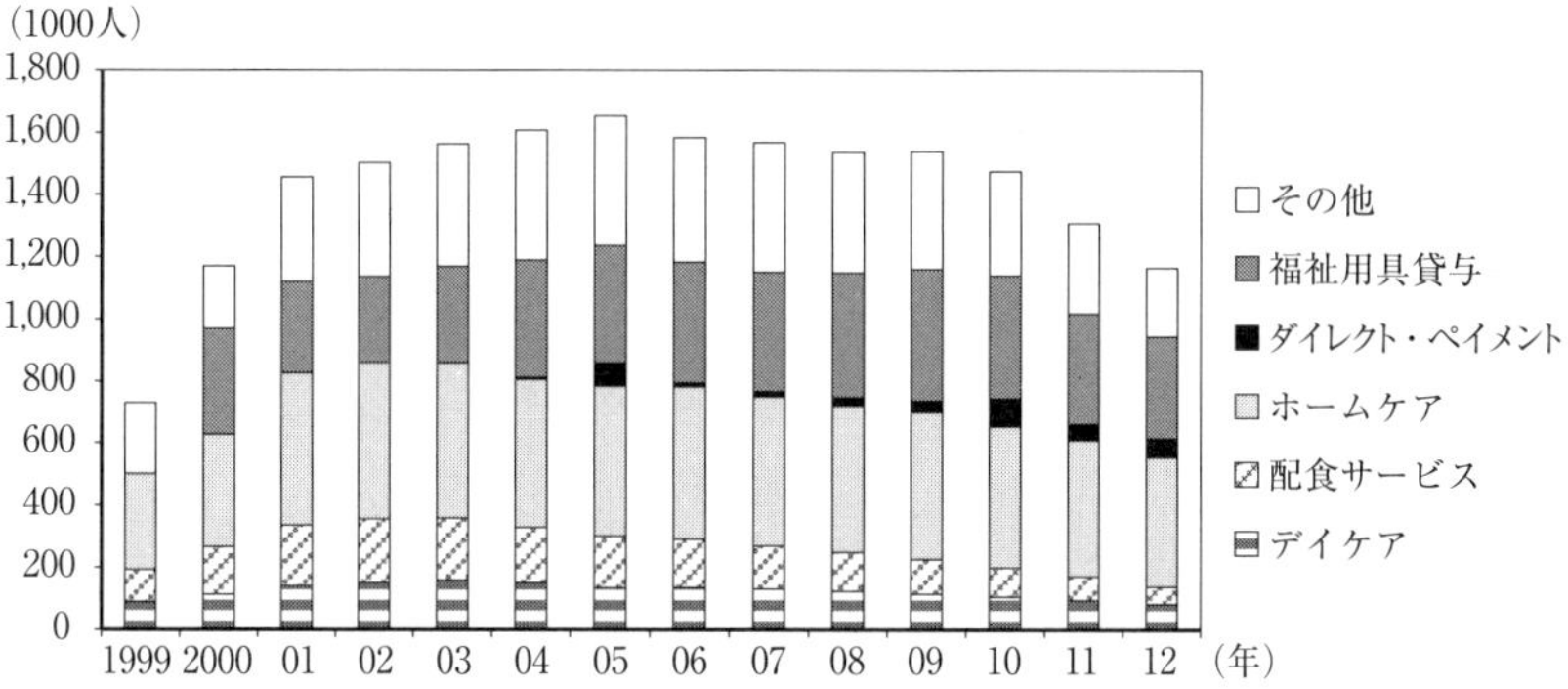

注：1）65歳以上の高齢者に限定。
　　2）イングランドの場合。
資料：The NHS Information Centre (2005-2007) Supported Residents (Adults); The NHS Information Centre (2009-2012) Social Services Activity Reportを参照して筆者作成。

サービスの利用者負担は、年金などの収入（週あたり一八・八ポンドを除く）に応じて利用料を課すことができる。詳しいことはCentral Office of Information（COI）に公表している。また、在宅サービス利用者負担については、国の基準がなく、地方政府ごとに定められている。そのため、地方政府によって財政状況に大きな差が存在している問題がよく指摘されている。

高齢者を対象とした対人社会サービス全体の支出推移を図2-7にもとづいて検討してみよう。一九九五年には三六億ポンドが支出され、その後毎年増加し続け、二〇一一年には九三億ポンド、二〇一二年には八八億ポンドとなっており、全般的には上昇する傾向にある。そのなかで、もっとも大きな割合を占めているサービスは、ホームケアと介護施設であり、両方を合わせてみれば全体の五〇％を超えている。

一方で図2-8にもとづき、コミュニティケアサービスの中で在宅サービスに限定して利用者数の推移をみれば、一九九九年に七三万人から二〇〇五年には一七〇万人まで増加する傾向にあったが、その後、毎年減少し続け、二〇一二年には一二〇万人がサービスを利用しており二〇〇〇年の水準まで減少した。利用者がもっとも多いサービスはホームケアと福祉用具貸与であり、利用者全体のうち六〇％以上の高齢者がそれらのサービスを利用している。

以上の内容からイギリスの社会サービスにおける財政構造の特徴を述べれば、主な財源は、地方政府からの補助金、NHS、利用者負担となっているが、地方政府によって補助金と利用者負担に大きな差が存在していることである。また、毎年、財政支出は増加している反面、利用者数は減少していることも一つの特徴といえよう。

（3）コミュニティケアサービス準市場研究の動向

イギリスで準市場を論じる際に、中心となる制度は福祉ではなく医療制度であるように考えられる。一九九〇年代に改正されたNHSは、民間部門を積極的に活用し、入札競争を通じた契約を結ぶなど、多様な市場的要素を取り入れた初めての制度であるためだろう。その後、教育制度、福祉制度などにおいても準市場原理が浸透したといわれている。その影響をうけ、一般的に準市場について述べている研究の対象となる制度は、NHSを想定している場合が多い。しかしながら、それらの研究が福祉制度に当てはまらないわけではない。なぜなら、医療サービスと福祉サービスの両方とも地方政府の管理下で行われており、医療サービスは地方政府とGP（General Practitioner）との間で、また福祉サービスは地方政府とサービス提供事業者との間で契約を結ぶことになっており、それらをめぐって競争が行われているなど、類似している側面が多いためである。

そこで、まず、準市場の「競争」の側面に着目している研究としてはChalkley & Malcomson（1996）によるものが示唆に富む。彼らは、NHS準市場を例としてあげながら論じているが、供給者がサービスの質をめぐる競争を行うように誘導するためには、地方政府が高い質のサービスを提供している事業者に対するインセンティブ制度を構築する必要があると力説している。また、サービスの質をはかる物差しがなければ、彼らはサービスの質を下げることを通じて価格を削減するなど、価格をめぐる競争を行う可能性が高くなるとしている。さらに、地方政府は供給者と取引を行うにあたって、適切な価格で契約することができる交渉力をもつ必要があることを強調している。それを裏づけている研究としては、McAfee & McMillan（1987）がある。彼らは、NHS供給者の入札に関する実証的な研究を行っている。その主な結果は、仮に多くの供給者がサービスに対して異なる価格を提示しているのであれば、地方政府は平均的に二番目に低い価格を提示する供給者と契約を結ぶ傾向があるとしながら、NHS契約市場において、価格をめぐる競争が起きる可能性が多分にあることを示している。

Le Grand（1999）も理論的な側面のみならず、現状に関する評価も行っている。彼は、イギリスのヘルスケア準市場は供給者に対する動機づけが不足している点を批判しながら、「イギリスにおける準市場は成功でも失敗でもない」と結論づけている。彼は、準市場に対するいくつかの問題点を示しながら以下のような提言を行っている。まず、GPの統制下で、二次医療（secondary care）を購入するための予算を設けることによって、病院の応答性（responsiveness）を高め、効率的な資源活用を誘導することができる点、次に、ケアマネジャーなどの専門職の行動を変化させるためには、インセンティブをさらに向上させる必要がある点、最後に、専門職などのスタッフのためのインセンティブ構造には「knightly」（人間は、公共心と利他心を優先するという仮定）と「knavish」（人間は、自身の利益優先を動機にするという仮定）の両方における動機の価値を考慮する必要がある点を強調している。

一方で、準市場についてさらに理論的にアプローチしている研究としては、Le Grand以外に、Lowery（1998）、Walsh（1995）、Harden（1992）、Kähkönen（1998）、Boyett & Finlay（1995）、Powell（2003）などの研究があげられる。ル・グランの研究については、本書の理論上のベースとなっていることもあり、第1章および本章の第5節で詳しく紹介しているため、ここではそれ以外の研究を中心に検討する。

Lowery（1998）は「準市場の失敗」を(1)準市場形成の失敗、(2)選好エラーの失敗、(3)選好代替の失敗などの三つの失敗要因に分けて論じている。まず、準市場形成の失敗（failure in quasi-market formation）は、準市場において市場の形成が失敗したことを意味する。それは、独占構造を崩せなかったときに発生しうる。例えば、需要が不足しているとき、または一つの供給者がすべての顧客を獲得したときに、準市場が成り立たない可能性がある。次に、選好エラーの失敗（failure in preference error）である。これは、利用者がサービスに関する十分な情報をもっていないことによって、消費者主権が弱まっているときに発生しうる。つまり、情報の非対称性による準市場の失敗を意味している。最後に、選好代替の失敗（failure by preference substitution）である。二つの異なる消費者の役割、いわば、いかなるサービスを生産するかを決定する消費者の役割（providing consumer）と実際にサービスを受ける消費者の役割（production consumer）がサービスを選択する際にいかなる価値を重視するかにおいて価値が衝突する可能性があるが、それによって準市場が失敗する場合があることを指摘している。

彼は、教育や保健サービスの場合、専門性が高く市場の出入りが容易ではない側面があり、そのため「規制が強い」と特徴づけている。それゆえに、社会サービス分野においては市場が完全な解決策にはならず、また準市場の失敗で代表される不完全な競争問題に関しては、地方政府が行う他のサービスにおいても存在している決定的な問題であると指摘している。

また、Walsh（1995）はル・グランとは多少異なる視点で準市場を定義している。彼は、準市場には、⑴購入者と供給者の分離、⑵購入者と供給者との契約、⑶会計システムと支払いシステムの進展の三つの要素が含まれているととらえており、会計システムの側面にも着目している。一方で、Harden（1992）は、準市場は、⑴効率性を高める動機をつくり出しており、⑵意思決定の責任を利用者に移譲し、また、⑶患者（利用者）が増加するほど収入も増加するという特徴をもっているとしている。

他方で、Kähkönen（1998）は、一般市場理論の立場にたって、準市場の形成や失敗について述べている。彼は、準市場は歳入と歳出をめぐる地域間の影響力の競争によって形成され、また、典型的な準市場の失敗は、⑴不完全な競争と(2)市場の不足に起因していると述べている。また彼は、多様な研究者（Le Grand & Bartlett 1993：Cutler & Waine 1994：Bailey 1999）の視点をふまえたうえで、準市場は以下の要素を含んでいるとしている。(1)準市場は、公的セクターによって成立され、維持されている。(2)準市場で生産されたサービスは、一般的に社会的な利益と福祉の充足を目的としている。(3)公的セクターには常に出資者、規制者、購買者が存在している。(4)お互いに競争する多様な供給者が存在する場合もある。(5)サービスの利用者が通常、費用を支払わない。費用のことは、購買者と供給者の間でやりとりされるとみている。

また、Boyett & Finlay（1995）は、準市場を「公共財に対する財政と供給の役割を国家が担わない状態の市場」であると定義し、ル・グランをはじめ他の研究者らとは異なって、財政調達も国家がしない状態としてとらえている。

最後に、Powell（2003）は、準市場を三つの次元によって類型化を行っている。まず、供給者と購買者が契約を結ぶにあたって何を重視するか（信頼関係か、価格か）によって、そして、だれがサービスを選択するか（利用者本人か、代理者か）によって、さらに、供給者の性格（公共組織か、民間組織か）によって八つのタイプで準市場の分類をしている。彼の主張によれば、一九三〇年代から今日に至るまでのイギリスのケアサービス供給システムを準市場の枠組みのなかで論じることができる。ただし、改革を経るとともに、その性格は大きく変化してきたと解釈している。

以上で検討を行った研究を総合してみれば、準市場について実証的に分析を行っている研究と理論的にアプローチしている研究に分けてみることができる。前者にあたる研究の特徴としては、(1)価格競争を防ぎ、サービスの質をめぐる競争を誘導している、(2)事業者に対するインセンティブを強調している、(3)地方政府と事業者の間における交渉に着目しているという三点にまとめることができる。その背景には「そもそもの準市場における人間は自らの利益を追求するために行動する存在であり，それを国家がコントロールするためには，規制やインセンティブが必要である」という考え方が根底にあるためであるととらえることができる。

イギリスでは，価格競争を認めているため，価格がサービスの供給と利用にあたって重要なキーワードとなり，比較的にそれに関連している実証研究がとくに多いと考えられる。また，事業者が自由に市場に参入することができるため，彼らのインセンティブを重視する視点が強調されている。さらに，価格競争とともにもう一つの重要なポイントは，自治体と事業所が契約を結ぶ点であろう。

一方，後者にあたる研究においては，その共通点を言い難いほど多様にとらえており，さらに日本の準市場に当てはまらない側面が多い主張もある。例えば，Kähkönen（1998）の「利用者は費用を支払わない」ということや Boyett & Finlay（1995）の「財政と供給の両方において国家の役割がない」ということ，そしてPowell（2003）の三つの次元のうち「何を重視するか」（信頼関係か，価格か）と「だれがサービスを選択するか」（利用者本人か，代理者か）の二つの次元は日本の準市場ではみられないものである。それは「準市場」について，日本のみならずイギリスにおいても合意された定義がないことを意味しているが，他方では，それほど範囲が広い概念であることも内包している。とはいえ，現在のコミュニティケアサービスが完全な市場ではなく，特殊な形態の市場（準市場）である点については異見がないようにみえる。

3　日本の介護保険制度

（1）供給・利用構造

日本の場合，イギリスと大きく異なる点は保険原理にもとづいている点である。市町村が保険者となり，被保険者は保険料を拠出するかわりに、介護が必要な状態（要介護状態）になったときに、保険者から介護サービス等の保険給付を受けることができるという仕組みである。介護サービスを利用するために、被保険者は保険者に対して要介護認定の申請を行い、要介護度の認定を受けたうえで、居宅サービスまたは施設サービスを利用することができる。要介護度は、要支援１・２と要介護１・２・３・４・５の合計七段階となっている。要支援者に対する給付は予防給付、要介護者に対する給付は介護給付という。

要介護認定の方法や判定基準は全国一律となっており、イギリスのように市町村（地方政府）が独自の基準を設定することはできない。利用にあたっては、本人のニーズにあったサービスを効率的かつ計画的に提供する観点から、介護サービス計画（ケアプラン）を作成して、サービスを提供することとなっている（厚生統計協会 二〇〇九：一〇―一二）。

サービスの種類は大きく(1)都道府県が指定・監督を行うサービス、(2)市町村が指定・監督を行うサービス、(3)市町村が実施する事業、(4)その他に分けることができる。一般的な居宅サービスや施設サービスなどは、(1)に該当する。(2)のサービスとして代表的なものは地域密着型サービスがあり、(3)としては、介護予防事業や包括的支援事業などの地域支援事業がある（表２‐２参照）。居宅サービスは、訪問サービス、通所サービス、短期入所サービスなどに区分され、訪問介護や訪問入浴介護、訪問看護、通所介護、短期入所生活介護など一二種類に及んでいる。また、施設サービスは、介護老人福祉施設、介護老人保健施設、介護療養型医療施設がある(4)。

ケアマネジャーなどによるケアプランの作成を経て、利用者はサービス提供事業所と直接契約を結び、サービスを利用することができる。その際には、要介護度による支給限度額を超えない範囲内でサービスを利用することが原則であり、その費用に関しては、一割の自己負担が徴収される。

表2-2　介護保険給付の体系（日本）

<table>
<tr><th></th><th colspan="2">予防給付</th><th colspan="2">介護給付</th></tr>
<tr><td rowspan="6">都道府県が指定・監督を行うサービス</td><td rowspan="6">介護予防サービス</td><td>【訪問サービス】
介護予防訪問介護
介護予防訪問入浴介護
介護予防訪問看護
介護予防訪問リハビリテーション
介護予防居宅療養管理指導</td><td rowspan="4">居宅サービス</td><td>【訪問サービス】
訪問介護
訪問入浴介護
訪問看護
訪問リハビリテーション
居宅療養管理指導</td></tr>
<tr><td>【通所サービス】
介護予防通所介護
介護予防通所リハビリテーション</td><td>【通所サービス】
通所介護
通所リハビリテーション</td></tr>
<tr><td>【短期入所サービス】
介護予防短期入所生活介護
介護予防短期入所療養介護</td><td>【短期入所サービス】
短期入所生活介護
短期入所療養介護</td></tr>
<tr><td rowspan="3">【その他】
介護予防特定施設入居者生活介護
介護予防福祉用具貸与
特定介護予防福祉用具販売</td><td>【その他】
特定施設入居者生活介護
福祉用具貸与
特定福祉用具販売</td></tr>
<tr><td colspan="2">居宅介護支援</td></tr>
<tr><td>施設サービス</td><td>介護老人福祉施設
介護老人保健施設
介護療養型医療施設</td></tr>
<tr><td rowspan="2">市町村が指定・監督を行うサービス</td><td colspan="2">介護予防支援</td><td rowspan="2">地域密着型サービス</td><td rowspan="2">定期巡回・随時対応型訪問介護看護
小規模多機能型居宅介護
夜間対応型訪問介護
認知症対応型通所介護
認知症対応型共同生活介護
地域密着型特定施設入居者生活介護
地域密着型介護老人福祉施設入所者生活介護
複合型サービス</td></tr>
<tr><td>地域密着型介護予防サービス</td><td>介護予防小規模多機能型居宅介護
介護予防認知症対応型通所介護
介護予防認知症対応型共同生活介護</td></tr>
<tr><td>その他</td><td colspan="2">介護予防住宅改修</td><td colspan="2">住宅改修</td></tr>
<tr><td>市町村が実施する事業</td><td colspan="4">【地域支援事業】
介護予防事業
・一次予防事業
・二次予防事業
包括的支援事業
・介護予防ケアマネジメント業務
・総合相談支援業務
・権利擁護業務
・包括的・継続的ケアマネジメント支援業務
・介護予防ケアマネジメント事業
市町村の判断により実施する事業
任意事業</td></tr>
</table>

資料：厚生統計協会（2009）を参照して作成。

図2-9　介護保険の財源構造（日本）

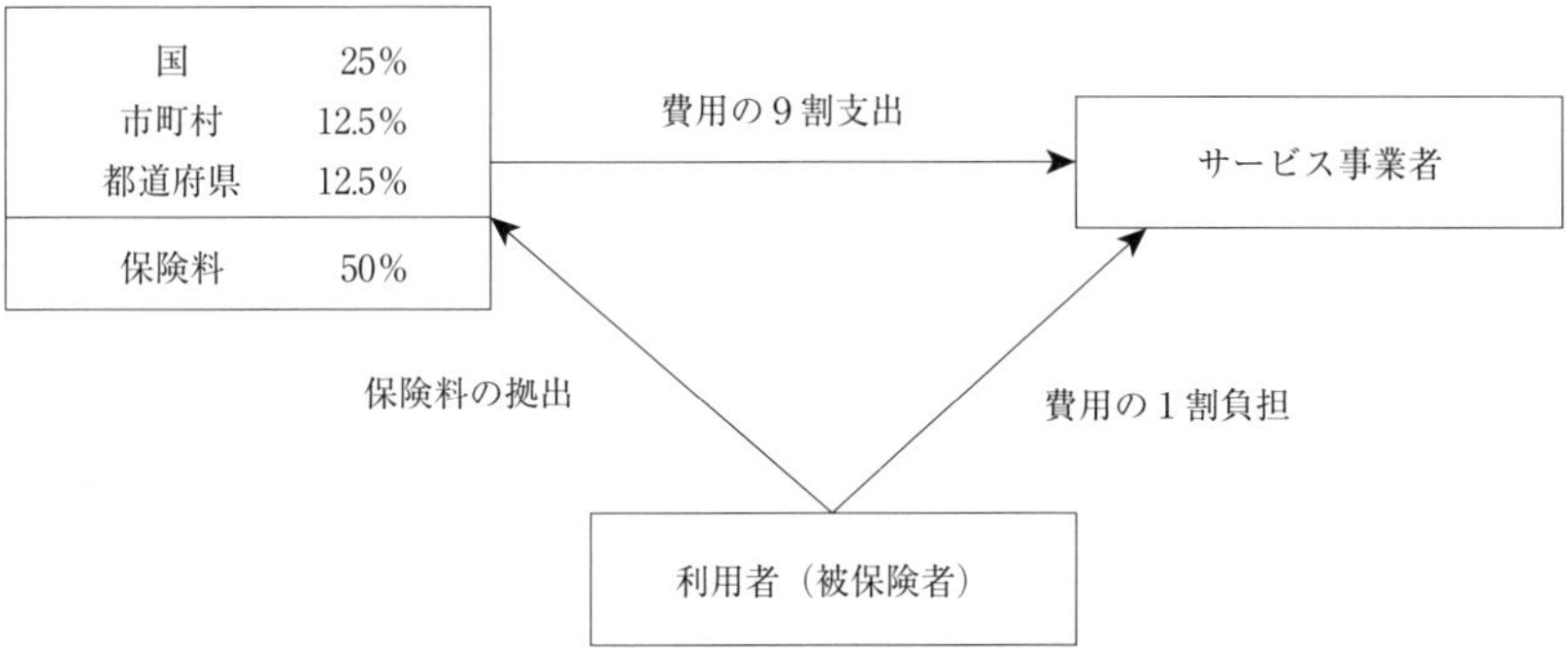

資料：筆者作成。

（2）財源構造

保険給付の財源は、五〇％は公費、五〇％は保険料で賄われる。公費の内訳は国が二五％（施設サービスの場合、二〇％）、都道府県が一二・五％（施設サービスの場合、一七・五％）、市町村が一二・五％を負担している（図2-9参照）。

利用者がサービスを利用した場合、前述の保険料財源から九割、本人が一割を負担する仕組みとなっている。日本は、本人負担分については、イギリスのように所得および資産によって費用が決まる応能負担ではなく、利用したサービスの量に対して一律に適用される応益負担となっているが、その点がイギリスとは大きく異なる。ただし、自己負担額が高額になった場合には、世帯収入に応じた上限額が設定されている。また、施設サービスを利用した際に、居住費・食費などは保険給付に含まれておらず、全額自己負担となっている。

以上の内容から、介護保険にかかわっている各主体の役割をイギリスと比較して整理すれば、イギリスの場合、地方政府が購入者として位置づけられることに比べ、日本は利用者が購入者となる。つまり、前述のようにイギリスの場合、資金提供に関しては一定の予算そのものを購入者（地方政府）に与え、その範囲内でサービスを購入するようになっている。しかし、日本の場合、保険者である市町村に予算執行の権限を与えてはいるが、サービスの購入は利用者が行い、市町村は利用者が購入した費用の九割を供給者に支払う役割を担っている。

さらに、市町村はその地域に存在するサービス量と被保険者数をリンクする形で保険料水準を決定しており、その意味で財源調達機関としての色彩が濃いといえる（佐橋 二〇〇〇：一四三）。

（3）介護保険サービス準市場研究の動向

介護サービス供給メカニズムを「準市場」と位置づけ、その枠組みで分析している代表的な研究としては、駒村康平、平岡公一、佐橋克彦、児山正史、狭間直樹の著書・論文があげられる。

駒村は、もっとも早い時期に日本の介護サービス市場を「準市場」として位置づけた一人である。彼は、一九九九年の論文において「公的介護保険の導入は、単に財源政策ではなく、医療市場から介護市場への市場代替政策であり、介護サービスの需要・供給構造に競争原理を導入する準市場メカニズム導入政策でもある」と位置づけ、介護サービスを純粋な私的財・市場財とは評価せず「価値材的性質をもった財」としながら政府介入の根拠を提示している。さらに、準市場メカニズムが成功するためには、情報の非対称性に対する対策が必要であることと、意思決定プロセスを透明にすることによって被保険者の納得を得る必要があること、オンブズマン制度の充実などをあげている。

次に、介護サービス準市場について幅広い分析を行っている研究者としては、佐橋があげられる。彼は、介護のみならず、保育サービス、障害者福祉サービス分野の準市場についても分析を行っている。二〇〇〇年の論文においては、イギリスと日本の介護サービス準市場の違いを明らかにしている。彼はイギリスとは根本的に異なる日本の特徴として介護報酬が定められている点を強調している。さらに、イギリスと日本の準市場的な要素として、多様な供給主体が参入していることは共通しているが、その比重（営利組織と非営利組織）は逆転していることを相違点としてあげている。

また、彼は二〇〇二b年の論文において、日本の介護サービス準市場の特異性をル・グランの理論に即して評価している。そこで、日本の介護サービス準市場はサービス価格などについて購入者（利用者）の意見をより反映させる場が不足していること、モラルハザード・逆選択の防止策が不足していること、施設系サービス提供者においては非自発的な動機づけの下で、ともすれば生産効率性より粗効率性（crude efficiency）の達成が重視されていること、保険給付対象の設定についてグループホームのホテルコストなどにみられるように設定に齟齬がみられることを問題点と指摘している。二〇〇六年の著書においては、以上の内容を含め、日本の介護サービス、保育サービス、障害者福祉サービスを準市場のなかで位置づけながら、各サービスにおける準市場の特徴や問題点を明らかにしている。それらのサービスにおける課題の共通点としては、実質的選択性が保障されていないことを指摘しており、とりわけ介護サービスに限定した問題点としては、政策に当事者の意見が反映されにくく、応答性に乏しいことを指摘している。

さらに、二〇一二年の論文においては介護サービスの「選択」と「利用者主体」に絞り、準市場の観点から詳しい分析を行っている。彼は、介護保険サービスにおける選択の「幅」には、利用者の経済力による差、そして居住している市町村による差があると指摘しながら、介護保険制度には利用権は認めるが、選択権は保障されていないと述べている。

また、彼は全般的な準市場の形成・分析研究における今後の課題として、(1)留意すべき点に関する検討、(2)理論的脆弱性の有無に関する検討、(3)準市場化の国際比較が欠けていると言及している（佐橋 二〇一二）。

平岡（二〇〇六）は、介護サービス市場化の特徴として「サービス購入型」と「利用者補助型」という二つの市場化の類型のうち、日本の介護保険制度は「利用者補助型」(5)のものであるとしている。その場合、利用者と事業者の間の「情報の非対称性」を克服することを課題として提示しながら、そのためにはケアマネジメントを通じて利用者への支援を十分に行うことが必要であり、判断能力が欠けている者のために、強い規制措置が必要であると強調している。さらに、彼も介護サービス市場の特徴として、介護報酬が公定価格として機能していること、事業者間の競争は地域的な要因の影響を受けやすいことなどをあげている。

狭間（二〇〇八）は、ル・グランの理論とイコール・フィッティング論や公益性視点を関連づけながら、日本の社会福祉供給現場について、とりわけ社会福祉法人がもつ公益性について理論的に分析している。それと同時に、ル・グランの理論はフォーマルなサービスを中心に設定されていると指摘し、非営利組織が市場に参入するにあたっては、非営利組織がインフォーマルに社会に提供する活動はどのような影響を与えているかについてもみていく必要があると主張している。準市場について理論的にアプローチしているもう一つの研究として、圷（二〇〇八）の論文があげられる。彼は、イギリスの著名な社会政策研究者でありながらも、それぞれ異なる時期に社会政策の策定過程に主導的役割を果たしてきたTitmuss（ティトマス）とLe Grandの議論を社会防衛論としてとらえなおしている。彼は、ル・グランの論調について「市場の『全面化』とポテンシャルを前向きにうけとめ、準市場をはじめ、ポーン（Pawn）をクイーン（Queen）化するための公共サービス改革による能動的な『社会』防衛をめざしている」と結論づけている。

さらに、準市場そのものの概念について検討を行っている研究もある。児山（二〇〇四）は、準市場の概念について検討を行っている。まず、イギリスの公共サービスにおける改革を紹介したうえで、その概念上の問題点を指摘している。さらに準市場の類型を三つに分類したうえで、イギリスの準市場は「政府購入型」や「専門職購入型」が多いことに比べ、日本では「専門職購入型」は実施されていないとしている。彼が行っている概念の検討は、本書においても示唆に富むと考えられ、詳しい内容については、第1章の第3節で紹介しているとおりである。また、児山は、二〇一一年の論文においては、分析の範囲を広げ、ル・グランの三冊の著書からの主張を総括している。そこでは、ル・グランの主張をまとめ、それに対する他の研究者の意見などを述べている。彼は「準市場に関するル・グランの三冊の主著は、異なる根拠に基づいて異なる主張をしている」といいながら、彼の主張によれば「準市場は、供給者に誘引を与え、利用者を行為主体として扱うことなどにより、一定の条件が満たされるならば、質・効率性・応答性・公平性の点で公共サービスを提供する可能性が他のモデルよりも高いという主張」にまとめることができると述べている。また、現在の準市場研究の課題として「準市場の制度や結果の分析だけでなく、その導入過程の分析にまで研究対象を広げる必要がある」ことを準市場研究における今後の課題として示している。この点は筆者が本書を通して明らかにしたい点でもあり、実際に現在の学問領域においてもあまり言及されていないと考えられる。

最後に検討するものは広井（二〇〇〇）の論文である。そのなかで、彼は福祉サービスの「財政—供給」と公私の役割分担について、公的領域が財政を負担し、私的領域が供給を担当するシステムを「疑似市場」の範囲として位置づけている。さらに、準市場（疑似市場）において問題となるのは、サービスの質の確保・チェックをめぐる課題とクリーム・スキミング（Cream-skimming）(6)問題をあげており、それらに対応するためには、供給主体間のイコール・フィッティング、また、サービスについて消費者自身の直接的な評価が反映されるという仕組みにしていく必要があると述べている。

以上のとおり、日本における準市場の研究は、イギリスの影響を強く受けており、それらの研究を前提としているか、あるいは比較の視点から分析を行っているものが多いことがわかる。とりわけ、駒村と佐橋は、ル・グランの理論を基盤として日本におけるケアサービス準市場の研究を理論的かつ実証的に行っており、平岡はイギリスのケアサービス準市場と日本のそれを比較することによって、日本の特徴をより明確にしている。また、狭間は、ル・グランの理論の弱点を指摘しつつイコール・フィッティング論という独自の理論枠組みをもって福祉サービス供給の現場を理論的に評価している。さらに、児山は、準市場の概念上の問題を指摘しながらイギリスと日本の準市場は類型上、異なることを強調している。

こうした日本における準市場の研究は、多様な側面から展開されてきており、幅広く研究蓄積がされてきている。しかしながら、佐橋（二〇一二）が指摘しているように「理論的脆弱性に関する研究」と「国際比較研究」は、未だに十分に検討されているとは言い難い。したがって、本書では、既存になされてきた先行研究を参考にしつつ、イギリスの準市場理論を日本に適用する際の問題点を明確にする必要があると考えられる。また、ル・グランが提示した「準市場の成功前提条件」をふまえ、日本の準市場の現状について、韓国の現状との比較を通して評価を試みたい。

4　韓国の老人長期療養保険制度

(1)　供給・利用構造

韓国の老人長期療養保険の被保険者は、国民健康保険（公的医療保険）に加入しているすべての国民であり、保険料は医療保険に上乗せのかたちで徴収される。介護サービスを利用するために、日本と同じく、被保険者は保険者に対して要介護認定の申請を行い、保険者から要介護認定を受けたうえで、居宅サービスまたは施設サービスを利用することができる。要介護度は、一等級（最重度）、二等級（重度）、三等級（軽度）の三段階となっており、日本との違いがある。その詳しい手続きや内容の比較は、第**3**章で行っている。当然ながら、中央政府が保険者となっているため、要介護認定の方法や判定基準は全国一律である。

サービスの種類には、大きく(1)居宅サービス、(2)施設サービス、(3)特別現金給付がある。居宅サービスには、訪問介護、訪問入浴、訪問看護、昼夜間保護、短期保護があり、施設サービスには老人療養施設、老人専門療養施設、老人療養共同生活家庭がある。さらに、特別現金給付には、家族療養費や特例療養費がある。ここで、一つの注目すべき特徴があるが、それは日本の制度にはみられない「同居家族療養保護士」制度である[7]。同制度は、同居している家族の一員が療養保護士（ホームヘルパー）の資格を取得したうえで、その家族を対象にサービスを提供し、保険者に費用を請求することができる制度である。政府は、老人長期療養保険法第四一条「家族等の長期療養に対する補償」を設け、「国民健康保険公団は長期療養給付を受ける金額の総額が、保健福祉部長官が定めて告示する金額以下に該当する受給者が家族等から第二三条第一項第一号による訪問療養に相当する長期療養を受けた場合、保健福祉部令の定めに基づき、本人一部負担金の一部を減免するかそれに相当する措置をとることができる」と規定している。

それは、家族療養費という現金給付とは別に、訪問介護のなかで位置づけられる。つまり、現金給付ではないが、結果的には現金給付と同じかたちとなっているものである。それによって、一つの制度枠組みのなかで同じ性格をもっているサービスであるにもかかわらず、二つの適用方式が存在しているという矛盾が生じており、さらに二つの給付額の間に二倍以上の差が存在しているという公平性の問題も発生している。

その他に、日本とは異なる特徴として介護サービスの利用に大きな影響を与える「ケアマネジャー」が韓国には一つの職として設けられていないこともあげられる。韓国の制度におけるケアマネジャーの役割は、主に国民健康保険公団の職員が担っているが、詳しい規定は定められていない。制度が施行される以前にはケアマネジャー（療養管理士）と療養保護士という二つの専門職を新設することが検討された。そこで、老人長期療養保険制度推進企画団と実行委員会では、短期的に看護師と社会福祉士に対して一定水準の教育を実施した後、その資格を与え、長期的には新規の資格制度を導入し質的水準を高めていくことが決定されていた。

しかし、ケアマネジャーを別途の資格制度として新設するという選択肢は保健福祉部の検討過程においてなくなった。その理由は、要介護度認定等の公的業務の民間機関への移譲は認められないことであり、ケアマネジャーは管理運営を担当する国民健康保険公団かもしくは自治体にのみ配置されるようになっているため、別途の資格制度を新設することなく、看護師や社会福祉士を健康保険公団や自治体の職員として採用し、活用しても十分に対応できるとされたのである（李崚宇 二〇〇九：一六七）。

以上のように、韓国ではケアマネジャー制度の導入が提案されていたが、行政手続きの複雑化によりサービス利用のアクセシビリティが悪くなること、新規職員の増員による管理運営費の増加、韓国の状況からみて居宅サービスの種類がそれほど多くないことなどを理由に、最終的な老人長期療養保険法ではケアマネジャーに関する規定が含まれないことになった。同法の施行令や施行規則においても、ケアプラン、ケアマネジャーの位置づけや資格基準、業務の範囲、教育訓練に対する規定はまったくない。

（2）財源構造

韓国の場合も、日本と同様に保険財源で運用している。保険の財源は、保険料と国庫補助金で賄われる。保険料は、公的医療保険の保険料に長期療養保険料率（二〇一四年八月現在六・五五％）をかけた金額が保険料となる。医療保険と統合徴収しているため、医療保険の地域加入者（例えば、自営業者）は全額自己負担であり、職場加入者（例えば、被雇用者）は労使折半となる。国庫負担は、長期療養保険料に対する予想収入額の二〇％となっている。日本の国庫負担である五〇％に比べ、韓国は国庫負担率が低く、多くの部分を保険料に依存している。さらに、日

図2－10　老人長期療養保険の財源構造（韓国）

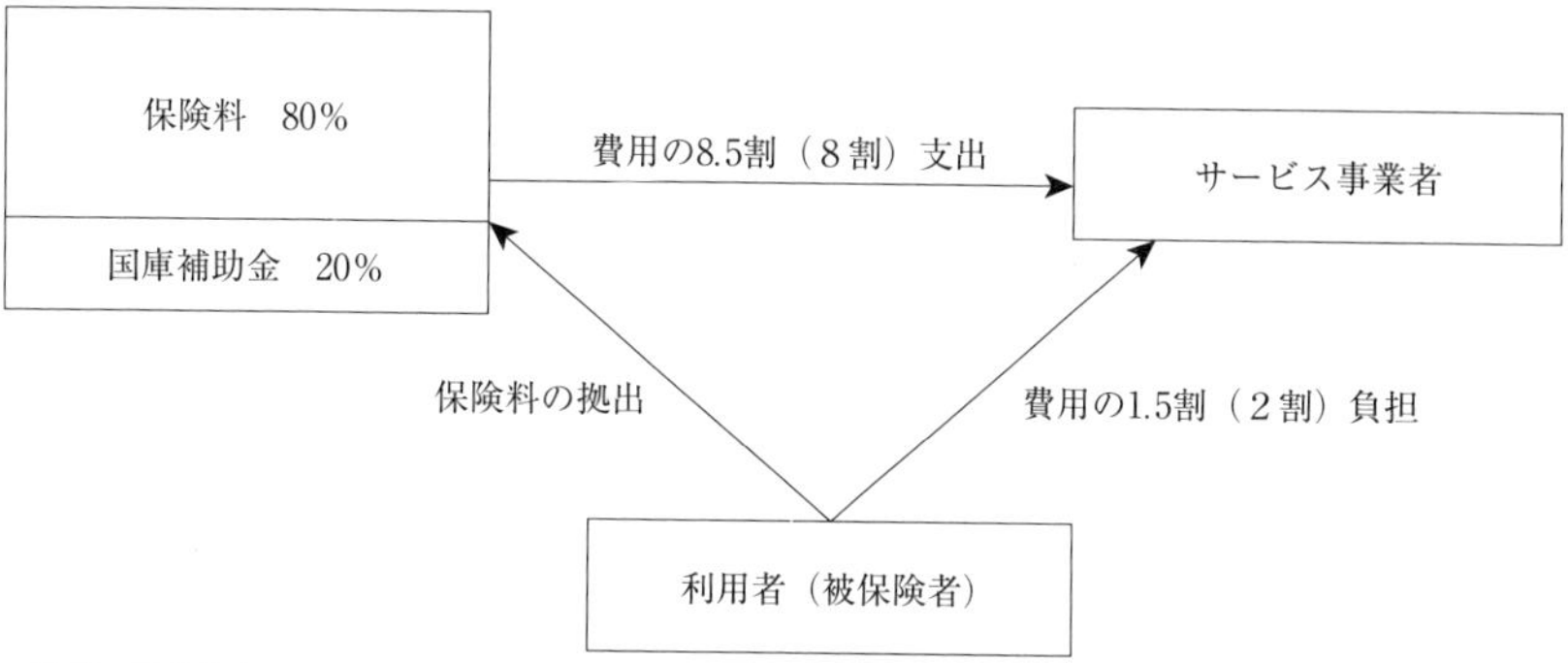

資料：筆者作成。

本は四〇歳以上の国民を介護保険の被保険者としているが、韓国は公的医療保険に加入している全国民をその対象としている。そのことが、多くの財源を保険料で賄うことができている根拠ともいえよう。

また、利用者がサービスを利用した際の財政負担割合は、居宅サービスを利用したか、それとも施設サービスを利用したかによって異なってくる。韓国では居宅サービスを利用した際には保険財源から八・五割、本人が一・五割を負担する仕組みとなっている。また、施設サービスを利用した場合には、保険財源から八割、本人が二割負担することになっている（図2－10参照）。居住費や食費などは保険給付の対象外であり、全額自己負担となる。

韓国も日本と同様に利用者が購入者となり、利用者自ら利用機関を選択し、購入したサービス費用の一・五割（二割）を事業者に支払う。一方で、日本と異なる点は、保険者が地方政府ではなく、中央政府であるため、地方政府による費用の負担がないことである。したがって、サービスを利用することができる地域の範囲にも制限がない。

（3）老人長期療養保険サービス準市場研究の動向

前述のとおり、韓国においては準市場に関する研究がきわめて少ない。日本における準市場研究は、介護保険制度が施行された二〇〇〇年から

表2-3　準市場・疑似市場に関する社会科学系文献検索の件数（韓国）

	国立国会図書館	韓国学術情報（KSI KISS）	韓国教育学術情報院（RISS4U）	韓国研究財団	DBPIA
準市場	3	1	4	1	4
疑似市場	1	1	1	1	0
合　計	4	2	5	2	4

資料：筆者作成。

活発に展開されはじめた点からみれば、韓国の老人長期療養保険制度が施行されてからそれほど時間が経っていないため、ケアサービスの準市場に関する研究もまだ活発に行われていないと考えられる。

そこで、今までなされてきた準市場に関する研究の全般について検討を行うことにする。まず、いくつかの代表的な論文検索データベースを用いて検索を行い、「準市場」に関する文献を収集した。データベースとしては、「国立国会図書館（韓国）」「韓国学術情報（ＫＳＩ　ＫＩＳＳ）」「韓国教育学術情報院（ＲＩＳＳ４Ｕ）」「韓国研究財団」「ＤＢＰＩＡ」を用いた。また、文献を収集するさいには「準市場」「疑似市場」をキーワードとして取り上げた。その結果、検索された関連文献の件数は表２-３のとおりである。

以上の論文のなかで、重複するものを除けば、合計六本の論文が抽出された。そのうち、二本は、福祉サービスではなく、雇用サービスの民間委託に関するもの（柳吉相 二〇一〇a；二〇一〇b）である。また三本は、イギリスの制度を紹介している論文（金ヨンドク 二〇〇七；黄ドクスン 二〇〇八；全容昊・鄭ヨンスン 二〇一〇）であり、残りの一本は、日本の保育サービス準市場に関するもの（呉英蘭 二〇一二）である。以下では、それらの論文について簡単にふれる。

まず、柳吉相（二〇一〇a；二〇一〇b）は、公共雇用サービスの民間委託が成功するためには、Bruttelが提示している三つの成功前提条件（インセンティブ・メカニズム、情報メカニズム、統制メカニズム）を充足する必要があると主張しながら、韓国における雇用サービスの民間委託環境について分析を行っている。彼は、オーストラリア、イギリス、ドイツと韓国の状況を比較しながら、韓国がもっとも準市場成功前提条件を満たしていないと結論づけている。とくに、競争が活発ではないことと取引費用を減らすための努力が足りないことなどを問題として指摘している（Bruttel 2005）。

彼が言及しているとおり、準市場という概念は福祉領域のみならず、雇用サービスや多様なサービス業に浸透しているように思われる。しかし、例えば、雇用サービス準市場は、ケアサービス準市場とは異なって、費用の支払いを本人ではなく代理者が行うことや購買者（行政）が入札競争を通じて供給者を選ぶ際に、取引費用が発生するなど構造的な相違点が多い。さらに、税金で運用するか、社会保険で運用するかという根本的な違いもある。

次に、イギリスの制度を紹介している三本の論文についてみよう。三本の論文ともコミュニティケアサービスについて分析を行っているが、金ヨンドク（二〇〇七）は、市場メカニズムの導入に伴う問題を防止するためにサービスの質の管理体系を強化することを強調しており、黄ドクスン（二〇〇八）は、市場メカニズムの導入に伴う供給組織や財源調達などの変化について検討を行っている。以上の二本の論文はイギリスの状況を把握するにあたっては、非常に参考となる文献ではあるが、「準市場」そのものに関して論じているものではない。また、全容旲・鄭ヨンスン（二〇一〇）は、韓国の老人長期療養保険制度が準市場メカニズムの導入政策であることを念頭におきながら、イギリスのケアサービスにおいて準市場メカニズムが導入されるようになった背景・現状について検討を行っている。そこで、彼らは、イギリスの準市場導入政策は、サービスの多様化、利用者の選択権の拡大、サービスの質の改善などをもたらしたと肯定的に評価しながらも、契約環境の変化や市場の不安定を生み出したとやや批判的にとらえている。

最後に、呉英蘭（二〇一二）は、日本の保育政策における準市場化について批判的に検討をしている。彼女は、保育政策の準市場化は、規制緩和と公的責任の後退をもたらし、質を担保するための最小限の規制のみを維持していると述べている。さらに、追加費用の徴収が可能となっており、価格統制機能が弱いことをもって「厳しく価格を統制し、営利化を防止するという準市場の特徴とは相反している（二〇一二：二四七）」と述べ、準市場の機能不全のように批判している。しかし、価格統制というのは、日本と韓国のケアサービス準市場に限ってみられることであり、それは保険原理に由来する特徴でもある。つまり、価格統制それ自体が準市場の特徴でもなく、むしろイギリスのケアサービスにおいては、価格競争を活発に行うように誘導している。彼女の主張のとおり、価格を厳しく統制し、営利化を防止するのであれば、準市場メカニズムは崩れてしまい、過去の措置方式に回帰する結果をもたらすことになるであろう。

以上の韓国における先行研究の検討からわかるように、韓国においては、準市場理論についての批判的な考察はなされていない。さらに、準市場論に基づいた老人長期療養保険制度の分析も乏しいような印象をもつ。ただし、「市場化」の側面から現場を批判的に評価している論文は数えきれないほど多い。しかし、本書の目的は、単なる市場化の現状を分析するのではなく、準市場という理論枠組みに従って、既存の準市場論と日本・韓国の現状との適合性を検討し、またそれをふまえて現状を分析することである。そのため、本書においては、市場化に関する論文を参考にしながらも「準市場」という視点で新たに分析をしたり、再解釈したりすることに意義があると考えられる。

5　ル・グランの準市場成功前提条件——日本・韓国への適用にあたっての留意点

（1）市場構造（Market Structure）

準市場は効率性を達成するために、競争的でなければならない。そのことは、各供給者による供給量の変化が市場価格を左右することができないほどの多くの供給者が必要であり，また，各購買者による購買量の変化が市場価格を左右することができないほどの多くの購買者が必要であるとしている。仮に，供給の側面において競争が十分でない場合には，潜在的な競争が必要である。それは，新しい供給者が市場に自由に参入することができる機会が与えられなければならないことを意味する。また，市場からの退出も容易でなければならない。

供給者の間に実質的または潜在的な競争が起きていなければ，独占的な位置づけとなる供給者はサービス価格を引き上げたり，サービスの質と量を落とそうとしたりする可能性が高まる（Le Grand 1993：19-24）。

第一に，供給者の側面について検討してみよう。ル・グランが主張しているように日本と韓国におけるケアサービス準市場においても供給者間の競争が活発になる必要があると考えられる。日韓両国において，介護保険制度が導入された以降，多様な性格をもった組織が参入することが可能となり，現行のシステム上には競争が活発に起きることができるようになっている。

一方で，ル・グランの主張は「供給者はサービス価格を自由にコントロールする機会主義的な行動をとることができる」という思考を前提にしているように思われる。しかし，日本と韓国の準市場においては，介護報酬としてサービス価格が定められているため，価格をコントロールする方法を用いた競争は発生しない。その代わりに，サービスの質を用いた競争が起きる可能性はイギリスより高いともいえる。その点がイギリスとは異なる日韓の準市場の大きな特徴である。

また，イギリスでは発生していないが，日韓の状況に関しては検討の余地がある課題として，競争の範囲があげられる。ル・グランはその点については，直接ふれていないが，あえて彼の理論に即してみれば，「実質的な競争発生の必要」と関係があるであろう。具体的に説明すると，日本と韓国は社会保険方式を採用している。したがって，購買権をもっている利用者がサービスを購買することができる範囲は，保険者の範囲内となる。言い換えれば，供給者が競争を行う範囲は、保険者の範囲内ということになる。日本の場合、保険者は市町村であり、一般的な競争の範囲は各市町村内に限られる。市町村が保険者になると、被保険者の母集団が当然少数になるため、自治体によっては競争の発生程度に格差が生じることになり、保険の財政安定が危うくなる可能性が高くなる。しかし、韓国の場合、医療保険制度を管理している中央機関である国民健康保険公団が老人長期療養保険制度の保険者も兼任しており、そのため、競争の範囲も全国となる。

以上のとおり、保険者が地域単位であるか全国単位であるかという問題を供給者間の競争規模と結びつけて考えると、ル・グランが述べている「実質的な競争」というものを競争が行われる地域範囲内でのものとしてとらえなければならない。そのような意味で、各地域における供給の格差などに関する実証的な分析も必要であるといえよう。

第二に、購買者の観点から検討してみよう。これについても、ル・グランが主張しているような意味と日韓の状況との間にはかなり大きなギャップがあると考えられる。なぜなら、イギリスでは地方政府が購買者の位置づけとなっていることに比べ、日韓においては、利用者が購買者となっている。そのため、イギリスの購買者に比べて、彼らが市場構造に与える影響力はそれほど大きくないと考えられる。この点に関して、佐橋は「わが国の場合、利用者＝購買者」という位置づけのため、提供者に対する買い叩きの危険性は低い（佐橋 二〇〇六：一二一）」と述べている。

ただし、仮に、供給者のサービス供給量に比較して利用者のニーズがあまりにも少なければ、供給者間に過当競争を引き起こす可能性があり、逆に一定の供給量に比べて利用者のニーズがあまりにも大きければ、供給者間に競争が起きない可能性がある。したがって、日韓の場合、サービス供給量と比較して要介護認定を受けている高齢者の数が適切な水準であれば、購買者の側面から生じる問題はあまりないといえよう。

（2）情報（Information）

準市場が効率的に働くためには、市場の内外から安くて的確な情報、とくにサービスの費用と質に関する情報を得ることができなければならない。つまり、供給者と購買者の間に情報の非対称性が発生しないことを意味しているが、それに関して二つの機会主義的な行動があげられる。一つはモラルハザードであり、もう一つは逆選択である。モラルハザードは、例えば事業者がなるべくサービス提供時間を少なくしようとする場合に発生する。また、逆選択は、供給者には知られているが、購買者には知られていない情報がある場合に発生する。例えば、不安定な財政状況におかれている民間ケア施設の事業者が地方政府と契約を結ぶさいに、その事実を隠そうとする場合に逆選択が起こり得る。競争的な市場が形成されているのであれば、そのように機会主義的な行動をする供給者たちは、他の供給者たちと競争を行い、自然に市場から淘汰されていくため、問題にならない。しかし、市場内に参入することができる供給者の数が制限されている時には問題が発生する可能性が高くなる（Le Grand 1993：24-26）。

以上の内容からうかがわれたことは、ル・グランは、購買者である「行政」と供給者である「事業者」の間における情報の非対称性の問題に着目していると考えられる。しかし、日本や韓国の場合、行政と事業者ではなく、利用者と事業者の間で契約が行われることを考慮すれば、それらの関係における情報の非対称性にさらに焦点を当てる必要がある。

この点に関して、日本のケアサービスの状況を反映している研究としては、駒村（一九九九ａ）が参考となる。彼は、介護サービスの情報の非対称性について四つの側面から発生することができると述べている。一つ目に、介護サービスは利用して初めて品質がわかる経験財であるという性格、いわば「隠された特性」により情報の非対称性が発生することをさしている。また、二つ目に、購入者が供給者の行動を監視できない場合、つまり「隠された行動」により情報の非対称性が発生することを指摘している。とりわけ、介護サービスの場合、購入者の判断機能に制限がある場合が多いため、それによる情報の非対称性は重要な問題であると強調している。さらに、三つ目に、購入者が供給者の行動を監視することはできるが、評価できない場合、いわば「隠された情報」により情報の非対称性が発生すると指摘している。彼は「医療サービスは十分な知識がなければ評価できないが、介護などは少なくとも供給者の行動を知ることができれば、サービス内容については評価できる」と述べ、ある程度は対応することが可能であることを示している。最後に、購入者が供給者の機会主義的な行動に気づくが、阻止できない場合に発生する、いわば「隠された意図」により情報の非対称性が発生することを主張している。彼は「これは、購入者が引き返すことができないような投資を行い、そのため供給者に依存する状況、ホールドアップといわれる状況に追い込まれることになる」（駒村　一九九九ａ：二七八）としている。

彼の指摘にもとづき、日本・韓国の状況について補足すれば、「隠された特性」はケアサービスがもっている本来の性格であるため、完全に防ぐことは難しいであろう。しかし、「隠された行動」については、第三者評価の公表や介護サービス情報の公表制度などの対策を通じて対応している。例えば、日本の場合、厚生労働省ホームページの「介護サービス情報公表システム」、韓国の場合、老人長期療養保険ホームページの「長期療養サービス事業所の検索」などのインターネットを活用して、事業者の情報を公開しており、事業所に関する基本的な情報は得やすくなっていると考えられる。また、成年後見人制度によって判断能力が欠けている高齢者の権利擁護にも対応している。さらに「隠された情報」については、駒村が述べているように医療サービスよりは監視することができるともいえる。しかし、そのことは利用してからの話であり、利用する前段階において判断することは難しくなっている。最後に「隠された意図」による情報の非対称性は、一般的な介護サービスの利用の場においては起き難い。なぜなら、事業所の隠された意図に気づいたとき、利用者は自由に事業所を変えることができるためである。一方で、イギリスにおいては、多様な契約形式を設けており、例えば、一括契約で契約を結んだ場合には、利用の途中で事業所の機会主義的な行動に気づいたとしても、事業所を変えることが容易ではないため、比較的に「隠された意図」による情報の非対称性が起きやすい状況となっている。ただし、駒村（一九九九ａ）が指摘しているように、入所時に多額の費用を支払う有料老人ホームなどにおいては発生しうると考えられる。

いずれにせよ、平岡（二〇〇二）が述べているように、情報というものが一応きちんと確立しているということを前提にすると、イギリスの場合は地方政府がさらに大量にサービスを購入する主たる購入者になっているのに対して、日本の場合は個々の利用者がサービスを購入することになっており、その点からみて日本の方が情報の非対称性が発生する可能性が高いともいえよう。

（3）取引費用と不確実性（Transactions Cost and Uncertainty）

取引費用は、事前取引費用と事後取引費用に分けることができる。前者は計画段階、交渉段階、そして契約・協定を締結する段階において必要とされる費用のことである。また後者は契約の後に、契約条件などを監視する段階にかかる費用のことであり、契約条件が守られなかった場合にかかる紛争費用や交渉にかかる費用を意味する。高い事後取引費用は、低い事前取引費用と関連している。

また、不確実性は、準市場の効率的な運用と関連している。不確実性の存在は、準市場の効率性を脅かす。なぜなら、購買者と供給者が必要とするサービスの量を決める計画能力を妨げるためである（Le Grand 1993：26-30）。日本の場合、介護報酬に取引費用は含まれておらず、その設定は困難である（佐橋 二〇〇八：一一二）。そのことは韓国も同様であり、取引費用に関する現状を説明するのは容易ではない。

一方で、不確実性への対応について述べれば、日本の場合、サービス供給者がそのリスクのための保険に加入することは義務づけられていない。したがって、不確実性への対応は脆弱な状態にとどまっている（佐橋 二〇〇八：

一二二)。一方で、韓国の場合、損害賠償保険への加入を義務化しており、日本よりは不確実性への対応ができているともいえる。

しかしながら、日韓両国に当てはまることであるが、介護サービスというものの本来的な性質からみた不確実性の大きさという問題にも注目する(平岡 二〇〇二:一九)必要がある。そのことを参考にしながら、検討の範囲を多少広げて、介護サービス全体のシステムからみれば、日本は「要介護」とは別に、「要支援」を設けており、将来に要介護状態となる可能性が高い高齢者を対象として介護保険給付の中で予防給付を行っている。そのような側面からみれば、将来、取引や高齢者ケアにかかる費用を節減するための対策を設けているともいえるのではないだろうか。なぜならば、要介護認定を受ける高齢者が多くなれば、当然ながら取引費用も高くなるためである。一方で、韓国はそのような制度を設けていないため、ある意味では不確実性への対応が脆弱であるともいえる。

(4) 動機づけ (Motivation)

動機づけについて、ル・グランは「供給者と購買者の双方において動機づけが必要である」と述べている。とくに「供給者側にとっては、財政的な側面において動機づけが重要となり、それができなければ、彼らは市場シグナルに十分に対応しない可能性がある。供給者たちが利益の追求に関心がなければ、市場に参入する理由がない (Le Grand 1993 : 30)」としており、とりわけ経済的な利益に焦点を当てていると理解することができる。しかし、ケアサービスを提供するすべての組織が金銭的な利益を追求する組織ではないため、必ずしも経済的な動機づけにのみ注目する必要はないであろう。むしろ、多様な組織が参入しているなかで、それぞれの組織がいかなる動機づけによってサービスを提供しているかを実証的に検証する必要があるのではないかと考えられる。

また、ル・グランによれば、購買者側にとっても同じく何らかの理由にもとづいた動機づけが必要である。例えば、購買者が利用者である場合には、彼ら自身のことについて自ら考えるため、十分な動機づけができ、問題が生じる可能性は低い。しかし、ケアマネジャーが利用者の代わりにサービスを決めたり、ＧＰ（General Practitioner）が患者の代わりに入院などを決めたりする場合には、問題が生じる可能性が高まる（Le Grand 1993：30-31）。

ここで、前者は日本と韓国の状況であり、後者はイギリスの状況であると解釈できる。つまり、購買者が利用者である日本や韓国においては、問題にならないことを示しており、日韓の現状を検討する際には、主に、供給者側における動機づけに焦点を当てる必要があると考えられる。とくに、前述のとおり、非営利組織と営利組織が混在している状況のなかで、どの程度、利潤動機がその活動の主たる動機になっているのかについては、経験的なデータによって検証されるべき課題（平岡 二〇〇二：一九）である。

しかしながら、佐橋によれば、利用者と購入者が一致してはいるが、しかし利用者のサービス利用・購入に際してケアマネジャーの果たす役割が中立的なものとはなりにくく、購入者の意向が歪められる可能性があり、動機づけの観点からは問題である（佐橋 二〇〇六：一二三）と述べており、ケアマネジャーによる問題の可能性を懸念している。実際に、大多数のケアマネジャーが特定の事業所に所属しているという問題は、数多くの研究者から指摘されてきていることは周知のとおりであり、そのような側面からみれば、利用者側の意向をケアマネジャーがどのくらい尊重しているかを実証的に検証する必要があると考える。ただし、それをどれほど検証できるかについては疑問があり、一方では、ケアマネジャーと利用者の動機づけは別の次元の話のような印象をもつ。

いずれにせよ、ケアマネジャーは利用者がサービスを選択するにあたって助言を行う「第三者」であり、最終的にサービスを選び、契約を結ぶ主体は利用者である。そのことを考えれば、利用者側からの動機づけに関しては、問題が発生する可能性が低いといえるのではないだろうか。

（5）クリーム・スキミング（Cream-Skimming）

通常の市場において、購買は支払い能力によって決まる。しかし、準市場は支払い能力によって購買能力が決まるのではなく、ニーズによって決まるため、直接にこの問題とは関係していない。したがって、ニーズと消費との間に公平性が保たれているのであれば、つまり、経済能力と関係なく介護ニーズをもっているすべての者がサービスを利用することができる環境が整っていれば、問題にならない。

しかし、公平性が無視されている状況下では、つまり、ケアサービスの利用にニーズ以外の他の要素が影響を与え、介護ニーズをもっているとしてもすべての者がサービスを利用することができない状況であれば、クリーム・スキミング（いいとこどり）が発生する可能性は高くなる。例えば、サービス供給に多くの費用がかかる者、慢性疾患をもっている者、統制するのが難しい者を供給者が選ばないことができる状況下では、サービスが必要な人にまで届かない可能性があり、その場合、公平性が崩れてしまう。つまり、利用者のニーズとサービスの利用の間に公平性が無視されている状況下で、クリーム・スキミングが発生する可能性は高くなる。

クリーム・スキミングは、逆選択と同様の概念として用いられる場合が多く、実際に似ている側面が多い。しかしながら、「情報」のところで述べている「逆選択」とここで述べている「クリーム・スキミング」とは完全に同じものではないことに注目する必要がある。ここで述べている「クリーム・スキミング」は、情報の非対称性の結果から生じる問題ではなく、購買者や供給者が資金をだす契約構造から生じる問題のことである（Le Grand 1993：31-33）。

この問題について、佐橋は「日本はサービスの提供者に予算が配分されることはなく、個々の利用者の要介護度に応じた限度額などによって、提供者に介護報酬が支払われるため、問題は少ない」（佐橋 二〇〇六：一一三）と述べている。

一方で、それには介護報酬がサービス提供者の介護業務量に相応する適切な水準であることが前提となる。しかし、現在の介護報酬水準の低さは多くの研究者から指摘されている問題であり、そのような状況下では、介護報酬や限度額が定められていることが必ずしもクリーム・スキミングの発生可能性を低めているとは限らない。むしろ、サービスの価格が定められているため、それ以外の側面から利益を上げるしかなく、結果的にイギリスよりクリーム・スキミングが発生する可能性が非常に高くなっているともいえよう。

例えば、要介護度別に必要とされる労働量と要介護度別の介護報酬の水準が比例しない場合、クリーム・スキミングが発生し得る。仮に、要介護3と要介護5の高齢者の間に必要とされる労働量に二倍の差があると仮定してみよう。しかし、要介護3と要介護5の介護報酬の水準に二倍の差がなければ、供給者側は比較的に少ない労働エネルギーを投入して、相対的に高い収益を上げることができる要介護3の高齢者を選好することになる。実際、日本と韓国では、サービス価格をコントロールすることができないため、このような問題が起きる可能性が多分にある。

6　ル・グラン理論の日韓の制度への適用——限界と課題

本章では、イギリス・日本・韓国の高齢者ケアに関する制度の紹介と準市場をめぐる先行研究の検討を行った。また、ル・グランが提示している準市場の成功前提条件にもとづいて、日本と韓国のケアサービス準市場の特徴を明らかにした。その内容は以下のとおりである。

まず、イギリスとは異なるが日本と韓国の共通点としては、社会保険原理にもとづいており、それによる市場機能も同時に働いていること、またサービス価格を定めており、価格をめぐる競争を禁止していること、さらに、サービスを購入する主体は自治体ではなく、利用者本人であることがあげられた。一方で、日本と韓国の相違点としては、保険者の範囲があげられる。日本は、市町村が保険者となっており、韓国は中央政府（国民健康保険公団）となっているため、供給者間の主な競争範囲は、日本は市町村単位、韓国は全国単位となっている。

次に、先行研究の検討を通じて明らかになったのは、イギリスにおいては、非常に幅広く、そして多様な意味をもった準市場の研究が進んでおり、日本では、主にイギリスのル・グランの研究にもとづいて準市場の研究がされてきている点である。さらに、韓国では、日本ほど準市場の研究が進んでいないことが明確になった。しかしながら、日本と韓国の両国とも準市場理論そのものに対する批判的な検討や実証的な現状分析はそれほど行われてきていないといえる。

以上の観点をふまえ、最後にル・グランの準市場の成功前提条件を日本と韓国の現状に照らし合わせて、当てはまる側面と当てはまらない側面を明確にした。以下では、その検討結果を表２－４にもとづいて述べる。

第一に、市場構造である。日本・韓国においては、価格競争が発生することができない構造となっているため、供給者間に実質的な競争が発生しない可能性があることを指摘した。その例としては、市場参入の規制が強い場合および需要に対して供給が少ない場合が想定される。一方で、購買者のために準市場が失敗する可能性はほとんどない。なぜなら、イギリスは購買者が地方政府であるが、日本・韓国は利用者本人であり、利用者たちが市場構造を歪めるほどの影響力をもつ可能性は低いためである。

そこで、実質的な競争の発生状況、供給の地域間格差、供給量と利用量の水準に対する検討が必要である。

第二に、情報の非対称性の問題である。イギリスでは地方政府と供給者との間で発生する情報の非対称性に注目している傾向があるが、日本・韓国では、利用者と供給者との間で発生する情報の非対称性に注目する必要がある。ケアサービス自体に起因する特徴による情報の非対称性は常に存在する。したがって、完全に防止することが不可能であるが、日本・韓国は、インターネットを活用して事業者の情報を公開したり、成年後見人制度を通じて供給

表２－４　準市場理論の適用における限界と課題

項　目	理論の適用における限界	限界を克服するための課題
市場構造	・価格競争が発生しない構造については、考慮されていない。 ・保険者が市町村であるため、地域差がある。 ・購入者は、利用者である。（供給量に比べて利用量が適正な水準であれば、利用者による準市場の失敗可能性は低い）	・実質的な競争の発生状況について検証する必要がある。 ・サービスの供給における地域差について実証する必要がある。 ・供給量と利用量のバランスに関する検討が必要である。
情　報	・行政と事業者ではなく、利用者と事業者との間で、情報の非対称性が発生する。	・利用者と事業者との情報の非対称性に着目する必要がある。 （例：事業者のモラルハザードの検証）
取引費用と不確実性	・介護報酬に取引費用が含まれていない。（評価が難しい）	－
動機づけ	・供給者側において、経済的な側面以外の動機づけについては言及されていない。 ・購買者側における動機づけは重要でない。（利用者はサービスの利用に対するニーズがあって、サービスを購買するため）	・供給者は、さまざまな動機づけをもった上で、市場に参入することを考慮して、多様な動機づけに焦点を当てる必要がある。
クリーム・スキミング	・介護報酬の水準が介護業務量に相応する水準でない場合に発生し得る問題については想定していない。	・介護報酬の水準に対する認識の検討が必要である。 ・クリーム・スキミングの発生状況を明らかにする必要がある。

資料：筆者作成。

者と利用者間の情報の格差を狭めるための努力をしたりしている。しかし、サービスの購入にあたって、ケアマネジャーの権限が小さく、利用者の権限が大きい日本・韓国は、イギリスより情報の非対称性が発生する可能性が高いといえる。以上から利用者と供給者間の情報の非対称性に着目し、とりわけ供給者のモラルハザードについて検討を行う必要がある。

第三に、取引費用と不確実性への対応である。介護報酬には取引費用が含まれておらず、それに関する評価は難しい。しかし、韓国は、不測の事態に備えるため民間保険加入を義務化している点からは、そうでない日本よりは不確実性への対応の度合いが高いといえる。

第四に、動機づけである。動機づけ

は、購買者と供給者の双方において必要である。しかし、日本・韓国において購買者は利用者であるが、利用者はケアサービスの利用に対する動機をもってからはじめて、サービスを購買することになるため、購買者側からの動機づけは問題にならない。一方で、ル・グランは、供給者側からの動機づけについて、金銭的な動機づけを主に強調しているが、非営利組織を含め多様な組織が混在している現実を鑑みれば、多様な側面からの動機づけがあり得ることを念頭におく必要がある。したがって、それらの多様な供給主体がいかなる動機をもって市場に参入しているかについて詳しく検証することが残された課題としてあげられる。

第五に、クリーム・スキミング問題である。日本・韓国は、サービスの価格が定められているため、要介護度別にサービスを提供することに投入される労働量とサービス価格（介護報酬）が比例しない場合、クリーム・スキミングが起きる可能性が高い。とくに、日本と韓国は介護報酬の水準が低いため、さらにクリーム・スキミングが発生するおそれがあり、それを防止するための工夫が必要である。

そこで、介護報酬の水準に関する検討とともに、クリーム・スキミングの発生に対する実証的な分析を行うことを新たな検討課題としたい。

注

（1）地方政府全体の一％は軽度（Low）レベルから、また一三％は中度（Moderate）レベルから、そして八三％は重度（Substantial）レベルから、残りの二％は最重度（Critical）水準にまでサービスを提供している（Care Quality Commission 2012）。

（2）ダイレクト・ペイメントは、一九九六年に制定されたコミュニティケア法にもとづき、一九九七年から開始されたケア／支援サービス費用を現金で直接給付する制度である。当初は一六～六四歳の障害者のみを対象としていたが、その後、高齢者や障害児の家族にも拡大された。地方自治体のアセスメントを経て、ダイレクト・ペイメントが必要と認められた場合には、サービス受給者の銀行口座に予算が振り込まれる。利用者は予算をもとにケア／支援サービスを自ら選択、契約し、その費用を提供者に直接支払う仕組みである（白瀬 二〇一二）。

（3）個人予算制度（Personal Budgets）は、個別予算制度（Individual Budgets）の一部分である。個別予算に含まれる費用のなかでも、地方自治体のケア／支援サービス部分は、とくに「個人予算」と呼ばれる。これは、個人ごとのアセスメントに基づいて予算を配分し、その範囲内で本人がサービスを選択し、契約できるようにするものである。予算の取り扱いには四つの方法があり、①ダイレクト・ペイメントと同様の直接現金給付、②第三者への委託による間接的支払い、③自治体による現物給付、④以上①〜③の組み合わせとなっている。従来のダイレクト・ペイメントがケア／支援サービス費用のみであったのに対して、さまざまなニーズへの対応を可能とした点が異なっている（白瀬 二〇一二）。

（4）日本の介護療養型医療施設は、二〇一二年三月三一日をもって廃止されることになっていたが、法改正により廃止期限が六年延期された。二〇一二年度以降、新規の指定は認められないが、二〇一二年四月一日の時点で介護療養型医療施設として指定を受けている施設については、二〇一八年三月三一日までの間は、旧介護保険法による介護療養型医療施設にかかる規定は、なおその効力を有するものとされている。

（5）「利用者補助型」とは、地方政府や社会保険制度が、現金給付やバウチャー（引換券）の支給などによってサービス費用の一部または全額を負担し、利用者は自由にサービス提供機関を選択して利用するという仕組みである（平岡 二〇〇六：五七）。

（6）クリーム・スキミングとは「いいとこどり」の意であり、サービス供給者が自らの組織の利益を増大させるような購入者や利用者を選別してしまうことである。

（7）家族療養費は「特別現金給付」の一種となっている。韓国の老人長期療養保険制度のサービスの種類には、居宅介護サービス、施設介護サービス以外に、特別現金給付がある。そこには「家族療養費」「特例療養費」「療養病院療養費」の三つが規定されているが、現在、家族療養費のみ支給が行われている。その他の二つの現金給付は、財源不足の問題で保留中である。家族療養費は、介護サービス事業者が不足している島嶼・僻地の居住者、あるいは要介護者が身体障害、精神障害、感染症などにより、他人との接触を拒否するなどの事情でやむを得ず家族から訪問介護に相当する給付をうける場合に支給される。その金額は要介護度を問わず、一律に月15万ウォンとなっている。

第3章　ケアサービス準市場構造の日韓比較

1　本章の視点

現行の高齢者ケア供給システムにおいて市場原理と公的規制が並存するなかで、いかなる部分を「準市場の範囲」として規定するかを議論する際には、議論の基礎となる学問領域によって、意見が異なる可能性がある。社会福祉学で準市場の範囲を規定するときには、社会福祉供給の最終的な責任をもっている公的領域が中心となり、準市場の範囲は「自由競争、利用者の責任」の部分、つまり公的規制から外れた部分となる。それは、経済と社会福祉分野のサービスの供給・利用が行われる場が異なっており、例えば、公共の利益と個人の利益のうち、何を優先するかなどの基本理念に差があるためである。もしそうだとしても、具体的に社会福祉学の観点からみれば、ケアサービス準市場のなかで「準」の要素とは何であり、「市場」の要素とは何を意味しているのかは、明らかにされるべきである。

そこで、本章では、ケアサービス準市場の構造的なシステムについて日韓比較を行う。第2節では、日本の介護保険制度と韓国の老人長期療養保険制度における準市場の要素をあげる。その際に、行政・供給者・利用者の三者関係のなかでそれぞれの準市場の要素を提示する。次に、第3節では、供給者側からみた準市場の構造について日韓比較を行い、さらに第4節では、利用者側からみた準市場の構造に着目して日韓比較を行う。最後に、第5節では、本章で行った日韓比較分析の結果を示す。

2　ケアサービス供給・利用の場における準市場の要素

（1）準市場における「準」の要素

まず、日韓の介護保険制度における「準」の要素から述べると、措置制度と同様に行政の介入が行われる部分、いわゆる「公的規制」が残っている部分を指していると考えられる。一つ目に、供側者側から検討すると、例えば多様な民間組織の市場参入を奨励しつつ、サービスの種類によって、または参入組織の性格によって提供できるサービスを限定している点があげられる。日本の介護保険サービスの場合、営利組織が提供できるサービスとしては居宅サービスに限定している。また、サービスを提供することができる性格の組織であるとしても、満たすべき一定の設置基準が定められている。サービスの提供組織として参入した後も、行政に情報を公開し、評価を受けなければならず、不正を犯した場合には、行政処分を受けたり指定取消されたりする場合もある。さらに、施設・事業所の性格によっては、運用にかかる費用を行政から補助を受ける場合もある。

二つ目に、利用者側からみると、介護サービスを利用するために、利用者は行政から要介護の認定を受ける必要がある。また、実際にサービスを利用する際にも、要介護度別に支給限度額が設けられており、通常その範囲のなかで利用した分に対して、保険適用を受けることができる。さらに、サービスの利用機関を自ら選ぶことができ、

図3－1　日韓の介護サービス準市場における「準」の要素

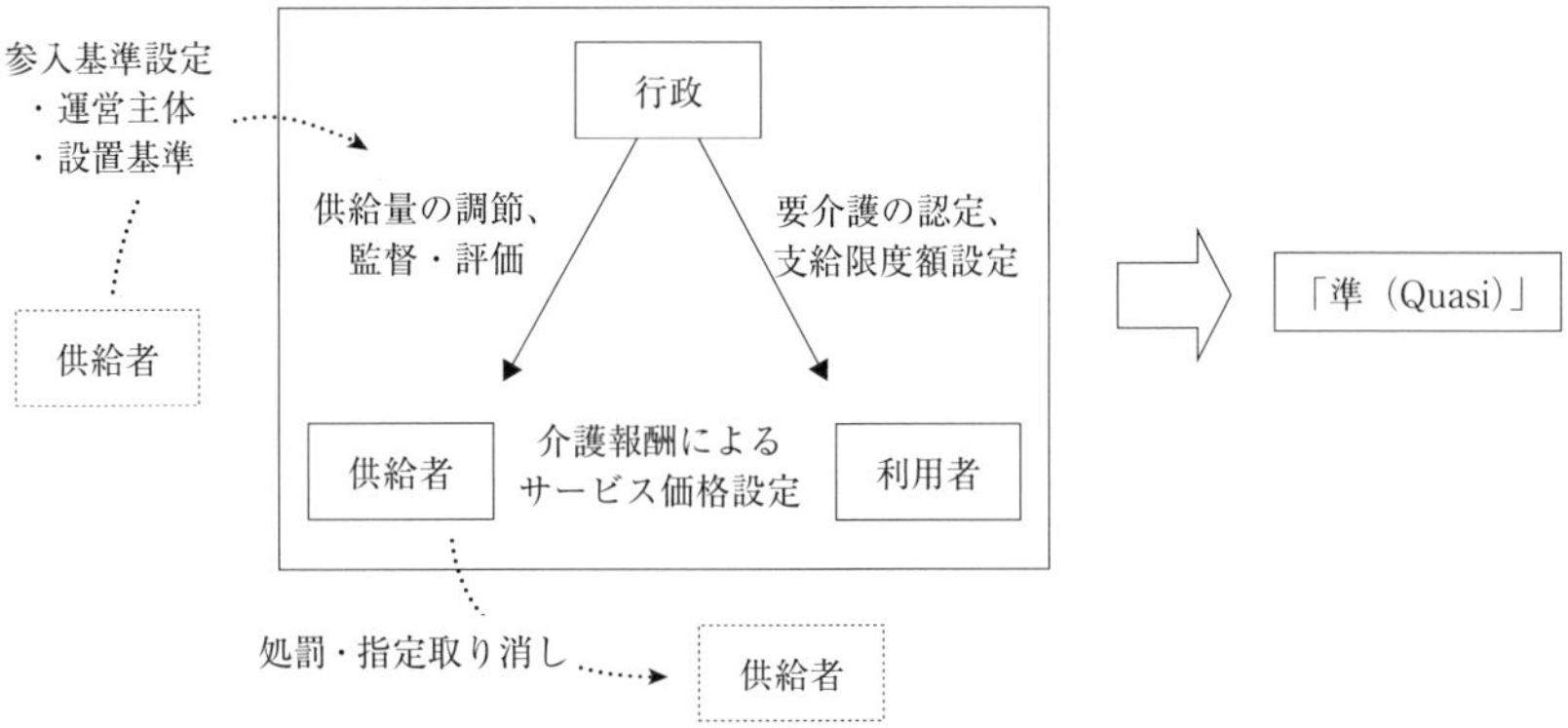

資料：筆者作成。

サービスの供給機関と利用者が直接、契約を結ぶことにより、サービスと財の交換が行われるが、その際、サービスの価格は介護報酬というかたちで要介護度および時間数に応じて定められている。政府は福祉サービスの提供、とくに介護保険サービスの運用を市場原理に任せつつ、以上のような制限を設けることにより、公共サービスとしての性格を維持させている（図3－1参照）。

（2）準市場における「市場」の要素

次に、ケアサービスの準市場体制のうち、「市場」の要素としては何が取り上げられるのか。一つ目に営利追求があげられる。以前には福祉事業においての営利追求は限定した一部のサービスにしか認められなかったが、介護サービスの準市場化とともに普遍化されたといえる。二つ目は、供給者間に利用者を獲得するための競争が行われることである。介護サービスの提供が一つのビジネス分野として現れることにより、利用者を獲得することは利潤につながるようになった。その際に公定価格が定められており、価格競争は禁止されている。三つ目としては、サービス供給機関の選択における利用者の自由な選択が可能な点があげられる。利用者は自らサービスの利用機関を選択し、要介護度による支給限度額にもとづき、自由にサービスのプランを立

図3-2　日韓の介護サービス準市場における「市場」の要素

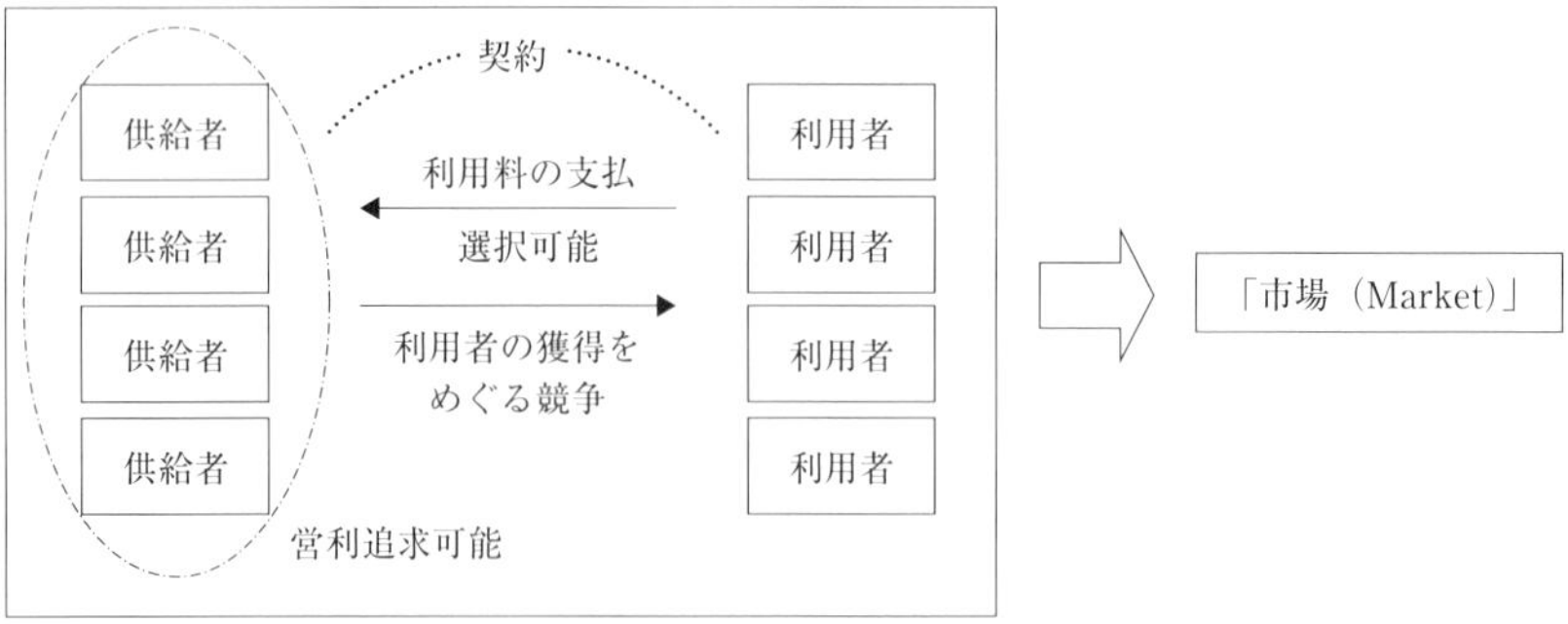

資料：筆者作成。

てることが可能である。しかし、そのような利用者の自由が保障される反面、それによる一定のリスクも利用者にある。これは、まさに市場原理によるサービス提供における基本的な考え方であると考えられる。さらに、市場の要素として利用料の支払いがあげられる。利用者にはサービスの利用料を払うことが義務づけられている。大部分のサービスに関しては、一〇%の本人負担分（韓国の場合、居宅一五%、施設二〇%）が定められており、一部のサービスに関しては全額自己負担となっている（図3-2参照）。

以上の介護保険制度における多様な要素のうち、「公的規制」の要素があるからこそ「準（Quasi）」であると、また「市場原理」の要素があるからこそ「市場（Market）」であると整理することができる。

（3）分析基準および分析方法

日本と韓国におけるケアサービス準市場の現状を比較するにあたって分析基準および分析方法に関しては、以下の二つのことが問われる。

一つは「何を比較するのか」ということである。前述のように日本の介護保険制度と韓国の老人長期療養保険制度においてみられる「準の要素」と「市場の要素」を対象として比較を行う。ただし、二つの制度に関する法律上に明記されていることを中心に比較を行うことにする。例えば、市場参入の基準やサービス価格の設定などについては、制度上に明示されていることをもって日韓比較が可能である。しかし、供給者間の競争の発生や利用者の選択権の保障などは、そのトピックに特化した分析基準と方法による実証的な検討を行うことによって比較可能となる。したがって、本章では、検討可能な範囲内で比較分析を行うことにする。分析で用いる要素は以下のとおりである。

まず、「準」の要素としては、(1)市場参入の基準設定（一部のサービスにおける市場参入の制限、設備・人員配置基準の設定を通じた市場参入の制限）、(2)要介護度の認定、(3)支給限度額の設定、(4)供給者に対する行政の監督・評価、(5)サービスの価格設定を通じた価格競争の制限を分析対象とする。また、「市場」の要素のなかでは、(6)本人負担分の設定を分析対象とする。

以下では、それらの要素をさらに「供給者側からみたもの」と「利用者側からみたもの」に分けて比較分析を行う。その際に、(1)の市場参入基準の設定を二つに分け、また、(3)の支給限度額の設定と(6)の本人負担分の設定を一つの分析対象とする。以上をふまえて、「供給者側からみたもの」にあたる要素としては、(1)多様な組織の市場参入と一部のサービスにおける市場参入の制限、(2)設備・人員配置基準の設定を通じた市場参入の制限、(3)供給者に対する行政の監督・評価、(4)サービスの価格設定を通じた価格競争の制限を、また後者にあたる要素としては、(1)要介護度の認定を通じたサービス購入権の付与、(2)支給限度額・本人負担分の設定を通じたサービスの利用量の制限にする。

もう一つの問いは「いかに比較するのか」ということであるが、文献資料などを通じて日本と韓国における制度の比較検討を行う。まず、準の要素（規制要素）については、規制の度合いが強いほど市場開放度が低く、規制の度合いが弱いほど市場開放度が高いと理解することができる。また、市場の要素については、市場の要素が強く働いているほど市場開放度が高く、市場の要素の働きが弱いほど市場開放度が低いといえる。

3　供給者側からみた準市場の構造

(1) 多様な組織の市場参入と一部のサービスにおける市場参入の制限

日本と韓国の両国とも介護保険制度の実施と同時にサービスの供給主体として多様な組織の参入が可能となり、それらの組織が同じ場で一緒に競争するようになった。

しかし、すべてのサービスに対して参入可能なわけではない。まず、日本の場合をみれば、施設サービスに関しては社会福祉法人を中心とする既存の事業者がほぼ独占的に運営しており、営利法人などの参入については禁止している。それに対して、居宅サービスに関しては営利法人などの新規参入を認めており、事業所の半数以上が営利法人により運営されている。つまり、日本の介護サービス準市場は「施設サービスに対する非営利法人の独占的な構造」と「居宅サービスに対する営利法人の参入可能な構造」の二重構造となっている。日本ではこのような二重構造を通じて、福祉サービス本来の性格を維持しつつ、そのなかに競争原理を導入させ、サービスの質を高めようとする、いわば、相反する二つの機能を上手く採用している。

一方で、韓国の場合には、すべてのサービスに対してすべての組織が参入できるように開放しており、日本の準市場の構造とは対照的である。そのような状況から日本の準市場は、とくに居宅サービスの供給において利用者をめぐる事業所間の競争が激しいことが予想され、韓国の場合にはすべてのサービスにおいて利用者をめぐる激しい競争が起こっていることが予想される。

法律上の規定からみると、日本の介護保険法においては、第七〇条「指定居宅サービス事業者の指定」、第七九条「指定居宅介護支援事業者の指定」、第八六条「指定介護老人福祉施設の指定」、第九四条「介護老人保健施設の

表3－1　日本・韓国の介護保険制度における主要サービスの種類別参入可否[1)]

		参入可否							
		個人		営利法人		医療法人		社会福祉法人	
日本：介護保険	韓国：老人長期療養保険	日本	韓国	日本	韓国	日本	韓国	日本	韓国
居宅サービス									
❖訪問系									
・訪問介護	・訪問療養	×	○	○	○	○	○	○	○
・訪問入浴介護	・訪問入浴	×	○	○	○	○	○	○	○
・訪問看護	・訪問看護	×	○	△	○	○	○	○	○
❖通所系									
・通所介護	・昼夜間保護	×	○	○	○	○	○	○	○
・通所リハビリテーション									
介護老人保健施設		×		×		○		○	
医療施設		×		△		○		○	
❖その他									
・短期入所生活介護	・短期保護	×	○	○	○	○	○	○	○
・短期入所療養介護									
介護老人保健施設		×		×		○		○	
医療施設		×		△		○		○	
・特定施設入居者生活介護		×		○		○		○	
・福祉用具貸与	・福祉用具貸与	×	○	○	○	○	○	○	○
・特定福祉用具販売		×		○		○		○	
地域密着型サービス									
定期巡回・随時対応型訪問介護看護		×		○		○		○	
夜間対応型訪問介護		×		○		○		○	
認知症対応型通所介護		×		○		○		○	
小規模多機能型居宅介護		×		○		○		○	
複合型サービス		×		○		○		○	
認知症対応型共同生活介護		×		○		○		○	
地域密着型特定施設入居者生活介護		×		○		○		○	
地域密着型介護老人福祉施設入所者生活介護		×		×		○		○	
施設サービス									
・介護老人福祉施設	・老人療養施設	×	○	×	○	×	○	○	○
・介護老人保健施設	・老人専門療養施設	×	○	×	○	○	○	○	○
・介護療養型医療施設	・老人療養共同生活家庭	×	○	×	○	○	○	○	○

注：○－参入可能、△－条件付き参入可能、×－参入不可

1）個人、営利法人、医療法人、社会福祉法人以外にも多様な供給主体があるが、ここでは代表的に4つの組織のみをあげている。

資料：日本：宣賢奎・林春植（2009：74）より作成、韓国：筆者作成。

開設許可」などにおいて介護給付に関連した指定および許可に関する規定を明示している。[1] 特徴的なのは居宅介護サービス事業所の指定関連条項である第七〇条と第七九条の第二項第一号において「申請者が都道府県の条例で定める者でないとき」には、指定を禁止していることである。それに関する各都道府県の条例においては、「法第七十条第二項第一号の条例で定める者は、法人とする」と明記している。つまり個人単位の事業所運営は原則的に不可能であるということである。[2] また、介護老人保健施設を開設しようとするものは、都道府県知事の許可を受けなければならないと厚生労働省で定められている。その際に「都道府県知事は、営利を目的として、介護老人保健施設を開設しようとする者に対しては、許可を与えないことができる」（第九四条第四項）と明記している。

次に、韓国の老人長期療養保険法をみると、第三一条「長期療養機関の指定」、第三二条「居宅長期療養機関の設置」条項において、設置関連基準を定めている。しかし、日本と異なるのは「申請者が法人でないときには、指定を禁止する」という内容がないことである。つまり、法人格をもたずに個人も居宅サービスの事業所および施設を運営することができる。その点が日本と韓国の準市場において、構造的システムの大きな違いの一つである。

実際に、現在の韓国老人長期療養サービスを提供している施設のうち、全体の六四・三％が個人により運営されており、居宅サービス事業所の場合には全体の七七・四％が個人により運営されている（二〇一二年時点）。表３－１は主要サービスの種類による市場参入の可否を代表的な四つの組織（個人・営利企業・医療法人・社会福祉法人）について示したものである。

（2）設備・人員配置基準の設定を通じた市場参入の制限

介護サービス関連施設および事業所が供給者として市場に参入するためには、それぞれの国で定められている一定の設備および人員配置基準などの条件を充たす必要がある。日韓両国ともその基準が設けられているが、表３－

表3-2　居宅介護サービスの人員配置に関する基準の日韓比較

区分		管理者	日本：サービス提供責任者 韓国：社会福祉士	従事者		
				介護職員	看護職員（看護師、准看護師）	その他
訪問介護	日本	専従・常勤1人	常勤職員で専ら訪問介護業務に従事する者のうち、1人以上	訪問介護員を常勤換算で2.5人以上配置すること		
	韓国	1人。兼務可	適当数	15人以上（1級または2級）。そのうち20%は常勤とすること		事務員：適当数 補助員：適当数
訪問入浴介護	日本	専従・常勤1人		2人以上 そのうち1人以上は、常勤とすること	1人以上	
	韓国	1人。兼務可		2人以上（1級）		事務員：適当数 補助員：適当数
訪問看護	日本	専従・常勤1人			保健師、看護師、准看護師のうち、常勤換算で2.5人以上配置し、うち1人は常勤とすること	理学療法士、作業療法士または言語聴覚士：適当数
	韓国	1人。兼務可			1人以上	

資料：日本：介護保険法第74条第1項・第2項「指定居宅サービス等の事業の人員、設備及び運営に関する基準」、韓国：老人長期療養保険法施行規則第23条、第24条「居宅長期療養期間の施設・人員基準」より作成。

2は居宅介護サービスのなかで訪問介護、訪問入浴介護、訪問看護の三つのサービスにおけるそれぞれの国の人員配置基準を比較したものである。

まず、訪問介護（韓国の制度では「訪問療養」）サービスにおける基準をみると、日本は、管理者一人、サービス提供責任者一人以上、介護職員（常勤換算で）二・五人の配置を規定している。しかし、韓国の場合、管理者一人、社会福祉士適当数、介護職員一五人以上と規定している。とくに介護職員数の配置において、両国に大きな違いがみられるが、韓国は制度施行初期には、三人となっていたものが二〇一〇年二月の改正で一五人まで増員された（改正前には介護職員の二〇％の常勤規定もなかった）。それは、訪問介護事業所の乱立を防ぎ、介護にかかわっている職員の処遇改善を目的とした改正であった。また、韓国は適当数の社会福祉士の義務配置を規定しているが、その点も日本の制度にはみられない特徴の一つである。

次に、訪問入浴介護サービスの場合、日本は管理者一人、介護職員二人以上、看護職員一人以上と定められている。一方で、韓国は管理者一人、介護職員二人以上のみを規定している。そのことから、韓国の方が日本より人員配置基準が緩いといえる。

最後に、訪問看護サービスの場合、日本は、管理者一人、看護職員（常勤換算で）二・五人以上、理学療法士、作業療法士または言語聴覚士適当数としているが、韓国は管理者一人、看護職員一人以上のみを規定している。訪問看護サービスも、訪問入浴介護サービスと同じく、韓国の場合において人員配置基準が緩いことがわかる。周知の通り、韓国は充分なインフラの構築がされていない状況で制度が施行されたため、供給者の市場への参入を容易にするために参入基準を緩和していたが、その影響により訪問入浴と訪問看護サービスは、未だ基準が低いままに残っていると考えられる。

次に、表３‐３にもとづいて、施設介護サービスにおける設備・人員配置基準について検討してみよう。特徴的な点は、設備基準において、韓国では空間面積に関する規定が日本より厳しくないことと、人員配置基準において、韓国では社会福祉士の配置を義務化していることがあげられる。まず、設備基準についてみれば、日本は居室の面積が一人あたり一〇・六五㎡以上となっている反面、韓国は寝室の面積が一人あたり六・六㎡以上となっており、多少狭く定められている。また、日本は食堂及び機能訓練室（一人あたり三㎡以上）と廊下幅（一・八㎡以上）などが規定されているが、韓国の法律にはそれらの面積に関する規定は明記されていない。

さらに、人員配置基準について検討すると、介護職員数は日本（定員一〇〇人の場合三一人）と韓国（入所者

表3－3　介護保険施設における設備・人員配置基準の日韓比較

	日　本	韓　国
	介護老人福祉施設（定員100人の場合）	老人療養施設（定員30人以上の場合）
設備基準	・居室 原則、一つの居室の定員は１人。 １人あたりの床面積は、10.65㎡以上。 ブザーまたはこれに代わる設備を設けること。 ・静養室 介護職員室または看護職員室に近接して設けること。 ・浴室 要介護者が入浴するのに適したものとすること。 ・洗面設備 居室のある階ごとに設けること。 要介護者が使用するのに適したものとすること。 ・便所 居室のある階ごとに居室に近接して設けること。 ブザーまたはこれに代わる設備を設けるとともに、要介護者が使用するのに適したものとすること。 ・医務室 入所者を診療するために必要な医薬品および医療機器を備えるほか、必要に応じて臨床検査設備を設けること。 ・食堂および機能訓練室 １人あたり３㎡以上。 ・廊下幅 1.8m以上。 中廊下は2.7m以上。 ・消火設備その他非常災害用設備	・寝室 １寝室４人以下 １人あたり6.6㎡以上 ・洗面設備及び浴室 ・便所 ・医務室 ・食堂 ・機能訓練室 ・事務室 ・療養保護士室 ・ボランティア室 ・プログラム室 ・洗濯室 ・非常災害用施設
人員基準	・医師：入所者に対し健康管理および療養上の指導を行うために必要な数 ・生活相談員：入所者の数が100人またはその端数を増すごとに１人以上 ・介護職員および看護職員の総数：常勤換算方法で、入所者の数が３人またはその端数を増すごとに１人以上（看護職員は常勤換算方法で、３人以上） ・栄養士：１人以上 ・機能訓練指導員：１人以上 ・介護支援専門員：１人以上	・施設長：１人 ・事務局長：１人（入所者50人以上の場合に限定） ・社会福祉士：１人（入所者100人あたり１人） ・医師：適当数 ・看護師または准看護師：入所者25人あたり１人 ・理学療法士または作業療法士：１人（入所者100人あたり１人） ・介護職員：入所者2.5人あたり１人 ・栄養士：１人（入所者50人以上の場合に限定） ・事務員：適当数 ・調理人：適当数 ・衛生員：適当数 ・管理人：適当数

資料：日本：介護保険法第88条第１項・第２項「指定介護老人福祉施設の人員、設備及び運営に関する基準」、韓国：老人福祉法施行規則第22条「老人医療福祉施設の施設基準及び職員配置基準」より作成。

二・五人あたり一人）とほぼ同じ水準ではあるが、韓国の方が少し多く規定されている。また日本の看護職員の配置（定員一〇〇人あたり三人）と韓国の看護師の配置水準（入所者二五人あたり一人）においても同じことがいえる。なお、社会福祉士の場合、韓国には入所者一〇〇人あたり一人の配置が定められているが、日本の基準ではその配置規定がみられない。社会福祉的な観点から介護サービスを提供するためには、福祉専門職である社会福祉士の配置が非常に重要であると考えられ、韓国の介護保険施設における社会福祉士の配置義務規定は日本の制度に示唆することが大きいといえるのではないだろうか。

（3）供給者に対する行政の監督・評価

介護保険サービスの供給者に対する行政の監督・評価制度は、日韓両国とも実施されている。ただし、韓国の場合、制度の施行期間がまだ短いこともあり、二〇〇九年と二〇一〇年には評価を受けることを申請した機関に限って評価を行ったが、二〇一一年からは全国の施設・事業所を対象として着実に評価を行っている。

まず、日本の場合、「介護サービス情報の公表」制度や「第三者評価」制度等がある。「介護サービス情報の公表」制度は、事業者が介護サービスの内容や運営状況に関する情報を年一回程度、都道府県知事に報告し、都道府県知事がそれらを公表する制度である。介護保険法第一一五条の三五にもとづき二〇〇六年から実施しており、介護サービスの利用者とその家族等が公表されたサービス事業所の情報をもとに比較検討することにより、利用者の主体的な事業者選択を可能にすることを目的としている。また「第三者評価」制度は、市町村を実施主体として一年ごとに評価を受けることを申請した機関に限り、評価を行うものである。その結果は公開され、利用者に事業所の情報を提供することを通じて、情報の非対称性による市場の失敗を防いでいる。

一方、韓国では、二〇〇九年九月に一部の施設サービスを対象として評価を実施し、二〇一〇年末には居宅サービスに対する評価を行った。前述のとおり、それまでは評価を受けることを申請した機関に限って行い、二〇一一年からは全国的に実施している。居宅サービスと施設サービスを二年ごとに一回、すべての施設・事業所を対象にして評価を実施する。また、その結果は老人長期療養保険ホームページを通じて公開し、サービスの質の向上を図っている。

（4）サービスの価格設定を通じた価格競争の制限

日本の介護保険制度と韓国の老人長期療養保険制度は「介護報酬[3]」という名称でサービスの価格を設定しており、各供給者間に価格をめぐる競争は禁止されている。それにより、供給者らが利用者を獲得するために、サービスの質をめぐる競争をするように誘導するシステムとなっている。

日本の介護サービス費用は「厚生労働大臣が定めた基準」により算定されるが、その算定基準を介護報酬という。これはサービスの種類ごとにサービスの内容や提供回数・時間数、要介護度、地域などの要素を考慮し、基準額が定められる。また、介護報酬は地域による人件費の差を反映するために「単位」で示されているが、一単位あたりの報酬額は原則として一〇円で、地域等に応じて二・三％から一〇・五％の割り増しがなされている。事業者や施設にとって、介護報酬にもとづき算定される金額が、提供する介護サービスに対する対価として事業収入となる（厚生統計協会 二〇〇九：二一五）。

日本の介護報酬は、三年ごとに改正が行われるが、最初の介護報酬は二〇〇〇年二月に厚生大臣告示として公表された。その後、二〇〇三年三月の改定では、二・三％のマイナス改定（居宅サービスはプラス〇・一％、施設サービスはマイナス四・〇％）となり、二〇〇六年三月の改定では、〇・五％のマイナス改定（居宅サービスはマイナス一・〇％、施設サービスはプラスマイナス〇％[4]）であった。そして第三回目である二〇〇九年四月の改定では、プラス三・〇％と初めてプラス改定が行われた（厚生統計協会 二〇〇九：二一）。その結果、二〇一〇年の介護職員の賃金は、二〇〇八年にくらべ一人あたり平均月額約二・四万円引き上げられた。

二〇〇九年の改定において、初めて報酬率の引き上げが行われた背景には二つの理由があった。一つは、それ以前の二～三年の間にとくに都市部で顕著となっていた介護現場における深刻な人手不足である。「仕事のわりには給与が低い」等の処遇問題から、求人難、離職者の増大等の問題が顕在化していた。もう一つは、介護事業者経営実態調査において、居宅サービス事業、介護保険施設とも、その多くは収益率が前回調査よりも低下しているという結果になったことである（厚生統計協会 二〇〇九：二六）。

また、二〇一二年度介護報酬改正においても、プラス一・二％の改定が行われ、これまでの処遇改善の取り組みが継続されるよう「介護職員処遇改善加算」を創設するなど、引き続き、これらの取り組みを着実に実施し、介護従事者の処遇改善を図っている（厚生労働省 二〇一一b：三九三）。

さらに、二〇一四年度には、消費税率が八％に引上げられたのに伴い、介護サービス施設・事業所に実質的な負担が生じないように、消費税対応分を補塡する必要から〇・六三％プラスの介護報酬改定が行われた。

一方、韓国の老人長期療養保険制度においても、前述のとおり「長期療養酬価」という名称でサービスの価格が設定されている。ただし、日本のような「単位」ではなく「金額」で設定されており、また地域間格差を設けておらず全国一律となっている。

また、韓国においても二〇一二年に介護職員（療養保護士）の処遇の向上を通じたサービスの質の向上に向けて、報酬の引き上げが行われた。施設サービスの介護報酬に関しては二・五％引き上げられ、居宅サービス（訪問介護と訪問看護）は一・八％の引き上げとともに、居宅サービスの支給限度額も平均三・七％の引き上げが行われた。

さらに、訪問介護の場合、一回あたりの利用に適切な時間（一二〇分以上～、一五〇分以上～）を中心にプラス改

表3－4　訪問介護・訪問看護における介護報酬の日韓比較

（単位：円）

	所要時間	日本[1)] 身体介護が中心である場合	日本[1)] 生活援助が中心である場合	韓国[2)]
訪問介護	20分未満	1,710	－	－
	20分以上～30分未満	2,550	20分以上～45分未満 1,910	－
	30分以上～60分未満	4,040		1,111
			45分以上 2,360	
	60分以上～90分未満	所要時間1時間以上の場合、587単位に所要時間1時間から計算して所要時間30分を増すごとに83単位を加算した単位数となる。		1,706
	90分以上～120分未満		－	2,288
	120分以上～150分未満		－	2,889
	150分以上～180分未満		－	3,283
	180分以上～210分未満		－	3,629
	210分以上～240分未満		－	3,948
	240分以上～		－	4,244
訪問看護	20分未満	3,160		－
	30分未満	4,720		3,176
	30分以上～60分未満	8,300		3,985
	60分以上～90分未満	11,380		4,794

注：1）日本の場合、介護報酬が「単位」で策定されており、「1単位の単価」は原則10円であるが、サービス提供事業所または施設の所在地およびサービスの種類に応じて、2.3％から10.5％の割増がなされている。ここでは日韓比較検討を行うために、「1単位＝10円」で計算することにより、単価を金額に換算している。

2）韓国の場合、介護報酬が「単価」で策定されている。ここでは日韓比較検討を行うために、2013年5月10日現在の為替レート「1ウォン＝0.1円」で計算することにより、円に換算している。

資料：日本：厚生労働省（2014）「平成26年度介護報酬改定について」、韓国：保健福祉部（2012）「長期療養給付費用等に関する告示」より筆者作成。

定が行われた。

そのほか、休日には三〇％加算、平日の一八時以後から二二時までは二〇％加算、平日の二二時以後から翌日の六時までは三〇％加算という、時間帯による加算制度を設けることになった。

表3－4は居宅介護サービスのうち、訪問介護と訪問看護の介護報酬について日韓比較を行ったものである。そこで、日本と韓国の介護報酬に非常に大きな差があることがわかる。韓国の介護報酬と日本の介護報酬を比較してみると、韓国は日本の二七～四〇％程度にとどまっている。介護報酬が低ければ、事業者が得る収入も低くなる。したがって、事業者は相対的に高い利益を上げることができる高齢者を優先的に選ぶようになり、いわば「クリーム・スキミング」を起こす可能性が高

くなる。

日本でも近年、介護報酬が低いことに対する指摘がよくされているなかで、介護報酬の低さが介護業務の低い賃金問題につながり、結果的に介護労働市場の質が低下するという懸念から、二〇〇九年に続き、二〇一二年にも介護報酬を引き上げる改正が行われたのである。

韓国の場合は、日本よりも介護報酬の水準が低いということに注目すべきである。二〇一二年に大幅な改定が行われたとしても、未だに高い水準とはいい難い。このように、介護報酬が低く設定されている理由として、宣（二〇一〇）は、「韓国政府の財政負担や国民の保険料負担を低く抑えるためである」と主張している。また彼は「しかし、介護報酬の水準が低いと、介護サービスの基盤整備が進まないばかりか、サービスの質の向上やサービスの質の高い事業者の参入は望めない」としている（林・宣・住居 二〇一〇：一四八）。さらに日本でも問題となったことのある介護報酬の不正請求が韓国でも発生する余地が大きいといえる。

また、日韓両国とも訪問介護と訪問看護との介護報酬には大きな格差があることがわかる。訪問介護サービスの方が訪問看護より顕著に低く設定されているが、このような格差も訪問介護員と訪問看護師の賃金格差につながるといえるであろう。介護保険に係る専門職の賃金は制度によってほぼ決まっており、その基準になるのが「介護報酬」であることを念頭におくべきである。

以上のように、日韓の介護サービス準市場は、介護報酬の設定を通じた価格競争を制限しているシステムとなっているが、これは価格競争を認めているイギリスのケアサービス準市場システムとのもっとも大きな違いであると考えられる。(5)

4　利用者側からみた準市場の構造

(1) 要介護度の認定を通じたサービス購入権の付与

日韓両国とも介護サービスを利用するためには、行政からその資格を得る必要があるが、両国とも「要介護認定」を通じて、介護サービスを購買することができる権限を与えている。

まず、日本の場合をみると、要介護認定を受けるため、保険者である市町村に申請しなければならない。市町村の職員や市町村から委託を受けた調査員が申請者の自宅や施設を訪問し、七四項目の認定調査票にもとづいて日頃の心身の状況などについて聞き取り調査を行う。要介護認定は市町村に設置されている介護認定審査会で行うが、客観的かつ公平な判定を行うため、コンピュータによる一次判定と認定調査時の特記事項および主治医意見書を総合的に勘案した二次判定の二段階で行う。要介護度は要支援1〜2、要介護1〜5の七段階となる。ただし、要支援者の利用できるサービスには制限があり、主に介護予防給付を利用することができる。

次に、韓国の場合をみると、申請者は、主治医意見書を添えて国民健康保険公団に申請書を提出する。申請を受けた公団は社会福祉士や看護師などの職員を利用者の自宅に訪問させ、一〇二項目の調査項目にもとづいて申請者の要介護状態を調査する。その際、申請者の心身の状況だけでなく、介護者の有無や申請者の居住環境も調査する。判定は市郡区（日本の「市町村」に当たる）に設置されている等級判定委員会で行われる。要介護認定の基準は全国一律に定められており、客観的で公平な判定を行うため、コンピュータによる一次判定と（一〇二の調査項目のうち、心身の機能にかかわる五二項目で判定）、その結果および主治医意見書を総合的に勘案して学識経験者等が行う二次判定の二段階で行う。要介護度は一等級（最重度）、二等級（重度）、三等級（中重度）の三段階となる。

図３－３　日本における要介護度別認定者数（2012年）

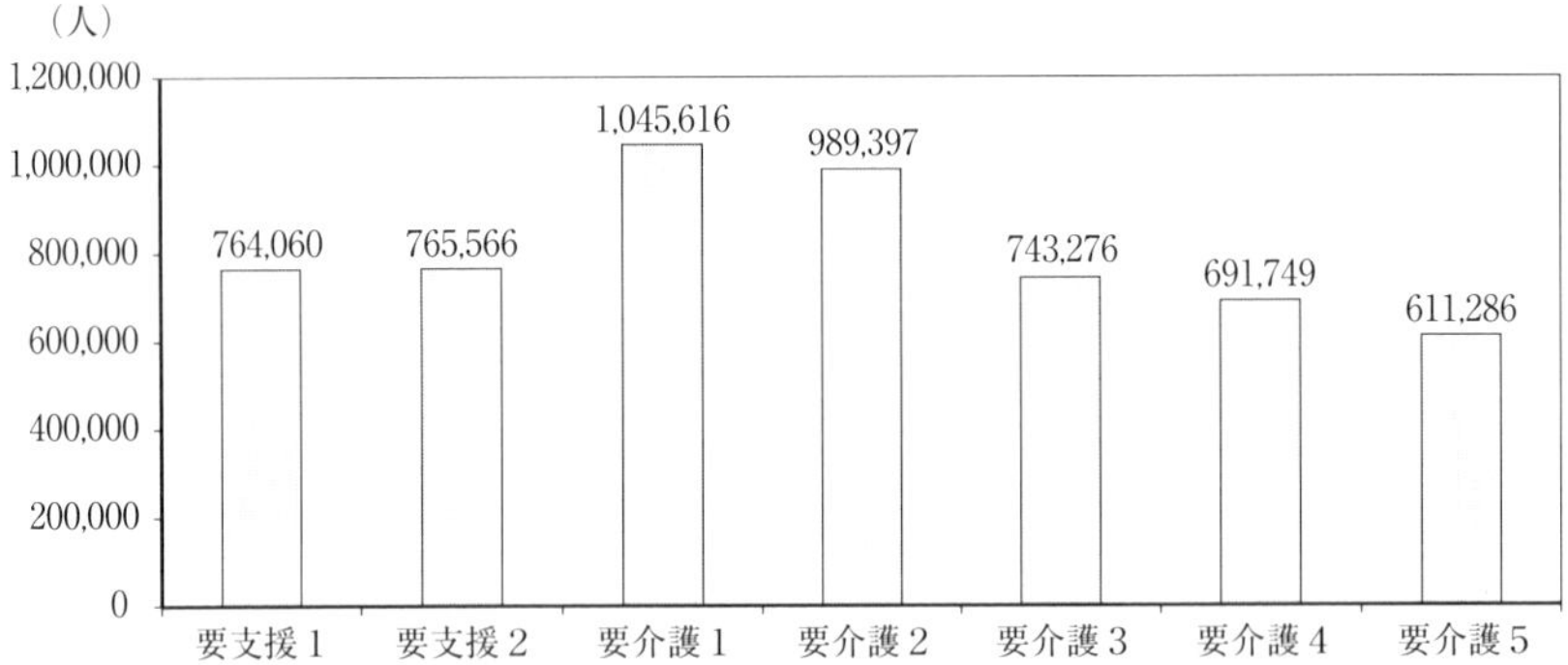

資料：厚生労働省（2012）『介護保険事業状況報告月報』（12月分）より作成。

図３－４　韓国における要介護度別認定者数（2012年）

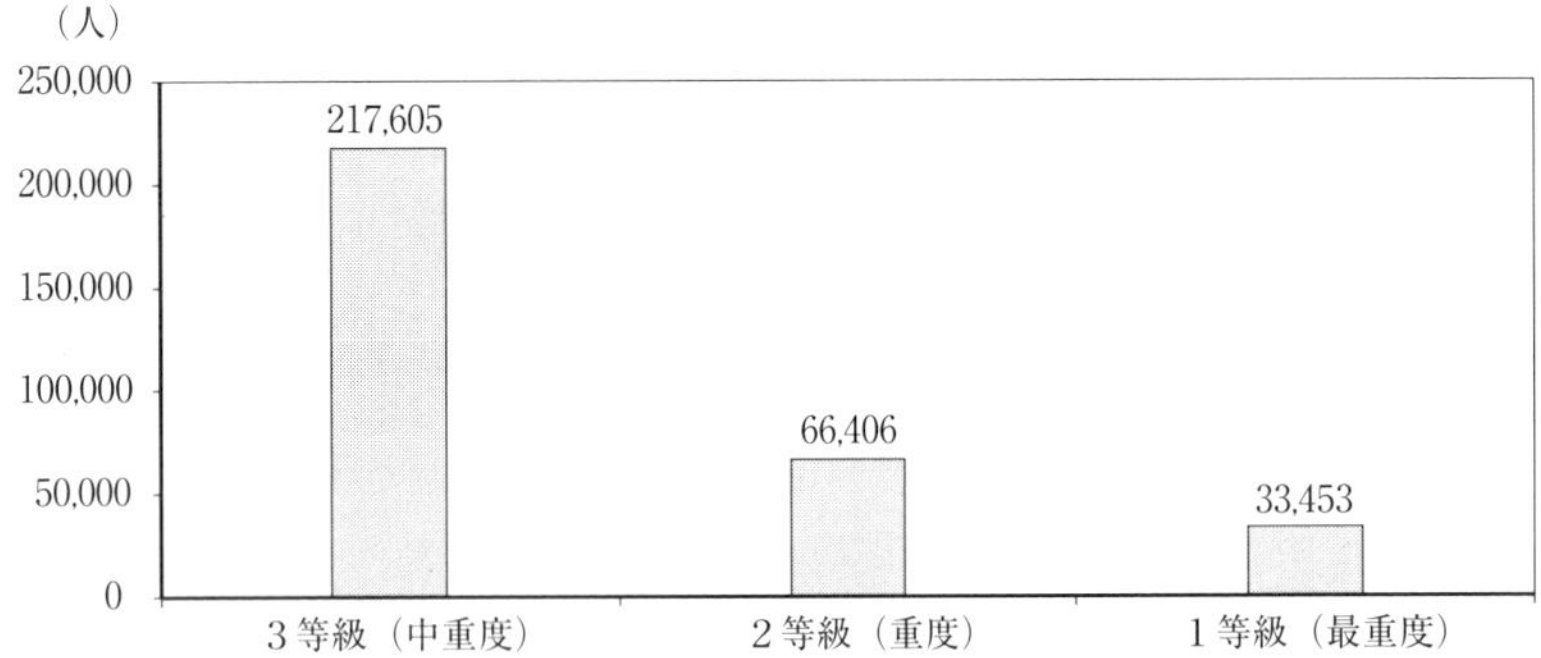

資料：保健福祉部（2012）『長期療養保険統計年報』より作成。

以上の根拠にもとづき、要介護認定を受けたうえで、介護サービスの利用（購入）が可能となる。要介護度の段階は、日本七段階、韓国三段階となっており、日本の場合が明らかに細かく設定されていることがわかる。また、日本の場合、高齢者全体の一八・二％（二〇一二年時点）が要介護認定を受けており、韓国の場合、高齢者全体のわずか七・八％（二〇一二年時点）のみが要介護認定を受けている。したがって、要介護認定率においても日本の方が顕著に高くなっている。

各国における要介護度別認定者数の推移については、図

3－3と図3－4にもとづいて説明する。要介護認定者の数においても，日本は韓国より明らかに多い。日本において，要支援・要介護の認定を受けた者全体の数は，五六一万九五〇人である（二〇一二年時点）。もっとも多いのは要介護1と要介護2であり，要介護3から要介護5までは少しずつ減っていく。さらに，要支援1・2の数も全体のうち，二七・三％（一五二万九六二六人）であり，少なくない。

一方で，韓国において，要介護の認定を受けた者全体の数は，三一万七四六四人である（二〇一二年時点）。韓国の高齢者数は，日本の高齢者数の約五分の一であるが，それを鑑みても，約三一万人という認定者数では十分な数の高齢者が要介護認定を受けているとは言い難い。さらに，中重度といわれる三等級認定者数が二一万七六〇五人であり，全体の六八・五％を占めていることから重度（二等級）・最重度（三等級）の認定割合が明らかに低くなっていることがわかる。日本も重度に比べて軽度の認定者数が多いとはいえ，それほど差が大きいわけではない。したがって，韓国は，今後，軽度の高齢者にも要介護認定をすべきであるが，それと同時に重度の高齢者にも要介護認定を拡大していくべきである。

いずれにせよ，要介護認定過程において「行政への申請→コンピュータによる一次判定→特記事項，主治医意見書などの総合による二次判定」という流れは，両国で同様な仕組みとなっているといえる。

(2) 支給限度額・本人負担分の設定を通じたサービスの利用量の制限

前述のとおり，日韓両国とも介護サービスを利用するためには，要介護の認定が必要であるが，要介護の認定を受けたとしても，無制限にサービスが利用できるわけではない。要介護度別に介護サービスの支給限度額が定められていることにより，利用できるサービスの量に制限が設けられているためである。利用したサービスの費用の一割が自己負担となる（韓国は一・五割か二割）。なお，日本の場合，二〇一四年度から消費税率が八％に引き上げ

表3-5　要介護度別の支給限度額・自己負担額に関する日韓比較

（単位：円）

	標準的な支給限度額（月額）			自己負担額（月額）		
要介護度	日　本	韓　国		日　本（1割）	韓　国（1.5割）	
要支援1	50,030			5,003		
2	104,730			10,473		
要介護1	166,920			16,692		
2	196,160			19,616		
3	269,310	3等級	87,890	26,931	3等級	13,184
4	308,060	2等級	100,370	30,806	2等級	15,056
5	360,650	1等級	114,060	36,065	1等級	17,109

注：1）日本の場合、支給限度額が「単位」で策定されており、「1単位の単価」は原則10円であるが、地域によって限度額の加算がある。ここでは、日韓比較検討を行うために、「1単位＝10円」で計算することにより、単価を金額に換算している。
2）日本の場合、支給限度額は、サービスの組み合わせなどにより異なる場合がある。
3）韓国の場合「ウォン」で表記されているが、ここでは、日韓比較検討を行うために、韓国のウォンを日本の円に変換して示した。2013年5月10日現在の為替レート「1ウォン＝0.1円」で計算することにより、円に換算している。
4）韓国の場合、要介護度が1～3までのみとなっており、要介護度1（1等級）が最重度で、要介護度3（3等級）が中重度である。そこで、日本の場合と比較できるようにするために、日本の要介護度に合わせて、その順番を逆としている。
5）韓国の場合、主に重度の要介護高齢者を対象としているため、日本の要介護3～5に当たると考えられ、上のように表記している。「表3-5の用語→韓国の制度上の正式な用語」の対応を示すと、「要介護5→要介護1等級」「要介護4→要介護2等級」「要介護3→要介護3等級」となる。
資料：筆者作成。

られたことに伴い、介護報酬が引き上げられ、要介護度別の利用限度額も引き上げられた。標準的な居宅介護サービスの支給限度額について日本と韓国の場合を比較したものが表3-5である。

このように、支給限度額内でのサービス利用に対して、日本は一割負担、韓国は一・五割負担が課されるが、限度額を超えた分については全額自己負担となるため、利用者は定められている限度内でサービスを利用しようとする。このことは、過剰なサービス利用を防止する機能として作用しているといえる。また、限度額内でサービスを利用するとしても自己負担分が発生するため、サービスの利用を抑制する機能もあると考えられる。

サービスの利用に対する利用者負担分がゼロであるとすれば、利用者はサービスを乱用してしまい、それが国家予算に深刻なダメージを与えてしまうということは、日本ですでに一九七三年の老人医療費の無料化により老人医療費が急増したり、社会的入院問題が発生したりしたことからも推測できるであろう。

5　日韓比較からみた準市場の構造的な特徴

以上で、日本の介護保険制度と韓国の老人長期療養保険制度上に存在している「準の要素」と「市場の要素」を基準として、供給者側からみた準市場の構造と利用者側からみた準市場の構造に分けて比較検討を行った。まず、供給者側からみた準市場の要素としては、⑴多様な組織の市場参入と一部のサービスにおける市場参入の制限、⑵設備・人員配置基準の設定を通じた市場参入の制限、⑶供給者に対する行政の監督・評価、⑷サービスの価格設定を通じた価格競争の制限を提示し、また、利用者側からみた準市場の要素としては、⑴要介護度の認定を通じたサービス購入権の付与と⑵支給限度額・本人負担分の設定を通じたサービスの利用量の制限を提示した。

準市場の構造上における日本と韓国の特徴は表3-6のとおりである。そのなかで、主な特徴は以下のとおりである。

まず、一つ目に、日本はサービスの種類によって自由な市場の参入を制限していることに比べ、韓国はその制限の水準が非常に低いことがあげられる。例えば、日本の介護保険の場合、施設サービスの供給主体に関しては、社会福祉法人や医療法人などの公共の性格が強い組織にのみ市場参入を認めている。また、居宅サービスであれ施設サービスであれ、原則的には法人格をもっている組織にのみ認めている。一方で韓国の場合、すべてのサービスに対してすべての組織の参入を認めており、さらに法人格をもっていない組織や個人にも施設の設置を認めている。この点から鑑みれば、韓国の方において市場参入がより容易であるといえる。

二つ目に、人員配置基準においては、両国の間に大きな違いはないことが明らかになった。もちろん、人員の数

表3-6　介護サービスの準市場構造の日韓比較

		日　本	韓　国
供給者側	1．市場参入の制限	居宅サービス：すべての組織に対する市場参入の開放	
		施設サービス： 非営利組織による独占構造	施設サービス： すべての組織に対する市場参入の開放
		法人格をもっている組織のみ参入可能	個人を含めたすべての組織の参入可能
	2．設備・人員配置基準	社会福祉士の配置基準：無	社会福祉士の配置基準：有
	3．行政の監督・評価	介護サービス情報の公表制度 第三者評価	2年ごとに1回 （国民健康保険公団による評価）
	4．価格競争の制限	介護報酬の設定	
		地域間格差：有（0.3〜0.5%加算）	地域間格差：無
利用者側	1．サービス購入権の付与	市町村による要介護認定	中央政府による要介護認定
		要支援1－2、要介護1－5	要介護1－3
	2．利用量の制限	1割の本人負担	居宅：1.5割の本人負担 施設：2割の本人負担

資料：筆者作成。

的な側面においては、日本が韓国より多くの人員配置を規定しているものの、それほど差が大きいとはいえない。ただし、韓国の場合、施設の人員配置基準において社会福祉士一人の義務配置を規定していることが特徴の一つである。

三つ目に、日韓両国とも要介護認定を通じてサービスの購買権を与えている。日本は七段階、韓国は三段階となっているが、その認定過程においては、大きな違いはない。

四つ目に、日韓両国とも、介護サービスに価格を定めているが、その水準においては韓国が日本より顕著に低くなっている。さらに、本人負担分においては、日本は一〇%となっていることに比べ、韓国は居宅一五%、施設は二〇%となっており、高く設定されている。

以上のように、日韓の介護サービスの供給と利用において、多様な準市場の要素が存在しているが、そのような要素は常に同じ水準にとどまっているとはいえない。つまり、それぞれの国がおかれている政策的な状況によって規制の要素が強まったり、市場の要素が強まったりしている。例えば、韓国の場合、二〇〇八年に十分なインフラが構築されていない状況下で、老人長期療養保険制度が施行された。そのため、供給インフラを増やすために、市場原理を強調しながら民間組織の積極的な市場参入を誘導してきた。しかし、制度施行六年目をむかえる現時点においては、過剰供給による問題が続いて発生することに従って、むしろ供給量の増加を抑制するために、設置基準を強化したり評価制度を強化したりすることを通じて国家による規制の様相を強めている。

したがって、福祉サービスの供給と利用をどの段階で開放するか、または国家がどの段階で介入するかは時期と国によってフレキシブルな事項であることを認識する必要がある。

注

(1)　二〇一二年度以降、介護療養型医療施設の新規の指定は認められないことになり、同年度の介護保険法改正において、介護療養型医療施設の指定条項は削除された。

(2)　法人格がないなど指定事業者の基準をすべて満たさない事業者でも、指定事業者と同じ水準のサービスを提供できる場合には、各市町村の判断で保険給付の対象となることができる。そのようなサービスを提供する事業者を「基準該当サービス事業者」という。ただし、その効力は市町村内に限られる。また、市町村が地域の介護需要や事業者の状況を考慮し、保険給付の対象としないこともできる。

(3)　韓国の場合、正式な名称は「長期療養酬価」であるが、ここでは便宜上「介護報酬」として統一して用いる。

(4)　二〇〇六年改定の定率は、二〇〇五年の改定（施設給付の見直し）を含めると、マイナス二・四％となる。ただし、施設は入所者から食費・居住費を徴収することが可能であり、適正に費用徴収がなされているのであれば、施設給付見直しの前後で施設の収入に大きな変化はない。

(5)　イギリスの場合は、行政を購入者とし、行政がサービスを利用者に「分配」し「公定価格」を設定することが必要とされている。それに対し、供給者が落札できるようにサービス内容や価格を提示し、供給者間の競争が発生する仕組みとなっている。

第4章　日本におけるケアサービス準市場の歴史

1　本章の視点

第1章で行った準市場の定義に関する先行研究の検討から確認されたのは、日本の研究者による準市場の定義は、イギリスの研究の影響を受けていることである。それにより、日本における準市場の定義のなかで、イギリスとは異なる日本の準市場の特徴が十分に反映されていないこと、また準市場の導入前後の変化についての分析が不十分であることが課題として指摘できる。

仮に、既存の準市場の概念のとおりだとすれば、介護保険制度の導入を通じて「財政と供給の分離」が行われたことになる。「財政と供給の分離」とは、言い換えれば、国家が財政に関する責任を負っている状態で、サービスの供給は、民間主体に移譲したという意味となる。しかし、序章で述べたように、日本と韓国の場合は公共主体が主導的にサービスの供給を担ってきた歴史は短く、市場主義的な政策が早い段階で制度化されてきた点、いわば「民営化なき市場化」が進められてきた点を考慮すれば、介護保険制度の以前にすでに「財政主体と供給主体の分離」が行われた可能性がある。それにしたがって、準市場の要素もそれ以前から働いていた可能性がある。したがって、本章では財政主体と供給主体の分離が行われた時点と準市場の要素が高齢者ケアサービス制度上に登場した時点を明らかにし、既存の準市場の定義と現状との整合性を評価することを目的とする。

そのためには、本章で明らかにすべき課題は以下の二つに整理される。一つは、準市場の定義として一般的にいわれている「財政主体と供給主体の分離」は、いつ行われたのか。もう一つは、準市場の要素としてあげられているものは、いつ制度上に登場したのか。

そこで、まず、第1章で検討した準市場の「定義」と第3章で検討した準市場の「要素」を手がかりとし、日本の高齢者ケアサービス歴史の分析を行う。とりわけ、以下の点に着目して論じていく。まず、準市場の定義として一般的にいわれている「財政主体と供給主体の分離」は「いつ」行われたのか。次に、準市場の要素としてあげられているものは「いつ」取り入れられたのか。さらに、介護保険制度は準市場のなかでいかに位置づけられるのかに着目して述べていく。

2　いつ、財政主体と供給主体の分離が行われたのか

(1) 民間主体に対する公的関与のはじまり

日本において国家が法律で民間社会福祉に本格的に関与したのは、一九三八年に制定された社会事業法である。社会事業法は、事業の経営資金が枯渇していた民間社会事業を助成と規制という手法で近代化しようとするところにねらいがあり、財政基盤が脆弱で近代的な事業経営にほど遠い民間社会福祉に対して免税措置や補助金の支出を行う一方で、施設の乱立や不良施設の規制を行うことを目的としたのである（蟻塚 二〇〇四：一二六）。つまり、民

間の社会事業団体を助成すると同時に監督することを主な目的として制定されものである。

ただし「社会事業法による助成は、不十分である」と受けとめられていた。補助についての明確な規定がなく、免税は地方税に限られていたためである。また、国からの委託は正当な理由がなければこれを否定できないと規定しているにもかかわらず、委託費に関しては何も規定していなかった。[1] さらに、委託費の金額もきわめて少なかった。初年度の補助は、大卒の初任給が七〇円だった時代に、一施設あたり五〇〇円というわずかなものでしかなかった。同時に監督についても、実際に厳しく行われた様子はない。優良な施設のみに補助を出すとしたためか問題のある施設は申請に消極的になる場合もあり[2]、厳しい罰則が実施されても痛くも痒くもない、罰則の適用を受けたということを聞かない、とも言われた[3]（熊沢 二〇〇七：五）。

このように社会事業法は、民間団体に対する助成と国家による規制が同時に存在していた最初の制度とはいえ、その二つの要素とも機能的には非常に弱く、さらに、国家が担うべき福祉事業を民間組織が担うことは無理があったという点においては、現在の準市場論下では論じ難い。しかしながら、民間主体に対する助成や規制に関する規定がより早く登場していたという側面において、その意義は大きいといえよう。

（2）GHQによる占領と民間主体に対する議論の再登場

その後、注目すべき歴史的な事実は、一九四〇年代半ばからのGHQによる占領である。第二次世界大戦において日本が敗戦することにより、GHQ（連合国軍最高司令官総司令部）の占領が開始された。その当時、一九四五年一二月三一日に日本政府のSCAPIN404への回答（CLO1484「救済福祉に関する件」）のなかで「福祉に関する立法は日本政府が行うが、その実施は民間主体に委任する」と明記したことが議論に拍車をかけるきっかけとなった。

それを受けて、GHQは日本政府に対して、社会福祉サービスの供給と関連し「保護の無差別平等」（例えば軍人の優遇は認められない）、「国家実施責任」（単一の政府機関の確立、県や市町村機構の利用、公的扶助など救済福祉事業の民間への代行不可）、「最低生活の保障」（予算の制約を受けないかたちでの必要十分な救済費の確保）のいわゆる三原則を打ち出した（田多 二〇〇九：六五）。そのなかで、GHQは、日本政府が民間福祉団体に助成を行うことをもって、福祉に対する国家実施責任を民間に移転しているととらえ、国家が実施責任を果たすべきことを強調したのである。

しかし、GHQは民間への補助金そのものを否定したわけではない。SCAPIN775において、「民間団体が政府の財政的支援を受けられるのは政府が行うべき非常救援を代行した場合にその払い戻しを受ける場合に限られる」として、措置委託費の支給を一部に限って認めたのである（北場 二〇〇五：九八）。そこでわかるように、GHQは民間社会事業団体に対する国家補助金の支出自体に反対するというよりは、福祉供給に対する国家実施責任を強調することに重点を置いていたと理解することができる。

以上のGHQの三原則にもとづいてつくられたのが、一九四六年に公布された「旧生活保護法」である。一九四六年一〇月三〇日覚書「政府の私設社会事業団体に対する補助に関する件」（以下、「一九四六年覚書」とする）は、措置委託を受けた民間保護施設に対する施設費への補助を原則として禁止し、「公優先―民補完」という厳しい条件を満たした施設のみ、施設費補助を承認することとした。なお、民間社会事業団体への社会事業法（一九三八年）に基づく補助および同胞援護会などへの予算補助も一九四六年覚書により禁止されることになった。

その覚書は一九四六年四月三〇日から適用されたが、実際の状況をみると三〇億円の救済費が一九四六年度予算に計上されたことや、同覚書自体がGHQの個別許可があった場合には補助の継続を認めるとしていたことなどから、実質的には金銭的な補助があったといえる。

さらに、旧生活保護法の内容には「その実施機関は市町村長とし、民生委員を補助機関として利用する（田多 二〇〇九：六六）」という条項があったように、完全な公によるサービス供給体制を備えることはできなかった。それに関して田多（二〇〇九）は「当時保護行政に精通した公務員がなかったため、民間の篤志家としての民生委員を動員せざるを得なく、公私分離を強く求めていたGHQもこれを黙認せざるを得なかった」と述べている。さらに、菅沼（一九九三）は「GHQはすでに戦時中に日本占領を想定して、占領統治の方法を検討していた。そこでは、民生委員は必ずしも高い能力をもっているわけではないが、有効に活用できる存在であるとみなしていた」ととらえている。

以上の内容からGHQが措置委託制度について、国家が行うべき事業を民間に責任転嫁したものとしてとらえるより、そのようにせざるを得なかったととらえていたことがわかる。言い換えれば、GHQの占領と同時に福祉サービス供給の国家・民間主体の役割分担に対する議論が再び登場したが、同年度における民間社会事業施設への影響はそれほど大きくなかったのである。

（3）公私分離の原則の厳格化

しかし、翌年の一九四七年、憲法第八九条の制定を契機として、一九四六年覚書の運用も厳しくなり、一九四七年度にはわずかにあった補助が、一九四八年には完全に禁止されることとなった。

憲法第八九条は、宗教上の組織・団体だけでなく、同条後段により、公の支配に属さない民間事業に対しても公金の支出を禁止した。このため、「一九四六年覚書」で承認されていた限定的な民間社会福祉団体に対する補助金もまったく支出できなくなった。それにより、戦後、社会事業を行っていた数多くの民間福祉団体は打撃を受けた。GHQは民間の社会事業団体の資金調達の方法として共同募金運動を提案し、フラナガン神父による指導や厚生省の調査研究をもとに、一九四七年一一月に第一回共同募金運動を実施するに至った。しかし、寄付金収入や事業収入が見込めない状況にあった民間社会福祉事業にとっては、共同募金も収入の一部を占めるにすぎず、民間社会福祉事業の収入のなかでの「措置委託費」の重要度は、ますます高まっていた（北場 二〇〇五：一九五）。

また、共同募金の配分の流用が起こったり、「寿産院事件[4]」のような事件も発生した。その他にも多くの授産施設において不祥事が発生し、民間施設の監督に関して社会事業法は有名無実であることが明らかになり、社会事業法改正案が数回にわたって提出された。この時期、日本国内で検討された社会事業法改正案における共通点は「民間の社会事業団体についての規定が中心となっていたこと」である（熊沢 二〇〇七：七）。

国が責任をもつべきだと考えていたGHQは日本政府がその役割を果たしていないととらえ、それについて不満をもっていた。そこで、厚生省はGHQと協議を重ね、一九四九年に「六項目提案」を取りまとめた（蟻塚 二〇〇八：一八五）。そのなかで「公私社会事業の責任と分野の明確化」が明示され、それにもとづいて社会福祉関係法の整備が開始された。

（4）社会福祉法人制度の創設――財政主体と供給主体の分離に対する正当化

以上のような状況のなかで、民間社会福祉団体が国家からの補助金を支弁してもらうためには、「公の支配」の下に入ることが求められた。そのために、最初に創設されたのが「法人制度」であり、社会福祉分野では、一九五〇年五月に制定された新生活保護法において、「公の支配」に属する「公益法人」が最初である。その後、一九五一年に制定された社会福祉事業法は、特別法人である学校法人と同様に「公の支配」に属する公益法人として「社会福祉法人」を創設した。先進諸国で、社会福祉だけを目的にした非営利法人を定めているのは珍しい。

このような社会福祉法人制度が設けられた理由・背景には諸説があげられている。社会福祉法人制度の創設につ

表4－1　民間主体の施設を「公の支配」に置くための法律改正の動き

年　度	法律名	法律上の変化の内容
1950年5月	新生活保護法第54条	公益法人への補助
1951年3月	社会福祉事業法第34条	社会福祉法人への補助
	生活保護法の改正	公益法人⇒社会福祉法人
	児童福祉法の改正	社会福祉法人・公益法人への補助規定創設
1953年8月	社会福祉事業法の改正	補助規定制限の削除

資料：北場（2005）；田多（2009）を参照して筆者作成。

表4－2　社会福祉事業の区分

法律	制定年度	第一種社会福祉事業		第二種社会福祉事業
		収容施設	非収容施設	市町村、社会福祉法人、私人（届出）等
生活保護法	1950	養老施設、救護施設等	授産施設	－
社会福祉事業法	1951	無料低額収容生活扶助施設	授産施設（生活保護法による授産施設以外）	在宅保護事業、簡易食堂、公益市場、公共浴場等
老人福祉法	1963	養護老人ホーム、特別養護老人ホーム、軽費老人ホーム	－	老人デイサービス事業、老人介護支援センター

資料：北場（2005）；田多（2009）を参照して筆者作成。

いては、一九五〇年一〇月に社会保障制度審議会の「社会保障制度に関する勧告」を受けて、憲法第八九条の「公の支配」に属さない民間社会福祉事業に対する公金支出禁止規定に対抗して、社会福祉事業法により「公の支配」に属する法人として創設されたという説が一般的である（北場 二〇〇五：一九五）。表4－1は、民間主体を「公の支配」に置くことによって、補助金を出そうとした日本政府の法律改正の動きを整理したものである。

その後、社会福祉事業体系を整備するための動きが活発になり、続けて社会事業法改正案がGHQに提出された。数回の訂正を経て、一九五一年一月「社会福祉事業基本法案」では、社会福祉事業の適用範囲としてより具体的な事業内容が列挙され、同年二月法案では、第一種社会福祉事業と第二種社会福祉事業に区分された。同年三月に最終的な「社会福祉事業法案」がGHQに提出され、GHQはそれを承認した。以上の過程を経て、一九五一年三月二九日に公布された「社会福祉事業法」には、社会福祉サービスの提供におけ

表４-３　GHQによる占領時期における社会福祉供給体系の主な変化

年度	内容
1945年12月31日	日本→GHQ「SCAPIN404」： 「立法は日本政府が、実施は民間に委任する」という内容が後の改正の原因となる
1946年２月27日	GHQ→日本「SCAPIN775」：「国家実施責任」の強調
1946年	旧生活保護法の制定：民間保護施設への措置委託と措置委託費の支弁規定
1946年10月30日	政府の私設社会事業団体に対する補助に関する件： 措置委託を受けた民間保護施設に対する施設費への補助原則禁止＋一部の施設のみ承認
1947年	日本国憲法89条成立：民間施設に対する補助金の全面禁止
1947年11月	第1回共同募金運動の実施
1947～1949年	民間社会事業施設における不詳事発生：寿産院事件の発生
1949年４月29日	GHQ→日本「六項目提案」
1950年	新生活保護法の制定：公の支配に属する法人として「公益法人」創設
1951年２月	社会福祉事業基本法案構想：社会福祉事業を第１種・第２種に分類
1951年３月	社会福祉事業法公布：公の支配に属する法人として「社会福祉法人」創設
1951年３月29日	生活保護法・児童福祉法改正：「社会福祉法人」の規定新設
1953年８月	社会福祉事業法の改正：補助規定制限の削除
1953年	GHQの占領終了

資料：北場（2005）を参考にして筆者作成。

る公私の役割分担が明確に明示されるようになった。

表４－２のとおり、第一種社会福祉事業は、公共性の高い事業であり、そのため、国、地方公共団体または社会福祉法人が経営することを原則としている（大塚二〇一〇）。一方で、第二種社会福祉事業については経営主体の制限を規定しておらず、事業開始後に都道府県・市町村に届け出ることのみを定めている。

以上のように、日本がＧＨＱの占領下であった一九四五年から一九五三年までにおける社会福祉供給体系の歴史を検討してきたが、その一連の流れをまとめたのが表４－３である。社会福祉サービスの供給主体に注目して整理すると、ＧＨＱは「国家実施責任」を強調するために「公の支配」に属さない民間事業への公的援助を禁止した。しかし、日本政府は、社会福祉法人制度を創設することにより、民間事業を公の支配下に置き、民間が福祉サービスを提供し政府（公）が財政を支援するシステムを構築したのである。

以上の歴史的な事実から、国家は社会福祉法人を公的部門でなく「公の支配に属する民間団体」と認識し

図4-1　老人福祉関連施設における公営と民営の経年変化

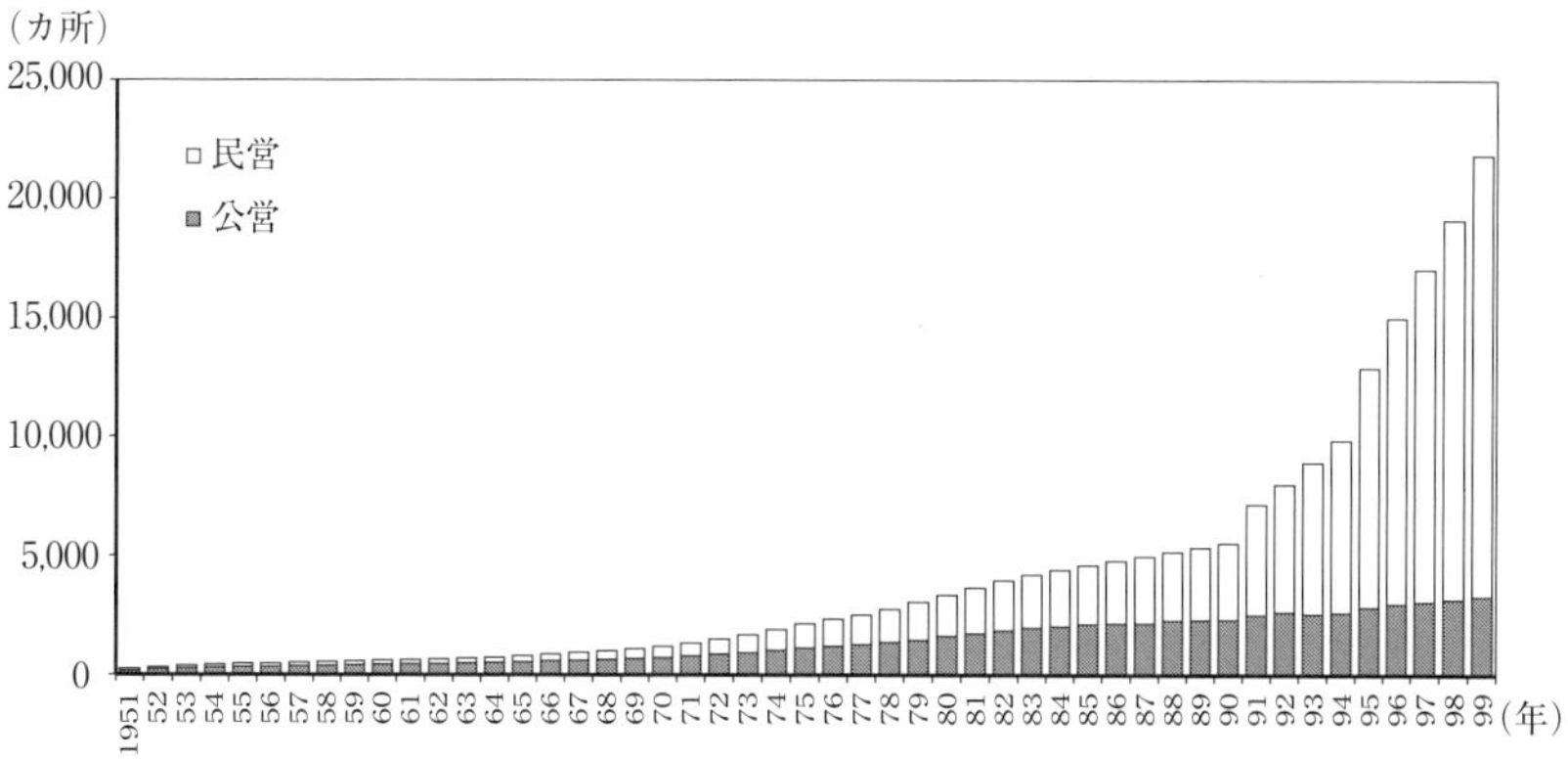

注：1952-55年度の数値は、運営割合ではなく、設置割合である。そこには、公立民営などの民間委託運営施設の割合が公立の割合に含まれている。したがって、運営割合でみると、民営の割合が上図に示した数値を上回る可能性が高い。

資料：1951-1959年：厚生省大臣官房統計調査部編『社会福祉統計年報』；1960-1982年：厚生省大臣官房統計調査部編『社会福祉行政業務報告』；1983-1999年：厚生省大臣官房統計調査部編『社会福祉施設調査報告』より筆者作成。

ていたことがわかる。それに関して田多（二〇〇九：八八）は「戦後立法化された福祉三法も具体的にそれを実施するにあたっては、戦前と同様、民間の社会福祉事業団体の協力が不可欠であった。その民間社会福祉事業団体は戦前から公的補助金によって成り立っていた。……（省略）……戦後においても民間社会福祉事業団体には、公的資金の援助がなければ成り立たないといったものが少なくなかった」と述べている。

そこで、民間組織が主な福祉サービスの供給を担当する、いわば「財政＝政府（公共）、供給＝民間」という現行のシステムは、その当時に構築されていたものであり、それが現在まで維持されてきたと考えられる。

図4-1は、一九五一年から介護保険制度の導入以前である一九九九年までの老人福祉施設における公営と民営の割合を示したものである。一九五一年全体の養老施設二五〇カ所のうち民営施設が九五カ所を占めており、三八％の施設が民間により運営されていた。一九七八年には全体の老人福祉施設二七五五カ所のうち、一三八七カ所が民間運営施設であり、公営施設の割合より高い五

〇・三％を占めており、公営と民営の割合が逆転した。その後も、民間による運営施設の割合はますます増加している。

以上のことから、日本で財政主体と供給主体の分離が二〇〇〇年介護保険制度の施行によって行われたという認識には大きな矛盾があり、認識の転換が必要ではないかと考えられる。

3　いつ、準市場メカニズムの要素が取り入れられたのか

(1)　措置制度のはじまりとそのなかでの準市場メカニズムの要素――準市場の「形成」

社会福祉事業法が制定された後、同法にもとづいて民間社会福祉機関への支援も拡大しつつ安定した福祉サービスが提供されてきた。また、高齢者福祉関連サービスは一九六三年の老人福祉法の制定とともに、同法の枠組みのなかで、措置方式により実施されてきた。老人福祉法に明示されていた老人福祉施設としては、養護老人ホーム、特別養護老人ホーム、軽費老人ホームなどがある。これまでの養老施設は養護老人ホームに引き継がれ、その大部分が公立施設であった。しかし、老人福祉法により新たに設けられた特別養護老人ホームは、同法第一五条により、設置主体として都道府県・市町村・社会福祉法人が規定されており、当初から社会福祉法人が運営する施設が多かった。

さらに、自己負担額は所得に応じて変わる応能負担となっていたが、この点に関して「中高所得者層には負担額の点で実質上利用が困難な状況となっていた」（内藤 二〇一〇：七八）という主張もある。なお、この負担の仕組みは、介護保険制度が施行されるまで継続した。以上のように、設置主体が公共であれ民間であれ、老人福祉法上の施設のうち、ほとんどの施設は行政の措置によりサービスの提供が行われてきた。

措置制度とは、市町村などの行政の判断により在宅サービスや社会福祉施設への入所が必要とされた人数に応じて施設の運営に必要な費用を公費で負担する制度である（蟻塚 二〇〇八：三七）。また、その費用を措置費という。[5]ほとんどの施設はそのような措置制度の下に位置づけられていたが、それにしても、すべての福祉施設が措置制度の適用を受けたわけではない。

例えば、高齢者福祉関連分野をみると、前述のように老人福祉法第一五条に規定されている老人福祉施設の設置主体として都道府県・市町村・社会福祉法人が規定されているが、その他に軽費老人ホーム（ケアハウス）の場合、「その他の者」による設置が法律上、認められていた。軽費老人ホームとは、無料または低額な料金で老人を入所させ、食事の提供その他日常生活上必要な便宜を供与することを目的とする施設（老人デイサービスセンター、老人短期入所施設、養護老人ホーム、特別養護老人ホームを除く）のことである。事務費等に対する料金は利用希望者の年収により異なるが、毎日の生活費については本人負担となる。種類は、A型、B型、ケアハウスの三種類が[6]ある。つまり、軽費老人ホームの場合、他の老人福祉施設とは異なり措置によらない施設として規定されていた。措置によらないということは、施設長と利用者間の自由契約方式に基盤をおいてサービスの提供・利用が行われ、その運営に関して行政機関が直接関与をしないという意味である。

つまり、一九六三年老人福祉法が制定された当時、ほぼすべてのサービスが措置制度によるものであったが、例外的に軽費老人ホームなどの一部のサービスにおいては、利用者と事業者の自由契約によりサービスの提供（準市場の「市場」の要素）が行われ、利用料に対する利用者の負担分もある（準市場の「市場」の要素）、いわば市場構造を活用したサービスの供給が行われながらも、老人福祉法上の事業として規定されているため、行政からの基本的な制約（準市場の「準」の要素）も存在していた。

さらに、老人福祉法上に規定されている施設のほかに、国の指導通達などによって規定されている施設として有料老人ホーム等がある。有料老人ホームの場合、多様な民間組織の参入が設立当時から認められており、営利追求も可能（準市場の「市場」の要素）であった。実際に一九七五年に全体の七三カ所のうち一一カ所（全体の一五％）が株式会社により設置されており、一九九一年には全体の二二八カ所のうち一〇六カ所（全体の七〇・一％）まで増加した。

以上の軽費老人ホームや有料老人ホームなどの一部のサービスにおいては、利用者と事業者との自由契約によりサービスの提供が行われる、市場原理的な要素が機能していたのである。しかしながら、軽費老人ホームの場合、老人福祉法上の事業として規定されているため、行政からの基本的な制約があるとはいえ、有料老人ホームの場合には、老人福祉施設ではないが、老人福祉法第二九条～第三一条によって都道府県知事の権限や行政指導・監督などが規定（準市場の「準」の要素）されている。それゆえ、軽費老人ホームや有料老人ホームを同じ準市場メカニズムによるサービスとしてとらえることができる。

そこで、量的にはきわめて少なかったが、「準」と「市場」の要素を同時にもつサービスがあったことから、一九六三年老人福祉法の制定とともに、準市場メカニズムが一部のサービス供給体系においては「形成」されていたと考えられる。

（2）市場構造の活用・民間資源の活用に向けた変革――準市場の「拡大」

一九八〇年代に入って、高齢者の需要の高度化・多様化を背景に福祉施設の供給量の不足が国家レベルで問題提起され始め、福祉施設の運営において民間の力を積極的に活用しようとする動きが始まった。

一九八六年には、医療と福祉、あるいは入所型福祉施設と家庭との中間的な性格を有する施設である老人保健施設が制度化された。この施設は「措置」によらない利用契約のかたちで、より柔軟に利用が可能な施設としてつくられた（準市場の「市場」の要素）。さらに一九八七年一二月七日に福祉関係三審議会合同企画分科会は「公的部門により確保・提供されるべきサービスについても、民間部門における創造性、効率性を考慮し、支障のない限り管理の下に民間部門に委託することを考えるべきである」との意見具申を行っている。それに加えて、厚生省も民間サービスの重要性を認識し、在宅介護サービスや有料老人ホームを提供するシルバーサービスをはじめ、多様な民間サービスの振興（準市場の「市場」の要素）に努めていた。

ますます進行する高齢化に対応するための高齢者福祉サービスの供給量の拡充は、日本社会が直面していた問題であり、その取り組みとして厚生省は、一九八九年一二月に「高齢者保健福祉推進十カ年戦略」（ゴールドプラン）を策定し、一九九〇年から一九九九年までに実現すべき福祉サービスの目標を掲げた。そのような公的施策により国民のニーズに対応しようとする政策とともに、地域のなかでの個人・民間資源の活用などインフォーマルな資源も積極的に取り入れようとしていた。

さらに一九九一年には、『厚生白書』がサブタイトルとして「活発化する民間サービスと社会参加活動」を掲げ、有料老人ホームを中心として、家事代行サービス、食事の宅配サービス、福祉機器の提供等のシルバーサービス育成（準市場の「市場」の要素）の重要性を力説した。

一九九四年一二月には、ゴールドプランの改定が行われ、新ゴールドプランが策定された。この新ゴールドプランの策定の前後から、「措置」から「契約」への動きが生まれてくる。一九九四年三月に発表された高齢社会福祉ビジョン懇談会の『二一世紀福祉ビジョン』では、高齢者本人の意思にもとづいた自立のための利用型のシステムが提言された。

その背景には、一九八二年老人保健法の制定とともに、社会的入院患者が病院から地域に戻ることにより高齢者福祉サービス、とくに在宅サービスの供給量が絶対的に不足する状況に直面したことがあった。その対策の一つとして、非営利の有償ボランティアや営利企業サービスの導入が提言された。しかし、営利企業の参入は「配食サービス」や「ホームヘルプサービス」などに限定して考えられていた。それが営利企業の全面的な参入（準市場の「市場」の要素）に変わるのは、一九九六年九月に与党から提示された「介護保険法要綱案に係る修正事項」に、民間企業や民間非営利組織が広く参入できるようにすることが盛り込まれたことによる（北場 二〇〇五：二八〇―二八三）。

以上のように、一九八〇年代から一九九〇年代までは全般的な福祉サービスの拡充に対する必要性が認識された。しかし、その時期に財政赤字が増大したため、政府は財政支出の抑制を図った。そこで、国家の財政を抑制しながらも福祉サービスの供給量を増大させることができる手段の一つとして、「民間資源の活用」という方法が採択されたと理解することができる。

また準市場の要素からみると、一部のサービスにおいて営利追求が可能で、利用料は利用者が一部負担し、利用者と供給者間の自由契約によってサービスが提供されていたことから、一九六〇年代につづき準市場メカニズムが存在していたといえるだろう。さらに、この時期には一九六〇年代と比べ、営利企業の参入はもちろん、多様な民間組織の参入が認められたことにより、民間運営サービスの量的な拡大が著しく、準市場メカニズムが構造的に「拡大」しつつあった時期としてとらえることができる。

4　介護保険は準市場のなかでいかに位置づけられるのか

それでは、準市場メカニズムの要素が二〇〇〇年以前から導入されていたとすれば、介護保険制度はそのなかでどう位置づけられるだろうか。

表4－4　居宅介護サービスの設置主体別構成割合の変化

（単位：カ所、％）

年　度			2000	2002	2004	2006	2008	2010	2012
事業所数			27,339	34,395	45,453	55,317	57,585	57,862	71,453
割合	公共（地方公共団体）		12.1	3.4	2.2	1.3	1.2	1.0	0.9
	民　間		87.9	96.6	97.8	98.7	98.8	99.0	99.1
		社会福祉法人	55.0	54.1	44.7	39.0	38.7	36.5	31.5
		医療法人	5.6	6.4	6.6	6.3	6.4	6.1	5.5
		協同組合	2.4	2.8	2.6	2.5	2.3	2.2	1.9
		営利法人	22.3	28.7	38.7	45.1	45.8	48.7	54.9
		NPO	1.2	2.4	3.5	4.3	4.4	4.3	4.2
		その他	1.4	2.2	1.7	1.5	1.2	1.2	1.1
合　計			100.0	100.0	100.0	100.0	100.0	100.0	100.0

注：居宅サービスのうち、福祉系５サービス（訪問介護、訪問入浴介護、通所介護、短期入所生活介護、福祉用具貸与）事業所の割合を集計した。
資料：厚生労働省（2000-2012）『介護サービス施設・事業所調査』より筆者作成。

準市場体制のなかで介護保険制度の導入がもつもっとも大きな意義として、営利法人などの多様な供給主体の参入の拡大があげられるだろう。一九九七年、介護保険法が制定（二〇〇〇年施行）された以降、居宅サービスの提供における営利組織の割合はますます増加している。二〇〇〇年介護保険制度が導入される以前には、大部分の老人福祉施設における設置主体として営利組織は認められなかった。もちろん有料老人ホームなどにおいては、株式会社による運営が認められていたが、有料老人ホーム自体が老人福祉施設ではなかったことについては前述のとおりである。

二〇〇〇年介護保険制度の施行以降、福祉サービスの供給主体として、本格的な営利企業の参入が可能となった。それのみならず、社会福祉法人はいうまでもなくＮＰＯ法人、医療法人、協同組合などのさらに数多くの民間主体の参入もすすめられた。

表４－４は、介護保険制度が始まった二〇〇〇年から二〇一二年までの居宅サービス（居宅・福祉系五サービス）事業所における設置主体の構成割合の変化を示したものである。

公的介護保険制度が始まった二〇〇〇年においては、社会福祉法人による事業所の設置割合が五五・〇％と半数以上であった。しかし年々減少し、二〇一二年には三一・五％まで減少した。反面、営利法人の割合は二〇〇〇年の二二・三%から毎年増加し、二〇一二年には五四・九%まで増えた。他方、地方公共団体の場合、二〇〇〇年の一二・一%から二〇一二年にはわずか〇・九%まで減少している。二〇〇〇年から二〇一二年までの変化のうち、明らかに増加傾向にある主体は営利法人、NPO（特定非営利活動法人）であり、両方とも民間主体である。

つまり、社会福祉サービスの供給主体として公共組織の割合が低く、民間組織の割合が高い傾向は、介護保険制度が実施された以降も同様であるといえる。表4-4にもとづいて公共組織と民間組織の割合の対比をみると、二〇〇〇年に公共組織が一二・一%、民間組織が八七・九%であったのが、二〇一二年には〇・九%と九九・一%に変化した点から、むしろ民間組織の割合は一層増加し、圧倒的に高い割合を占めていることがわかる。

前述のとおり、介護サービスの供給に民間組織の活発な参入を奨励した結果、増加する介護ニーズを充足させる程度の供給量は確保された。以上から、準市場メカニズムの視点のなかで介護保険を特徴づけると、もっとも代表的なものにあげられるのが「営利企業および多様な民間組織の参入の一般化」であろう。そこで、準市場メカニズムのなかでの介護保険制度を論じる際には、「公共か、民間か」というよりは、民間組織のなかで「営利か、非営利か」というような議論が有意義ではないかと考えられる。

さらに、準市場論のポイントである「供給者間の競争」や「利用者選択権の保障」などは、介護保険制度の導入をきっかけとして明らかに拡大された機能である。つまり、二〇〇〇年以前の福祉サービス供給システムにおいて「契約」の要素があったり、「営利追求」が可能であったり、「利用者負担分」が設けられていたりしても、それらはごく一部であり、全般的に市場メカニズムが機能していたとは言い難い(7)。そのような意味で、介護保険制度の導入は「実質的な準市場メカニズムの導入」として位置づけることができる。

他方、現在の介護保険制度において、準市場メカニズムの要素がどのぐらい実質的に機能しているかについては、さらなる実証研究が必要であり、それについては第Ⅱ部で検討を行うことにする。

5　準市場の認識に対する再検討の必要性と新たな時期区分

以上の一九三〇年代から現在に至るまでの社会福祉サービス供給における歴史の検討を準市場の観点からまとめると、表4-5の通りである。

多様な準市場の要素のうち、入所方式（措置方式もしくは利用者と事業者との契約方式）、事業者の営利追求の可否、サービスの利用に対する利用者の負担有無の三つの要素に従って、いかなる部分において準市場の要素があったのかということと、老人福祉施設の運営において公営と民営の割合の変化に焦点を当てて述べたい。

まず、一九三八年に社会事業法の制定とともに、福祉サービスの供給が法律の下で行われるようになった。しかし、助成や監督などに関する明確な条項は規定されていなかった。一九五〇年代、GHQは「国家実施責任」を強調するために「公の支配」に属さない民間事業への公的援助を禁止した。その後、一九五一年社会福祉事業法の制定により、社会福祉に対する国家の責任が明示されたが、一方では、社会福祉法人制度を創設して、民間事業を公の支配下に置き、民間が福祉サービスを供給し政府（公）が財政を支援するシステムを構築した。その時代に老人福祉施設における公営と民営の施設数（割合）をみると、それぞれ一五五カ所（六二%）、九五カ所（三八%）を占めており、民間運営施設の割合が約四割程度を占めていたことがわかる。そのことから、日本の社会福祉供給体系において、公共主体と民間主体との運営に対する実態は最近のことではなく、その当時から存在していたと考えられる。

次に、一九六三年老人福祉法の制定により、老人福祉施設は養護老人ホーム、特別養護老人ホーム、軽費老人

表4－5　準市場の観点からみた日本の社会福祉供給の歴史

年　度	法律の制定・改正	準市場の要素						老人福祉施設（カ所）	準市場のなかでの位置づけ
		入所方式		利益追求可否		利用者の利用料負担			
		措置	契約	非営利	営利	無	有	公営：民営	
1938	社会事業法	養老院	－	養老院	－	養老院	－	－	－
1951	社会福祉事業法	養老施設	－	養老施設	－	養老施設	－	155：95	財政と供給の分離
1963	老人福祉法	特養 養護	軽費	特養 養護 軽費	－	特養 養護	軽費	491：203	準市場の「形成」
1974	有料老人ホームに対する国家の指導規定	特養 養護	軽費 有料	特養 養護 軽費	有料	特養 養護	軽費 有料	1,026：879	準市場の「拡大」
1990	老人福祉法改正	特養 養護 デイ ショート	軽費 有料	特養 養護 軽費 デイ ショート	有料	特養 養護 デイ ショート	軽費 有料	2,314：3,215	
2000	介護保険施行	養護	特養 軽費 デイ ショート 有料	特養 養護 軽費	デイ ショート 有料	養護	特養 軽費 デイ ショート 有料	3,067：13,969	準市場の全面的な定着

注：特養：特別養護老人ホーム、養護：養護老人ホーム、軽費：軽費老人ホーム、有料：有料老人ホーム、デイ：デイサービス、ショート：ショートステイ。
資料：筆者作成。

ホームなどに区分された。それらの施設の設置主体としては主に都道府県・市町村・社会福祉法人が定められていたが、例外的に軽費老人ホームの設置主体においては、その他のものも認められており、また利用者と事業者の直接的な契約によりサービスの提供が行われた。さらに、利用者の本人負担分（応能負担）もあり、以上のことから、一九六〇年代に量的には非常に少なかったが、構造的には準市場メカニズムが「形成」されていたともいえるのではないかと考えられる[8]。

　さらに、一九七〇年代後半から九〇年代後半までは、非常に根強い民間福祉サービス供給体系の基盤にありながらも、常に「市場構造の活用・民間資源活用の拡大」をしようとする声も同時に存在してきた。一九七四年に、厚生労働省（当時、厚生省）は「有料老人ホーム設置運営指導指針」を策定し、国レベルでの指導に乗り出した。有料老人ホームにおける市場的な要素は、契約方式による入所、事業者の営利追求可能、利用者の利用料負担などがあげられる。しかし、国による指導指針もあり、老人福祉法上に規定されていたことから、準市場メカニズムが「拡大」していた時期としてとらえられるだろう。また、この時期の老人福祉施設における公共と民間の運営割合をみると、一九七〇年代半ばにすでに民間運営施設の割合が半数以上を占めており、それらのことを総合してみると、二〇〇〇年介護保険制度の施行の際に、財政主体と供給主体の分離を通じて準市場メカニズムが導入されたという現在の認識と歴史的な事実とは明らかに矛盾しているといえる。

最後に、二〇〇〇年介護保険制度の導入をきっかけとして、養護老人ホーム以外の大部分のサービスは準市場メカニズムにより提供されるようになった。利用者と事業者との契約により利用が行われ、居宅介護サービスの事業所は営利追求も可能である。また、利用したサービスに対して一割の本人負担が発生する。さらに、老人福祉施設の公営と民営の割合をみると、それぞれ三〇六七カ所と一万三九六九カ所であり、圧倒的に民間運営の割合が高まった。以上のことから、二〇〇〇年には準市場メカニズムが大幅に拡大し、さらに「利用者選択権の保障」や「供給者間の競争」が著しく高まったことから、「準市場メカニズムが全面的に定着した時期」として評価することができるだろう。

したがって、介護保険制度を準市場メカニズムの導入時点としてとらえ、その基準を財政主体と供給主体の分離として認識している見解に対して、再検討が必要であると考えられる。つまり、日本において財政主体と供給主体が分離された時期、準市場メカニズムが導入された時期、さらに介護保険制度が導入された時期のそれぞれの時期の間には「時間差」が存在していることに注目すべきである。そこで、準市場メカニズムについて議論する際には、五〇年代の歴史から現在に至るまでの一連の流れのなかでそれらを論じる必要があり、また国外の理論を援用する際には、当該国に当てはまるかたちで検討を行ったうえで議論するのが妥当であると考えられる。

ただし、本章で歴史の分析を行った目的は、「準市場」という理論的な枠組みのなかで介護保険制度を位置づけるための分析であり、介護保険制度の以前からすでに準市場メカニズムが完全に機能していたことを主張するためのものではない。なぜなら、社会福祉法人は法律上に民間組織に属し、歴史的な背景からみても民間組織であることは明らかであるが、国庫補助金というかたちで国家規制下においてあったため、完全な民間組織としてとらえるには限界があるためである。さらに、前述のとおり、市場メカニズムの実質的な機能は介護保険制度の導入をきっかけとして働きはじめたためである。

そこで、本章の結論は、「財政主体と供給主体の分離」という準市場の定義は、日本の状況を十分に反映していない概念である点、またイギリスとは異なり「財政主体と供給主体が分離された」時期と「準市場メカニズムが導入された」時期には「時間差」が存在している点、そして介護保険制度が準市場体制下でもつ意味は「準市場の全面的な定着」という点としてまとめることができる。

注

（1）委託を規定した社会事業法第三条については、「要保護者ノ収容ヲ委託スル場合ニハ必ズ相当ノ委託料ヲ支給スベキモノナリヤ否ニ付テハ本状ニ必ズシモ委託料ノ支払ヲ前提トスルモノニ非ズ従テ委託アリタリトシテモ委託料ノ支給無キガ故ヲ以テ委託ヲ拒ムコトヲ得ズ」と説明されている（社会局『第七十三回帝国議会　社会事業法案資料』九〇ページ）。小川政亮はこれを「政府解釈では無償委託が原則とされた」と解釈している（小川政亮「社会福祉事業法先行諸案と本法の意義」日本福祉大学研究紀要第八二号、一九九〇年、三ページ）。

（2）一九三八年一二月の時点で、本来適用対象となるべき施設の三分の二程度しか申請をおこなっていなかったという（松島正儀「社会事業法実施一ヶ年の批判」『社会事業』第二三巻第四号、一九三九年七月、三五ページ）。

（3）高木武三郎「社会事業運営の問題」『社会事業』第二三巻第四号、一九三九年七月。

（4）寿産院事件とは、一九四四年四月から一九四八年一月にかけて東京都新宿区で起こった嬰児の大量連続殺人事件。被害者の数は一〇三人というのが有力だが、正確な数は判明しておらず、推定被害人数は八五人から一六九人の間とされる。

（5）措置費という用語は法律上の用語ではなく、あくまでも行政上の用語である。例えば当該軽費の性格に着目して、「運営費」または「委託費」という場合もあり、老人福祉施設の場合には補助金交付要綱では「老人保護措置費」となっている。ここでは便宜上、それらを総称する用語として「措置費」という語句を用いる。

（6）ケアハウスは、一九八九年に老人福祉法を根拠法とする軽費老人ホームの一種として創設された。

（7）ただし、民間組織によるサービスの提供割合が高いことについては、介護保険制度の導入前後において変化がみられない点であり、それに関しては介護保険制度の導入と関連づけて論じ難い。

（8）軽費老人ホームの運営において、準市場の要素のなかで、利用者と事業者の自由契約、利用料に対する利用者の負担分という要素が入り込んでいたことがその根拠となる。

第5章　韓国におけるケアサービス準市場の歴史

1　本章の視点

本章の目的は、前の第4章で行った日本の歴史分析と同じ分析枠組みの下で、韓国の歴史分析を行うことである。韓国も日本と同様に、二〇〇八年老人長期療養保険制度が導入される以前に財政主体と供給主体が分離された歴史を経験しており、必ずしも現在の準市場の定義がそのまま当てはまるとはいえないためである。

詳しくは後述するが、韓国の場合は一九五〇年の朝鮮戦争以降、国家全体が貧困状態に陥る。その時に外国の民間援助団体が来韓し救済事業を行うが、その後、それらの団体が相次いで撤収し、それによる穴を埋めるため、国が社会福祉法人制度を創設するに至る。それが韓国の社会福祉に関する法律・制度が設けられる出発点となった。その観点に立ち、韓国の福祉供給の歴史を準市場の定義の一つである「財政と供給の分離」という点から考えると、老人長期療養保険制度の施行時点である二〇〇八年を準市場の導入時点としてとらえられるのかという疑問が浮かぶ。

もちろん、日本とは異なる背景下で社会福祉法人制度がつくられたが、民間組織として位置づけられている社会福祉法人によるサービスの供給が主流であった独特な歴史を経験していることは、日本と韓国との共通点ともいえよう。

言い換えれば、日本と韓国において、民間組織（社会福祉法人）が社会福祉の主な供給を担当するようになった背景に多少の違いはみられるが、諸外国と異なり日韓両国とも、初期の福祉サービスの供給体系を整える時期に公の力は弱く、民間の力が大きかったことは事実である。それを明らかにするために、本章では韓国の福祉サービス供給の歴史を検討する。なお、韓国の場合、福祉サービス準市場に関する論文などの資料がきわめて少ない状況にあるため、準市場メカニズムの定義および導入時点に関する論文は見当たらない。したがって、韓国において準市場メカニズムの導入時点を二〇〇八年とすることは、日本の研究（日本において二〇〇〇年介護保険制度の導入を準市場メカニズムの導入時点として論じている論文）にもとづいて、筆者が想定したことにすぎない。だが、現在の韓国の福祉サービス供給の流れは、日本の現状と非常に類似しているため、さらに韓国の老人長期療養保険制度は日本の介護保険制度をベンチマーキングしたことを鑑みると、今後日韓の福祉サービス準市場を論じるにあたって、日本の歴史のみならず韓国の歴史的な流れについて同時に検討を行うことは、有意義であると考えられる。

以上の観点をふまえて、前章と同じく、第**1**章で検討した準市場の「定義」と第**3**章で検討した準市場の「要素」を手がかりとし、韓国の高齢者ケアサービス歴史の分析を行う。とりわけ、以下の点に着目して論じていく。まず、「財政主体と供給主体の分離」は「いつ」行われたのか。また、準市場の要素としてあげられているものは「いつ」取り入れられたのか。さらに、老人長期療養保険制度は準市場のなかでいかに位置づけられるのかに着目して述べていく。最後に、以上で検討を行った内容を日韓の比較の視点からまとめる。

2　いつ、財政主体と供給主体の分離が行われたのか

(1) 外国の民間援助団体の来韓

日本の支配からの解放後、一九五〇年代末まで韓国社会は全般的な貧困状態に置かれていた。植民地化と戦争の経験は物理的な資源の枯渇のみならず、伝統的なフォーマル・インフォーマルな相互扶助体系の急速な崩壊を招いた。さらに、解放と戦争は、大きな福祉需要を創出した。解放直後、韓国人口の二〇〇〇万人のうち五分の一に当たる四〇〇万人が飢える状態におかれており、朝鮮戦争により約四〇〇万人の避難民と約四六〇万人の戦災民が発生した。しかし、一九四八年に樹立した韓国政府には、その膨大な規模の救護ニーズに対応できる能力がなかったのである（李惠炅 一九九八：五二）。

それにもかかわらず、一九五九年の時点で国全体の福祉施設（当時、「厚生施設」と呼ばれた）の数は六四五カ所であり、量的に相当な数の施設が存在していた。その多くは民間主体によって運営される施設であり、老人福祉施設（養老院）の場合、三七カ所のうち公立施設はわずか一カ所のみで、三六カ所は民間により設置・運営（法人運営二七カ所、個人運営九カ所）されていた（保健社会部 一九五九）。そのような福祉施設の存在は、外国からの多大な援助があったからこそ可能なことであった。戦争の際、韓国の戦災民の救護のために、外国の多様な民間団体がそれぞれの目的を達成するために来韓した。一九五〇年代まで来韓した外国援助団体を国籍別にみると、表5－1の通りである。

一九五三年から一九六〇年まで外国の民間援助団体が韓国に支援した金額は、一億二一〇〇万ドルであり、保健社会部[1]（現在の「保健福祉部」）の予算と比較すると、一九五八年には保健社会部の予算の三六・二％であったも

表5－1　1950年代まで来韓した外国援助団体

団体国籍	宣教目的団体			純粋援助団体	合　計
	プロテスタント	カトリック	その他の宗教		
アメリカ	15	3	11	14	43
イギリス	1			2	3
イタリア		3			3
スイス		1		2	3
ドイツ	1	1			2
アイルランド		2			2
ベルギー		2			2
スウェーデン	1				1
ノルウェー				1	1
カナダ				1	1
国籍不明	1				1
合　計	42			20	62

資料：崔元奎（1996：116、119、120）を参考にして筆者作成。

のが、一九六一年には保健社会部の予算を上回る金額となっていた。この時期の救護において、国家は財政負担においてもサービス供給においても、果たしていた役割は非常に限定的であったのである。

さらに、福祉供給に対する政府の責任に関して、一九四七年アメリカ軍事政府[2]は保健厚生局長への通達「厚生施設の運営強化に関する件」（원제: 후생시설 운영 강화에 관한 건）において「国家財政上、……（省略）……国費補助が難しいため、官民の緊密な協力下で……（省略）……各施設が自給自足できるように推進する」ことを明らかにした（南燦燮 二〇〇五）。以上のことから、韓国政府は財政負担においても、供給においても責任を果たそうとせずに、民間に委譲しようとし、責任を担わなかったことがうかがわれる。

なお、救護事業の需要が急速に増加すると同時に、民間救護施設の数も急増することにより、各社会福祉施設を効率的に指導・監督する行政的な必要性が生じるようになった。そこで、政府が設けられたのが一九五二年四月二一日に社会部長官の命令下で発した「社会事業を目的とする法人の設置許可申請に関する件」（원제: 사회사업을 목적으로 하는 법인 설립허가 신청에 관한 건）である。それによって、福祉施設を運営する場合に、財団法人の登録条件として、その財団法人には基本財産と運営財産をおくようにした。

表5-2　1953―54年に外国援助団体が支援を行った養老院

地域		
ソウル市	ヨンラク、不明2カ所	3カ所
江原道	原州市：ヨンソン	1カ所
忠清南道	大田市：ヨンセン、大田市：ヨンエ、 論山市：ノンサン、公州市：ソンラク	4カ所
慶尚北道	大邱市：ソンノ院、未詳2カ所	3カ所
慶尚南道	釜山市：シンマンエ	1カ所
合　計		12カ所

資料：崔元奎（1996：157）より引用。

また、一九五二年一〇月四日に「厚生施設の運営要綱」（원제: 후생시설 운영요강）を行政機関に長官訓令として通達したが、それが一九六一年の五・一六軍事クーデター[3]までに、政府の福祉施設に対する監督と育成の指針となった。この訓令では、厚生施設を児童保護施設と特殊保護施設、老人保護施設に分け、国家及び地方自治体以外の者が厚生施設を設置するためには、市長の認可を受けることを要件として規定していた。また、施設運営に対する指導・監督に関しても規定していたが、とくに施設運営基準にもとづいて運営することと、市長は業務監査の権限をもっていることを明らかにしていた。その「厚生施設の運営要綱」により、登録制であった厚生施設の設置が許可制に変更され、政府の民間福祉施設に対する統制と指導・監督の権限が強化された（李恵炅　一九九八：五四―五五）。

以上のように、一九五〇年代には政府による財政的な支援が低調であっただけでなく、直接的な施設の運営にも政府は積極的に力を入れなかったのである。その一方では、民間による施設の設置に関する規制を設けることによって、民間施設などを政府の厳しい監督の下に置こうとした。

老人福祉事業において、外国の民間援助団体から援助を受けた施設について述べると、一九五三年から一九五四年にかけて、一二カ所の養老院（利用者数六二三人）が定期的な支援や部分的な支援を受けたのである（表5－2参照）。

儒教思想の影響により、韓国では伝統的な家族主義が強く残っている。そのため、養老院のような老人福祉施設の設置または支援の必要性は児童保護施設の場合に比べるときわめて低かったと考えられる。実際に、日本による統治を受けた一九四三年には全国に九カ所の養老院が設置されていたが（河相洛 一九八九：八三）、大韓民国政府の樹立以降には、一九四九年までに一二カ所と三カ所しか増えていなかった。

また、一九五九年には四一カ所の養老院があったが、その中で一九五三年と一九五四年に外国援助団体が支援した施設が一二カ所であることを考えると、半数の老人福祉施設は外国援助団体の支援により運営されていたとみることができる（崔元奎 一九九六）。

（2）外国援助団体の撤収と社会福祉法人制度の創設

一九六〇年代には依然として多くの外国援助団体が来韓し、韓国の社会事業を発展させた時期であると同時に、韓国の経済が急激な成長を遂げた時期でもある。その影響を受け、一九七〇年前後は外国援助団体の活動において、大きな転換点を迎えた時期となった。

朝鮮戦争が終わった後、一九六〇年代にも四五団体が来韓してきた。彼らの来韓は深刻な貧困問題、戦争孤児の問題解決がきっかけとなったが、一方ではキリスト教等の宣教を目的とする欧米の宣教団体の関心が韓国の状況にマッチングした側面もある。

一九六〇年代に来韓した外国援助団体を国籍別にみると、表5-3のとおりである。四五団体のうち二六団体が宣教団体であり、彼らは、韓国にキリスト教などを宣教することを目的として来韓してきた（崔元奎 一九九六：一六七）。国籍別にみると、アメリカがもっとも多く、その他にドイツ、イタリア、スウェーデン、オーストリア、オーストラリア、日本などがある。

その後、一九七〇年代は外国援助団体の数に減少の傾向がみられる時期であり、外国援助団体連合会（KAVA）(4)

表5-3　1960年代に来韓した外国援助団体

団体国籍	宣教目的団体			純粋援助団体	合　計
	プロテスタント	カトリック	その他の宗教		
アメリカ	8	3	3	11	25
イタリア		4			4
ドイツ		3			3
イギリス			2		2
スウェーデン	1			1	2
オーストラリア	1	1			2
オーストリア				2	2
スイス				1	1
ベルギー				1	1
カナダ				1	1
フランス				1	1
日　本				1	1
合　計	26			19	45

資料：崔元奎（1996：166）を参考にして筆者作成。

表5-4　1970年代に来韓した外国援助団体

団体国籍	宣教目的団体			純粋援助団体	合　計
	プロテスタント	カトリック	その他の宗教		
アメリカ	3	1	1	3	8
ドイツ		2		2	4
イギリス				1	1
イタリア				1	1
オランダ				1	1
オーストラリア			1		1
フランス		1			1
日　本			1		1
合　計	10			8	18

資料：崔元奎（1996：204）を参考にして筆者作成。

の活動は低迷しており、一九七七年には事務局が解体され、最終的には一九九五年五月に自発的に解散した。

表5-4にしたがってみると、一九七〇年代に来韓した外国援助団体は一八団体である。一九六〇年代に比べると、大きな減少の傾向を示していることがわかる。来韓する援助団体が減少するのみならず、韓国内で活発な活動をしていた団体の数も減少していたが、その団体の中で一部は、彼らが行っていた事業を韓国の団体に引き継いで撤

収する場合もあれば，また，後続措置をとらずに撤収した団体もあった。例えば，カナダの「ユニテリアン奉仕会」は「韓国奉仕会」に事業を引き継ぎ，「キリスト教児童福利会」は「韓国福祉財団（韓国子ども財団の前身）」に事業を引き継いだ。また，メノナイト中央財団は「大邱家庭福祉会」に継承された（申ゼミョン・盧ムジ 二〇〇六：一七〇）。

その他に，多くの外国援助団体が撤収した背景に関して，以下のような理由があげられている。(1)アメリカ経済の低迷による外国援助団体に対するアメリカ政府の支援の減少，(2)韓国の経済成長を考慮した援助団体自らの判断，(3)当時，国際的な懸案問題であったアフリカのビアフラ戦争による新たな救護ニーズの発生とそれによる援助対象国の変更，(4)外国援助団体の活動に対する韓国政府の規制強化，などである（崔元奎 一九九六：一二三）。

それにより，韓国の社会事業施設，とくに外国援助団体が集中的に支援を行っていた児童福祉施設の多くは運営上の危機に直面するようになった。それに対して韓国政府は，外国援助団体が担っていた空白を埋めるための支援をやむを得ず引き受けた。児童福祉施設の他にも韓国の民間社会事業施設らは，外国援助団体の撤収による財政上の問題を解決するために，政府による財政支援に依存せざるを得ない状況におかれていた。

さらに，韓国政府の立場からみると，社会保障に関する国家の責任に対して非常に消極的な態度をみせていた。例えば，一九六三年に制定された社会保障に関する法律には「政府は社会保障事業の実施において，国民の自立精神を阻害しないようにしなければならない」（第三条二項）と規定したり，また「社会保障事業は国家の経済的実情を斟酌して順次に法律が定めることによって行う」（第三条三項）としたりすることにより，社会保障に対する責任を最小限にしようとした。このことについて，李恵炅（一九九八）は「韓国は国家の財政支援を最小限にする国家責任最小主義モデルを選んだ」と解釈している。

一方で，外国援助団体に対する管理について，韓国政府は非常に厳しい立場をとっていた。一九六〇年代まで増加する傾向にあったそれらの団体を効率的に管理するために、一九六三年「外国の民間援助団体に関する法律」を制定し、非営利外国援助団体に対して毎年、保健社会部に年間活動報告書を提出するように定めた。

その後、一九七〇年社会福祉事業法の制定とともに、国家は社会福祉に対する責任を規定するようになった。この法律の制定によって、民間組織が運営する社会福祉事業の公共性を確保するために「社会福祉法人制度」がつくられ、社会福祉事業に対する第一次的な責任は国家と地方自治体、社会福祉法人にあることを明らかにした。社会福祉法人は社会福祉事業法に基づいて設立された特別法人としての性格をもつ。社会福祉法人が一般の公益法人と異なる点は、国家からの公費補助を受けることができ、国家による福祉措置委託に対する委託義務があることである。また、国家の監督下にありつつ、同時に福祉事業を行う財政の確保のために収益事業をすることができる（李惠炅 一九九八：六〇）。

以上から、韓国の社会福祉供給の歴史をみると、社会福祉事業法が制定された一九七〇年代にすでに福祉に対する国家の責任を強調しながらも、社会福祉法人を創設することによりサービスの直接的な供給は民間に移譲し、その代わりに財政的な支援を強化したとまとめることができる。現在、韓国の社会福祉供給においてもっとも大きな部分を占めている「民間委託」は、その当時から社会福祉法人制度を通して位置づけられており、その傾向は未だに続いている(5)。

次に、社会福祉における財政負担の側面からの変化について検討してみよう。表5-5は、保健社会部の予算（韓国政府の負担額）と外国援助団体の導入額を比較したものである。

一九五八年から一九九一年までのなかで、外国援助団体による導入額が保健社会部の総予算とほとんど同じであるか、むしろ多かった年度が一〇回（一九六一―六六、一九七〇、一九七二―七四）となっており、一九六一年と一九六四年には外国援助団体の導入額が保健社会部予算の約二倍に及んでいる。保健社会部予算に比べて、外国援

表5-5　保健社会部の予算と外国援助団体による導入額の比較

（単位：100万ウォン、％）

	保健社会部の予算（A）	外国援助団体の導入額（B）	(B/A)＊100
1958	1,098	398	36.2
59	1,284	358	27.9
60	1,514	248	16.4
61	950	2,055	216.3
62	2,021	2,147	106.2
63	2,117	2,640	124.7
64	2,722	5,470	201.0
65	3,168	5,256	165.9
66	4,342	5,193	119.6
67	5,394	4,127	76.5
68	8,198	3,195	39.0
69	10,536	6,937	65.8
70	8,590	9,083	105.7
71	13,304	9,603	72.2
72	11,003	10,993	99.9
73	10,341	11,361	109.9
74	10,382	15,116	145.6
75	42,698	14,822	34.7
80	176,957	25,912	14.6
81	188,717	29,904	15.8
82	248,483	31,475	12.7
83	299,481	36,579	12.2
84	306,125	31,382	10.3
85	352,431	35,712	10.1
86	352,431	26,921	7.6
87	532,376	29,837	5.6
88	764,603	30,876	4.0
89	928,241	21,735	2.3
90	1,188,566	23,460	2.0
91	1,522,203	30,968	2.0

資料：崔元奎（1996：74）より引用。

助団体の導入額の割合は、外国援助団体の撤収、保健社会部予算額の増加などにより、一九七〇年代半ばから減少し、一九八〇年代後半には二％前後まで減少した（崔元奎 一九九六：七四）。

一九五八年から外国援助団体の導入額が急減した一九七四年までの数値を、保健社会部予算と比較してみると図5-1の通りである。一九五八年から一九六〇年までは、保健社会部予算の方が高かったが、本格的に外国援助団体が来韓した一九六一年からその額が逆転し、一九六六年まで外国援助団体の支出額が保健社会部予算と同程度になっていた。その後一九七〇年代半ばまで、その額は上回ったり下回ったりしていたが、一九七五年保健社会部予

図5－1　保健社会部の予算と外国援助団体による導入額の比較（1958-74年）

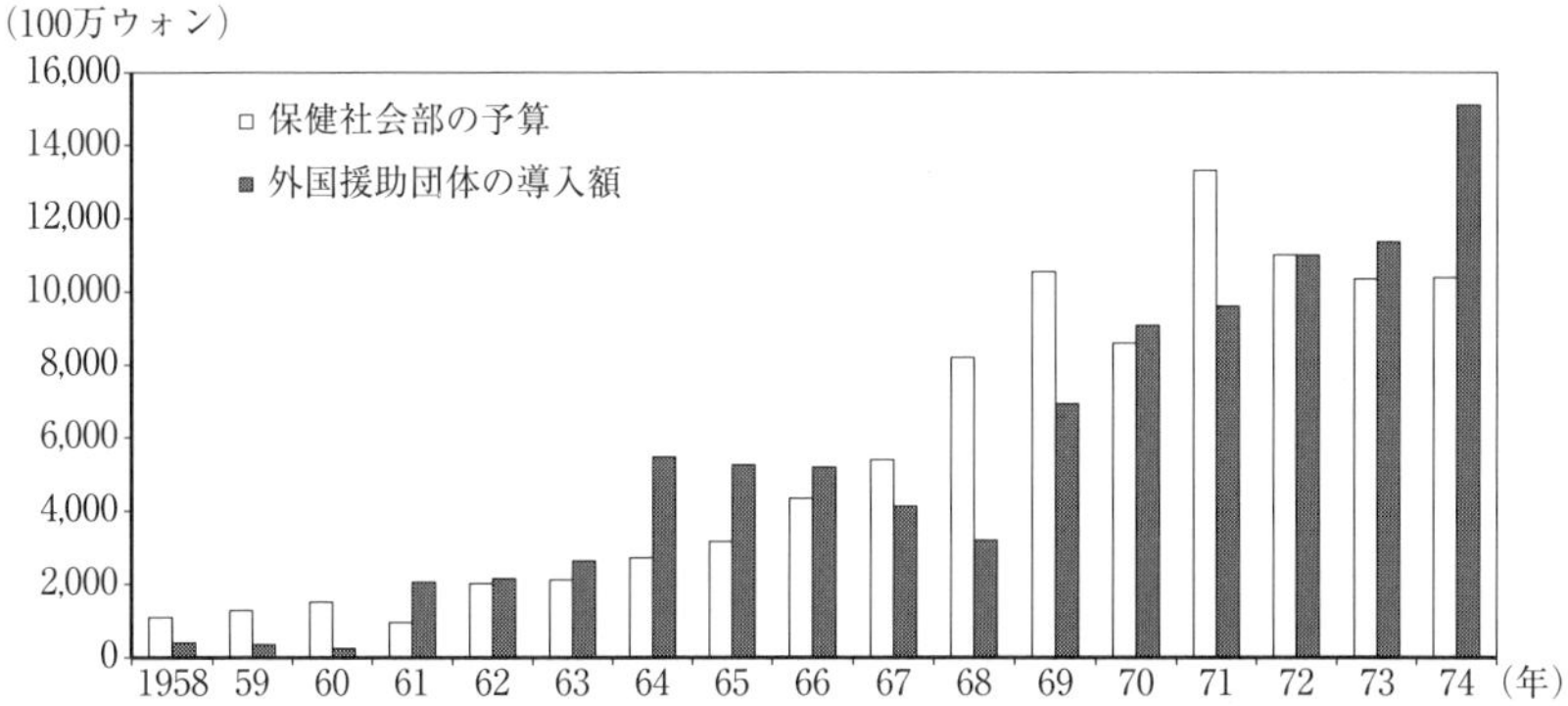

資料：表5－5にもとづいて筆者作成。

算の急増により外国援助団体の支出割合は急激に減少した。その後も保健社会部の予算はますます増加しており、そのことは外国援助団体の支援減少を埋めるための政府の対策であったと考えられる（一九七五年以降については、図5－2を参照）。

以上の観点からみれば、一九六一年から一九七四年までを外国援助団体による支援がもっとも大きかった時期としてみることができる。その時期における社会福祉サービスの財政負担と供給主体の関係について述べると、財政負担とサービスの供給の両方とも民間部門が担ってきたといえる。なぜならば、戦後韓国政府が自立することが難しい状況下で、外国援助団体の支援を受けて財源を調達し、供給においても彼らにより運営されていた施設が大部分を占めていたためである。そこで、一九七〇年代半ばまでは、財政と供給の分離が行われなかったことはもちろん、韓国政府の役割が大きくなかった時期であると特徴づけることができる。

（3）本格的な財政主体と供給主体の分離政策

一九七〇年代後半に入ると、福祉関連法律の多くが制定・改正された時期であり、福祉サービス供給体系に大きな改革が行われる。とくに、社会福祉サービスにおいて民間財源の確保のための対策として一

図5－2　保健社会部の予算と外国援助団体による導入額の比較（1975-91年）

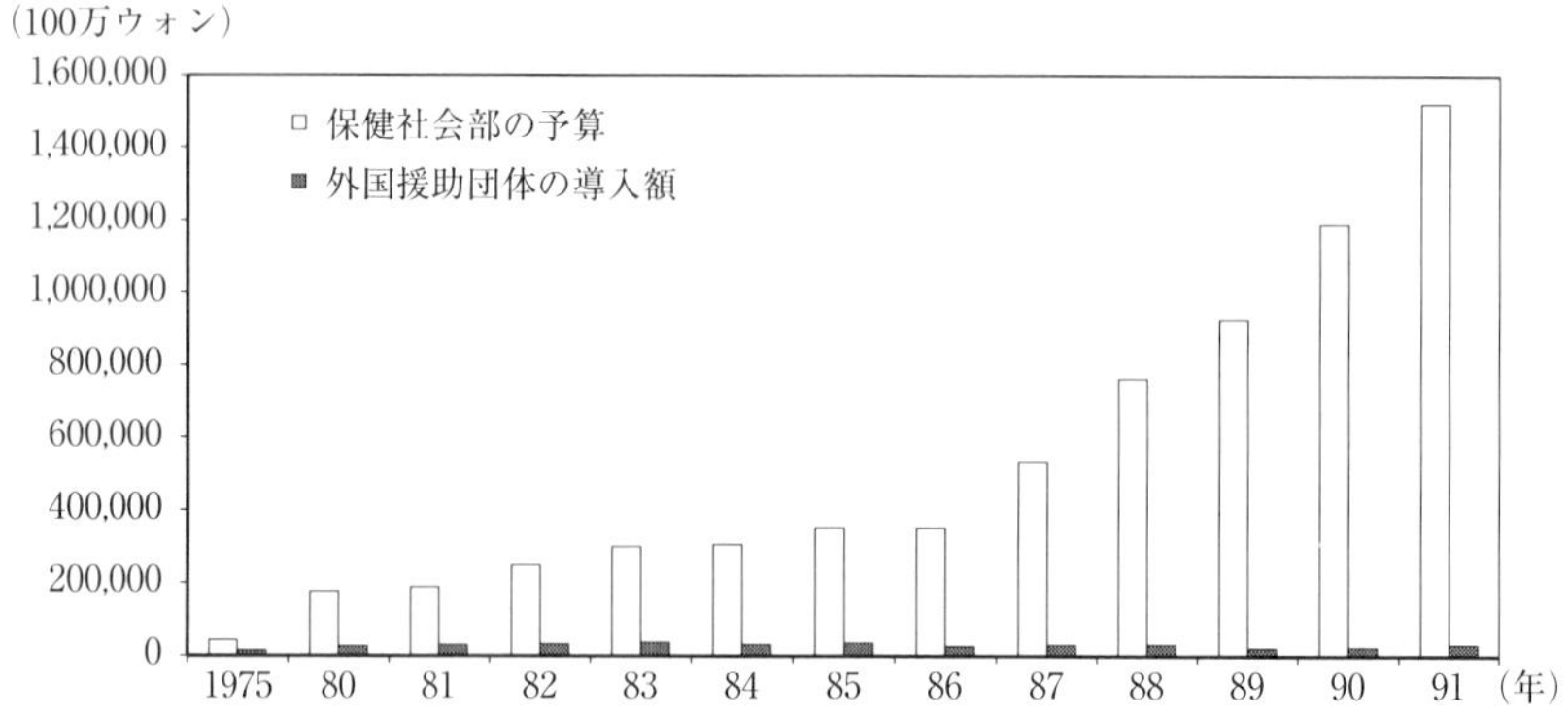

資料：表5－5にもとづいて筆者作成。

九八〇年一二月三一日に社会福祉事業基金法が制定され、一九八一年に心身障害者福祉法と老人福祉法の制定、一九八二年に生活保護法の改正、一九八三年に社会福祉事業法が、一九九一年には児童福祉法が改正されることにより福祉五法が確立され、社会福祉サービスが法律にもとづいて整備されることとなった。

一九八三年に社会福祉法が改正されることにより、はじめて法律に「社会福祉に対する国家の責任」が明示された。しかし依然として、社会福祉法人制度を通じて民間部門の施設運営への参入を促進していたことはもちろんのこと、社会福祉事業に対する民間部門（社会福祉法人）の財政的な責任もさらに強化した。したがって、社会福祉に対する国家の責任が法律に明示されていたことに反して、民間供給主体である社会福祉法人が福祉サービスの供給に加え、一部の財政的な責任ももたなければならないという二重の責任を担わされていたのである（文洵榮 二〇〇五：九七）。

一方で、一九七五年を基点として外国援助団体が支援を終了することにより、とくに財政的な支援を援助団体に依存してきた福祉施設は大きなダメージを受け、政府の対応が必要になった。図5－2より、外国援助団体の予算が占めている割合はますます減少している反面、一九八〇年から韓国政府の予算の割合が急激に増加していることがわ

図５－３　社会福祉館における運営主体別の増加推移

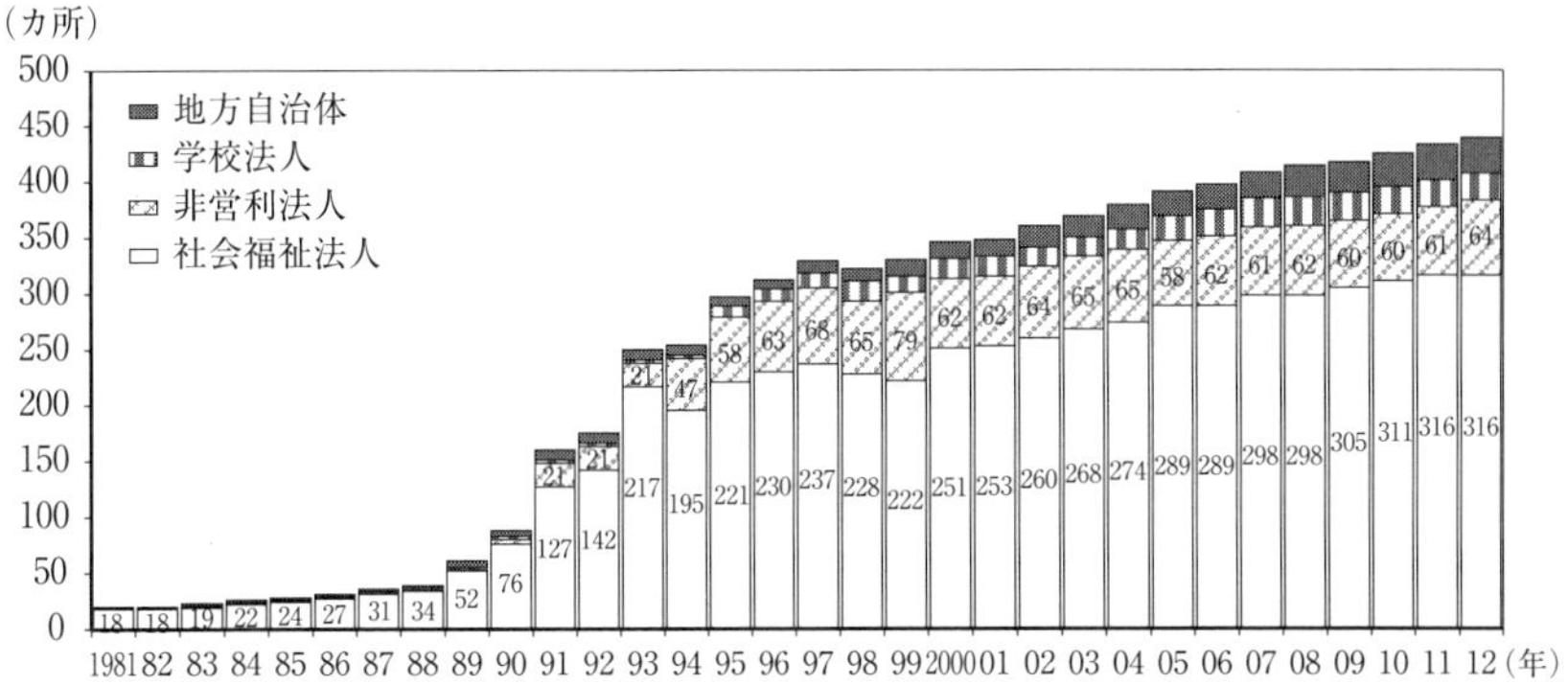

資料：保健社会部（1981-94）『保健社会統計年報』、保健福祉部（1995-2012）『保健福祉統計年報』より筆者作成。

かる。一九七五年から一九九一年までのなかで、すべての年において保健社会部の予算が外国援助団体の予算を上回っており、とくに一九九一年には総額の九八％が保健社会部の予算により賄われ、財政的に外国の支援なしに自立できるようになったといえる。

外国援助団体の補助を受けていた部分を韓国政府が埋めざるを得ない状況のなかで、政府予算の増額には限界があったため、その対策の一つとして施設保護から脱施設化を推進する政策が行われた。例えば、政府の予算を節減するために、児童系の入所施設数を減らし、その代わりに里親事業や養子縁組事業を積極的に推進した。外国援助団体の撤収は、それまでの「施設中心」の韓国の社会福祉サービスにおいて、脱施設化が進みサービスが多元化されるきっかけとなった。

それとともに、地域福祉と在宅サービスが強調され、その一環として社会福祉館の増設・拡大が行われた（李惠炅 一九九八：六二）。とくに、社会福祉館の場合には一九五〇年代以降に、外国からの宣教師や外国援助団体が運営するものが多かったが、外国援助団体の支援が中断されることにより財政的に苦しんでいたため、韓国政府は一九八三年社会福祉事業法の改正と一九八九年保健社会部訓令で「社会福祉館の設置規定」を策定し、社会福祉館の事業を積極的に推進することになった。

したがって、一九七〇年代後半からは、外国援助団体に頼らない国内の資源による社会福祉サービスのアイデンティティが徐々に形成され始めた時期ともいえる。韓国政府が外国援助団体から財政的に自立して、国内の予算の増加を通じて自立度を高めていたことは図5－2からもうかがわれる。

なお、図5－3は一九八一年から二〇一二年までの社会福祉館における運営主体別の増加推移を示したものである。政府の脱施設化政策の影響により、社会福祉館の数は著しい成長を遂げてきており、とくに一九八〇年代後半から一九九〇年代半ばまで急激に増加したことがわかる。また、一九八一年に二〇カ所の社会福祉館が設置されていたが、そのなかで一八カ所は社会福祉法人により運営されていた。その後においても、社会福祉館全体の中で八〇―九〇%以上は社会福祉法人により運営されており、そのことは、歴史的に福祉サービスの供給において、公共部門より民間部門が果たしていた役割が大きかったことを端的に示している一例であると考えられる。

以上のように、一九七〇年代半ばから外国民間援助団体が次々と撤収することによって、財政負担とサービス供給の両方において、政府の積極的な対応が必要になってきた。そこで、政府はサービス供給の役割は民間組織、とくに社会福祉法人に委譲しながらも、運営補助金を支給するなど、財政主体と供給主体の分離が行われているなかで、政府の役割を強化してきた。

そのような歴史的事実は、老人長期療養保険制度が導入される以前から財政主体と供給主体が分離されていたことを裏づけることであり、日本と同様に、老人長期療養保険制度が施行された二〇〇八年の時点で、財政主体と供給主体の分離によって準市場メカニズムが導入されたとはいえない根拠ともなる。

それによって、同制度が導入される以前に、他の準市場の要素も部分的ではあるが、すでに存在していた可能性がある。以下では、主に高齢者を対象とした福祉サービスを中心として、歴史のなかにおける準市場の要素を明らかにする。

3　いつ、準市場メカニズムの要素が取り入れられたのか

(1) 国家役割の整備と準市場メカニズムの要素――準市場の「形成」

高齢者ケアサービスの供給において、法律下で体系的に行われるようになったのは、一九八一年に老人福祉法が制定されてからである。それ以前には、老人福祉施設としては養老院しかなかったが、同法の制定によって、養老施設、老人療養施設、有料養老施設、老人福祉会館の四つの施設が規定されるようになった。そのうち有料養老施設は、同法第一三条の老人福祉施設の規定において「高齢者を入所させ、給食・治療・その他の日常生活に必要な便宜を提供し、それに必要な一切の費用を入所者に徴収して運営する施設」と規定し、現在の準市場の要素の一つである利用者負担（準市場の「市場」の要素）を設けており、措置によらない施設（準市場の「市場」の要素）として位置づけられていた。

しかしながら、有料養老施設を含むすべての老人福祉施設の設置主体を「社会福祉法人とその他の非営利法人は、ソウル特別市長・直轄市長または道知事の許可を得て、老人福祉施設を設置することができる」（一九八一年老人福祉法、第一四条）と規定し、営利追求は不可能であることを明記していた。

以上のことから、一九八一年の老人福祉法の制定によって、利用者の利用料負担と契約による入所という準市場の要素が登場した点から、準市場メカニズムが「形成」したとも解釈できる。しかし、現在のような完全な準市場メカニズムが登場したとはいい難い。なぜなら、一部の施設において利用者の利用料負担を求めていたり、措置によらない施設があったりしたとはいえ、基本的にすべての施設は営利追求が不可能であったためである。そのよう

な流れに画期的な変化が起こったのは、一九八九年と一九九三年に改正された老人福祉法の実施からである。

(2) 民間資源の積極的な活用と未申告社会福祉施設の存在——準市場の「拡大」

一九八九年に老人福祉法が改正され、実費養老施設、実費老人療養施設、有料老人療養施設、老人福祉住宅が追加され、また、一九九三年の改正においては、実費老人福祉住宅の追加とともに、第一九条二項において「有料老人福祉施設」(有料養老施設、有料老人療養施設、有料老人福祉住宅) を明示することにより、幅広い施設が制度化されることになった。

もっとも特徴的な点の一つは、在宅福祉事業と有料老人福祉施設の運営主体において、個人や民間企業などの営利主体も行政の許可を得たうえでの運営を認められるようになった (準市場の「市場」の要素) ことである。

さらに一九九七年の社会福祉事業法の改正で、福祉施設の運営を許可制から申告制に変更し、福祉サービスの供給者として民間部門が参入しやすくなるように参入基準を緩和する改革が行われた。また、これまで法律に明示されていなかった「民間委託」が社会福祉事業法の第三四条の第一項において「国家または地方自治体が設置した施設は必要に応じて、社会福祉法人または非営利法人に委託して運営させることができる」と規定されるようになった。つまり、それ以前の老人福祉法に比べて、個人や民間企業が参入することができる範囲が大幅に拡大されたのである。

しかしながら、一九九三年に改正された老人福祉法において、有料養老施設、有料老人療養施設、実費老人福祉住宅、有料老人福祉住宅以外の施設については、同法第八条「相談・入所等の措置」において入所措置を行うことを明記しており、自由契約ではなく、行政措置によって入所させた (準市場の「準」の要素) ことを示している。

さらに、この時期の社会福祉供給体系において注目すべきことは、「未申告社会福祉施設」の存在である。未申

表5－6　社会福祉施設数と未申告社会福祉施設数の比較

（単位：カ所）

	2001年	2002年	2003年
社会福祉事業法上の「社会福祉施設」	933	945	1,021
「未申告社会福祉施設」	1,008	1,044	1,096

資料：保健福祉部（2001-03）『保健福祉統計年報』より作成。

告社会福祉施設は一九九七年の社会福祉事業法の改正により、社会福祉施設の設置・運営が申告制に転換される以前には「未認可社会福祉施設」または「無許可施設」として通用していた。未申告社会福祉施設とは、入所者に福祉サービスを提供することを目的として設置された福祉施設ではあるが、国家または地方自治体に申告せず、インフォーマルに運営することにより制度の枠組みから外れている施設のことを指す（金ミスク 二〇〇一：一二）。

未申告社会福祉施設が登場した背景は、韓国の特殊な福祉環境に起因している（文洵榮 二〇〇五：八四）。朝鮮戦争以降、民間社会福祉施設が乱立することにより、政府から厚生施設に関する基準が打ち出されたが、その結果が一九七〇年代の社会福祉事業法における社会福祉施設の認可基準に反映されるようになった。

そもそも社会福祉施設を設置・運営するためには、公益自治体長（道・市知事）から社会福祉法人または非営利法人の許可を得た後、基礎自治体長（市長）から施設を設置・運営できる許可を得る必要がある。さらに、保健福祉部令が定めている社会福祉施設の設置基準を充たさなければならない。

そのような施設の設置・運営を目的とする法人は、施設の種類別に事業を行うことができる一定の規模以上の基本財産をもつ必要がある。施設のみならず、社会福祉事業を支援することを目的とする法人の場合でも、運営経費の全額を賄うことができる程度の財産をもつ必要がある（一九九七年以前の社会福祉事業法の施行規則第一二条）。未申告社会福祉施設は、以上のような条件が揃っていないために行政からの許可を得ることができず、未申告の状態で施設運営をせざるを得ない状況から生じたケースが多い。

さらに、二〇〇一年から二〇〇三年までの未申告社会福祉施設の数と、社会福祉事業法上の「社会福祉施設」の数を比較してみると、未申告社会福祉施設の数が多くなっている（表5－6参照）。また当然ながら、未申告社会福祉施設の設置主体は民間である。そのことを鑑みると、未申告社会福祉施設の存在は、「韓国の社会福祉サービスの供給体系において民間部門の役割がもう一つの別の側面においても大きかった」ことを示しているものと考えられる。

4　老人長期療養保険は準市場のなかでいかに位置づけられるのか

前述のとおり、国内の自力のみでサービスの供給が可能となった一九七〇年代半ばから二〇〇〇年代初めごろまでの福祉サービス供給において、もっとも典型的な運営主体は社会福祉法人であった。しかし、二〇〇八年老人長期療養保険制度の導入後、個人運営の施設・事業所が顕著に増加した。さらに日本と異なり、韓国は施設介護サービスにおいても個人や営利法人などの多様な供給主体の参入を認めている。

法律から説明すれば、日本の介護保険法においては、第七〇条「指定居宅サービス事業者の指定」と第七九条「指定居宅介護支援事業者の指定」などにおいて「申請者が都道府県の条例で定める者でないとき」には指定を禁止している。さらに各都道府県の条例では、「法第七〇条第二項第一号の条例で定める者は、法人とする」と規定している。つまり個人単位の事業所運営は不可能であるということである。しかし、韓国の老人長期療養保険法をみると、第三一条「長期療養機関の指定」、第三二条「居宅長期療養機関の設置」条項において設置関連基準を定めているが、日本のように、申請者が法人でないときには指定をしてはならないという内容は規定されていない。つまり、法人格をもたない個人も居宅サービスの事業所および施設を運営することができるということである。そ

表5-7　老人長期療養施設・事業所の運営主体別構成割合の変化（2012年）

（単位：カ所、%）

		居宅介護サービス						施設介護サービス		
		訪問療養	訪問入浴	訪問看護	昼夜間保護	短期保護	福祉用具貸与	老人療養施設	老人専門療養施設	老人療養共同生活家庭
全体数		8,500	7,028	626	1,331	257	1,498	2,219	369	1,739
割合	地方自治団体	0.4	0.2	0.8	6.6	1.9	0.0	2.6	8.7	0.5
	法　人	18.4	16.1	21.7	56.4	30.8	13.3	41.7	72.4	13.9
	個　人	80.6	83.1	76.7	36.1	66.9	86.4	55.4	18.7	85.3
	その他	0.6	0.6	0.8	0.9	0.4	0.3	0.3	0.2	0.3
合　計		100.0	100.0	100.0	100.0	100.0	100.0	100.0	100.0	100.0

資料：保健福祉部（2012）『長期療養保険統計年報』より筆者作成。

の点が日本と韓国のケアサービス準市場システムの大きな違いである。

表5－7は、韓国の老人長期療養保険制度上のサービスにおいて、各主体別の運営割合を示したものである。それによれば、昼夜間保護と老人専門療養施設を除いたすべてのサービスにおいて、個人運営の割合が圧倒的に高い（五五・四―八六・四％）。昼夜間保護と老人専門療養施設においては、法人が占めている割合が五六・四％、七二・四％でもっとも高くなっているが、それには、社会福祉法人や医療法人、営利法人などの多様な性格をもつ諸法人が含まれており、日本のように営利法人と非営利法人が占めている割合に関しては、情報を得ることができない。

いずれにしても、公共部門（地方自治団体）による運営割合は各サービスにおいて〇・〇％から八・七％であり、民間部門による運営割合と比較すれば、きわめて低いことがわかる。

韓国の場合、社会福祉の歴史上、サービスの供給において、政府や地方自治体などの公共部門が社会福祉法人や非営利法人などの民間部門より高い割合を占めていた時代はなかった。言い換えれば、福祉サービスの直接的な供給は常に民間部門により行われてきており、日本と同じく老人長期療養保険制度の導入を「財政と供給が分離」された時点としてとらえるには無理があるということである。

老人長期療養保険制度の施行以前から財政主体と供給主体が分離されて

いたとすれば、老人長期療養保険制度の導入が準市場メカニズムの観点のなかでもつ意味は何であろうか。それは、サービスの供給主体として個人や営利法人の参入など多様な供給主体の参入が拡大されたということであり、とくに「個人運営」が大幅に拡大されることにより福祉サービス供給形態において非常に大きな変化をもたらしたことであろう。以上の点から日本と同様に「準市場の全面的な定着」が行われたと意味づけることができる。

5　準市場の要素による韓国歴史の時期区分

一九五〇年代から現在に至るまでの社会福祉サービス供給における歴史を準市場の観点からまとめると、以下の表5－8の通りである。

日本と同じく、多様な準市場の要素のうち、入所方式（措置方式あるいは利用者と事業者との契約方式）、事業者の営利追求の可否、サービスの利用に対する利用者の負担有無の三つの要素に従って表5－8を参照しながら、いかなる部分において準市場の要素があったのかに焦点を当てて述べたい。

韓国の社会福祉供給の歴史において、外国援助団体の影響は非常に大きかった。朝鮮戦争後、国全体が貧困状態に置かれたとき、外国から民間援助団体が来韓して救護事業を行った。彼らは主に一九五〇年代から七〇年代まで救護事業を行っており、その後、撤収することにより、多くの施設は財政上の問題に直面した。その空白を埋めるために、韓国政府は本格的に福祉事業に取り組むことになった。

一九六二年に生活保護法の制定とともに、福祉サービスの供給が法律の下で行われるようになったが、社会福祉に対する国の責任は非常に消極的なものであった。その後、一九七〇年に社会福祉事業法を制定するなど、問題の解決に積極的に乗り出そうとしていたが、国の責任を法律で規定するまでには至らなかった。一方では社会福祉法

表5-8　準市場の観点からみた韓国の社会福祉供給の歴史

年度	法律の制定・改正	準市場の要素						準市場のなかでの位置づけ
		入所方式		利益追求可否		利用者の利用料負担		
		措置	契約	非営利	営利	無	有	
1962	生活保護法	養老院	−	養老院	−	養老院	−	財政と供給の分離
1970	社会福祉事業法							
1981	老人福祉法制定	養老 老人療養	有料養老	養老 老人療養 有料養老	−	養老 老人療養	有料養老	準市場の「形成」
1989	老人福祉法改正	養老 老人療養 実費養老 実費療養	有料養老 有料療養 福祉住宅	養老 老人療養 実費養老 実費療養 有料養老 有料療養 福祉住宅	−	養老 老人療養	実費養老 実費療養 有料養老 有料療養 福祉住宅	準市場の「拡大」
1993	老人福祉法改正	養老 老人療養 実費養老 実費療養	実費住宅 有料養老 有料療養 有料住宅	養老 老人療養 実費養老 実費療養 実費住宅	有料養老 有料療養 有料住宅	養老 老人療養	実費養老 実費療養 実費住宅 有料養老 有料療養 有料住宅	
2008	老人長期療養保険の施行	養老 生活家庭	長期療養保険適用施設	養老 生活家庭	長期療養保険適用施設	養老 生活家庭	長期療養保険適用施設	準市場の全面的な定着

注：1）養老：養老施設、実費養老：実費養老施設、有料養老：有料養老施設、老人療養：老人療養施設、実費療養：実費老人療養施設、有料療養：有料老人療養施設、福祉住宅：老人福祉住宅、実費住宅：実費老人福祉住宅、有料住宅：有料老人福祉住宅、生活家庭：老人共同生活家庭。

2）老人福祉法に老人福祉施設として上記の施設以外に「老人福祉会館」が規定されている。しかし、それは入所施設ではなく、高齢者の健康増進や教養などの福祉向上を目的として自由に通う施設である。したがって、以上の分析枠組みではとらえきれない側面が多いため、分析対象外とした。

資料：筆者作成。

人制度を創設して、民間が福祉サービスを提供し政府（公）が財政を支援するシステムを構築した。これらのことから、韓国の社会福祉供給体系において、財政主体と供給主体が分離された歴史的経験は、最近のことではなく一九七〇年代に行われたこととして理解することができる。

次に、一九八一年老人福祉法の制定により、老人福祉施設は養老施設、老人療養施設、有料養老施設に区分された。それらの施設の設置主体としては国・地方自治体・社会福祉法人が定められていた。つまり、この時期の福祉事業はすべて非営利事業であった。

ただし、有料養老施設は措置によらない施設として位置づけられており、サービス利用にかかわる一切の費用負担を利用者に求めていた。

また、この時期の公私の関係をみると、一九八三年の社会福祉事業法の改正で「社会福祉に対する国家の責任」が初めて法律に明示されるようになったが、依然として、社会福祉法人によるサービスの提供方式が主流となっていた。そのことから、一九八〇年代に量的には非常に少なかったが、構造的には準市場メカニズムの要素が「形成」されていたといえるのではないかと考えられる(6)。

さらに、一九九三年の老人福祉法の改正において、在宅福祉事業と有料老人福祉施設の運営を営利組織に認める規定が設けられた。同時に老人福祉施設の種類も増加した時期である。一九九七年には、社会福祉事業法の改正で、施設の運営を許可制から申告制に転換することにより、多くの民間部門の参入を奨励する改革が行われた。この点から日本と同じく、非常に根強い民間福祉サービス供給体系の基盤にありながらも、民間資源活用の拡大をしようとする声も同時に存在していたといえる。それらのことを総合してみると、一九九〇年代には準市場メカニズムの要素がある程度「拡大」された時期と評価することができる。

最後に、二〇〇八年老人長期療養保険制度の導入により、大部分のサービスは準市場メカニズムにより提供されるようになった。利用者と事業者との契約により利用が行われ、介護サービスの種類を問わず営利追求が可能である。また、利用したサービスに対して一・五割の利用者負担（施設サービスの場合二割）が発生する。それだけではなく、供給機関間に競争機能が働くようになり、利用者にはサービスの選択権が与えられるようになった。以上のことから、二〇〇八年は準市場メカニズムが全面的に定着するようになった時期としてとらえることができる。

6　準市場の観点からみた社会福祉供給歴史の日韓比較

第4章と本章において、日本と韓国の高齢者福祉サービス供給体系の歴史を公私の役割分担に着目して検討を行ったが、表5-9を参照しながら両国の歴史上の経験を述べる。

まず、日本は一九五一年、韓国は一九七〇年にそれぞれの社会福祉事業法の制定とともに社会福祉法人制度が創設された。それにより、政府（公共部門）が直接サービスを提供せずに、民間部門である社会福祉法人が供給を担当し、その費用を政府が賄う独特な仕組みを制度化した。ただし、法人創設の背景には多少の違いがみられる。日本の場合、民間の福祉事業に対して財政的な支援を行うために、公の支配に属する民間組織として創られたが、韓国の場合は、撤収した外国援助団体の空白を政府自ら埋めることができず、サービスの供給に民間の資源を活用しようとする意図から導入した。しかし、いずれにしても、政府が財政的な支援を行うために社会福祉事業法にもとづいて社会福祉法人を創設したのは同様である。したがって、両国において社会福祉法人は福祉事業の公共性を確保することを目的として設立された特別法人の資格をもつ。以上の背景をふまえ、社会福祉法人が創設されたこと（日本：一九五一年、韓国：一九七〇年）が財政主体と供給主体を分離させるきっかけとなったことが日韓の類似点の一つといえる。

次に、準市場の要素についての歴史的な流れをみると、両国とも社会福祉法人制度の創設当時には、施設の設置主体として行政と社会福祉法人にのみ限定されていたが、その後、法律の制定・改正を経て、他の非営利法人にも開放する方向へ転換するようになった（日本：一九六三年老人福祉法の制定、韓国：一九八一年老人福祉法の制定）。また、事業者と利用者との利用契約によるサービスが導入され、利用者に利用料を徴収することもあった

	韓　国	準市場の要素	高齢者福祉関連施設
1952	社会部長官訓令「厚生施設運営要綱」通達		
1962	生活保護法の制定		(措)養老院
1970	社会福祉事業法の制定 社会福祉法人制度の創設	財政と供給の分離法制化	財政と供給の分離
1981	老人福祉法の制定		(措)養老施設　形　成
1983	社会福祉事業法の改正	社会福祉に対する国の責任明示	(措)老人療養施設 (契)有料養老施設
1993	老人福祉法の改正	在宅福祉事業と有料老人福祉施設等の運営を個人と企業にも認める。	(措)養老施設　拡　大 (措)実費養老施設 (契)有料養老施設 (措)老人療養施設
1997	社会福祉事業法の改正 設置主体：個人、営利法人などの参入可能。 事業者と利用者の自由契約、利用者負担分	施設運営：許可制→申告制 民間部門の参入を奨励。施設の委託運営の明示。 措置制度によらない施設：有料養老施設、有料老人療養施設、有料老人福祉住宅、実費老人福祉住宅	(措)実費老人療養施設 (契)契有料老人療養施設 (措)実費老人福祉住宅 (契)有料老人福祉住宅
2008	老人長期療養保険制度の施行	個人、営利法人による施設、事業所の大幅な増加 大部分のサービスに準市場原理導入	全面的な定着 (措)養老施設 (措)老人共同生活家庭 (契)長期療養保険適用諸施設 (契)長期療養保険適用諸居宅サービス事業所

表5-9　準市場の観点からみた日韓の社会福祉供給の歴史比較

高齢者福祉関連施設	準市場の要素	日　本	
養老院(措)		社会事業法の制定	1938
		新生活保護法の制定	1950
〔財政と供給の分離〕 養老施設(措)	社会福祉に対する国の責任明示⇒財政と供給の分離法制化	社会福祉事業法の制定 社会福祉法人制度の創設	1951
〔形　成〕 養護老人ホーム(措) 特別養護老人ホーム(措) 軽費老人ホーム(契)	措置制度によらない施設：軽費老人ホーム 〔設置主体：行政・社会福祉法人・その他の者〕	老人福祉法の制定	1963
〔拡　大〕 有料老人ホーム(契)		有料老人ホームに対する国家の指導	1974
	〔事業者と利用者の自由契約、利用者負担分〕	シルバーサービス振興会の発足	1985
老人保健施設(契)	措置制度によらない施設：老人保健施設、ケアハウス	老人保健法の改正	1986
ケアハウス(契)		ゴールドプランの策定	1989
デイサービス(措) ショートステイ(措)	在宅福祉サービス追加	老人福祉法の改正	1990
〔全面的な定着〕 養護老人ホーム(措) 介護保険適用諸施設(契) 介護保険適用諸居宅サービス事業所(契)	営利法人、NPO、医療法人など多様な主体の参入を認める。 〔大部分のサービスに準市場原理導入〕 措置制度による施設：養護老人ホーム	公的介護保険制度の施行	2000

注：(措)—措置制度による施設、(契)—利用者と事業者の自由契約による施設。
資料：筆者作成。

（日本：一九六三年軽費老人ホーム、韓国：一九八一年有料養老施設）。その後、ますます民間部門の参入を奨励する政策が行われた（日本：一九八〇─九〇年代、韓国：一九九〇年代）。この時期に福祉供給主体として営利法人の参入が認められたが、その範囲は非常に限定的であった（日本：一九七四年有料老人ホーム、韓国：一九九三年有料養老施設、有料老人療養施設、有料老人福祉住宅）。営利組織の参入が本格的に行われたのは、介護保険制度の施行後といえるであろう（日本：二〇〇〇年、韓国：二〇〇八年）。

つまり、介護保険制度（韓国は、老人長期療養保険制度）の施行とともに、準市場メカニズムが完全に定着し、実質的に機能するようになったのである。ただし、韓国はすべての介護サービスへ営利組織の参入を認めていることに対して、日本の場合、社会福祉サービスの公共性を維持するために、施設サービスに対する営利組織の参入は認めていない。

前述のとおり、福祉サービスの供給に市場メカニズムを導入しながらも、福祉サービス本来の性格を保つための国家の規制もそのまま存在する体制であることこそ「準市場」といえる。その観点から、福祉サービスの供給をどの程度市場に開放しているのか、言い換えれば、どの程度国家の規制が存在するのかについて、日本と韓国の全般的な福祉政策の流れを比較してみると、韓国の方が日本より市場開放度が高く、国家規制も緩和しているようにみられる。

例えば、福祉供給に営利組織の参入をいつ認めたかについて比較してみると、日本は二〇〇〇年介護保険制度の施行をきっかけとして大幅に認めるようになった。介護保険制度の以前には、主に有料老人ホームなどきわめて一部のサービスに限って認めたが、それも老人福祉法上の施設ではなかった。しかし、韓国の場合、一九九三年老人福祉法の改正を通じて、老人福祉法上に規定されている施設（有料養老施設、有料老人療養施設、有料老人福祉住宅）にも個人・企業の参入を認めたのである。また前述のとおり、現在の日本の介護保険制度においては、居宅介護サービスの事業所にのみ営利組織の参入を認めているが、韓国の老人長期療養保険制度では、すべてのサービスに営利組織の参入を認めている点からも同じことがいえるだろう。

以上の歴史検討を通じて、日韓両国とも「財政主体と供給主体が分離された時点」と「公的介護保険制度が施行された時点」、そして「準市場の要素が導入された時点」の間に時間差があることを明らかにした。

注

（1）一九五〇年代に福祉業務を担当していた国家行政機関は、「保健社会部」であったが、それは一九五五年からの名称である。アメリカ軍事政府の時代には「保健厚生部」→一九四八年の大韓民国政府の樹立時に「社会部」に変更→一九四九年三月に「保健部」と「社会部」に分離→一九五五年二月に「保健部」と「社会部」が統合され、「保健社会部」に変更された。

（2）アメリカ軍事政府（United States Army Military Government in Korea：USAMGIK）は、一九四五年八月一五日に日本が連合国に降伏することにより、韓国に来韓したアメリカ軍が一九四五年九月から、大韓民国政府が樹立された一九四八年八月一五日まで、三年間三八度線の南の地域で行った軍事統治のことを指す。

（3）五・一六軍事クーデターは、後の韓国大統領で当時少将（第二野戦軍副司令官）であった朴正熙や張都暎などが軍事革命委員会の名の下で起こした軍事クーデターのことである。

（4）一九五二年に外国の民間援助団体は韓国政府・国際連合・アメリカ政府機関が共同して韓国の問題に対応するために、「外国民間機関韓国連合会」（the Korea Association of Voluntary Agencies, KAVA）を結成した。

（5）ただし、その時期に「民間委託」が主なサービス提供方式ではあったが、それらの民間組織に対する財政補助基準は法律には明示されていなかった。その後、一九九七年に改正された「社会福祉事業法」第三四条の第一項において明示されるようになった。

（6）有料養老施設の運営において、準市場の要素のなかで、利用者と事業者の自由契約、利用料に対する利用者の負担分という要素が入り込んでいたことがその根拠となる。

第Ⅱ部　ケアサービス「準市場」の日韓比較

第6章　ケアサービスの供給量と利用量

1　本章の視点

以上、第Ⅰ部では、ル・グランの準市場理論を日本と韓国の状況に適用する際の限界を克服する必要があることを課題として、準市場理論と日韓の状況との整合性を検討すると同時に、イギリスとは異なる日韓の準市場における特有性を明らかにしてきた。

第Ⅱ部では、実際に現在の日本と韓国における準市場の姿はいかに特徴づけられるか、つまり、準市場理論に即して現状をみれば、いかなる特徴と課題をもっているかについて実証的に検証していく。

ル・グランは、準市場の成功前提条件のなかで第一条件に「多くの供給者と多くの利用者が存在し、活発な競争が行われること」を力説している。多くの供給者が存在していなければ、独占状態となり、実質的な競争が起きない可能性がある。さらに、多くの利用者が存在していなければ、供給者は不安定な経営状況におかれ、ル・グランが述べているように、機会主義的な行動をする可能性が高まる。したがって成功した準市場を成り立たせるためには、供給量と需要量のバランスがとれていることは大前提となる。実際に、韓国においては、供給者が市場に参入する際の基準が緩すぎることによる「過剰供給・過当競争」が起きているという問題は、多くの論文のみならずマスコミやシンポジウムなどの場においても多く議論されてきている（徐ヨンジュン 二〇〇九；李ユンギョン 二〇〇九；鮮于徳・李ユンギョン・金ジンスほか 二〇一二）。

しかし、それについても本当に供給量が多いため過当競争が起きているのか、逆に要介護認定者の数が少ないため、過当競争が起きているのか、それとも、そもそも本当に激しい競争が起きていることが事実であるのかなど、多方面から疑問が生じる。それにもかかわらず、サービスの利用量と供給量に注目して詳しく推移を追った研究は不足している。それらを探るために、本章では日韓の介護保険サービスの利用量と供給量の推移を明らかにし、供給量と利用量の間にバランスがとれているかについて検討を行うことを目的とする。

ただし、韓国と日本の高齢化率や後期高齢者率などの条件の違いから、その比較には十分な注意と考慮が必要であると考えているが、現時点で得られた統計資料の範囲内での比較にとどめたい。

まず、第2節では、高齢化率と前期高齢者・後期高齢者の割合などの一般的な社会状況と両国の介護保険制度の導入の背景などを検討する。次に、第3節では、ケアサービスの利用に注目して、それぞれの制度がどれぐらいの介護ニーズをカバーしているかについて、つまり、高齢者のうち要介護認定を受けている者の割合、またそのうちサービスを利用している者の割合、そして高齢者全体のうちサービスを利用している割合、サービス種類別による利用割合などに関する経年変化を用いて、日韓両国の比較を行う。さらに第4節では、ケアサービスの供給に着目して、供給量の変化や供給主体の変化に関するデータを用いて、日韓比較検討を行う。最後に、第5節では、それらの比較からみえてきた特徴について論じる。本章では、日韓それぞれの制度の名称をそのまま用いることにする。

2　日韓における高齢化の特徴および介護保険制度の導入

（1）高齢化率の日韓比較

まず、日韓の高齢化の特徴を比較してみると、日本の場合、欧米諸国と比べて急速に高齢化が進行したこと、かつそのピーク時の高齢化率の水準が高いという二つの特徴がある。高齢化のスピードを示す倍化年数をみると、日本は一九七〇年（七％を超える）から一九九四年（一四％を超える）の二四年となり、他の先進国、例えばドイツ四〇年、イギリス四七年、スウェーデン八五年、フランス一一五年と比べて、非常に短い期間となっている（増田二〇〇八：一六九）。

さらに、将来の予測される高齢化率の水準も高い。すでに日本は、二〇一〇年において高齢化率が二三・一％となり、世界でもっとも高い水準となっている。五人に一人が六五歳以上の高齢者、一〇人に一人が七五歳以上の後期高齢者という本格的な高齢社会となっている。このような急速な高齢化率の進行の理由は、世界一の長寿国（二〇一〇年の平均寿命は男性七九歳、女性八六歳）であることに加え、出生率の低下・出生数の減少という少子化の進行が欧米諸国よりも急激に進んでいることがあげられる（増田 二〇〇八：一七〇）。

次に、韓国の高齢化の特徴をみてみると、日本と同様に急速な高齢化と少子化の進行があげられる。高齢化率が一九七〇年の三・一％から二〇〇〇年には七・二％となり高齢化社会となった。また、二〇一〇年には一一％となっている。一四％に達するのは二〇一九年とされ、二〇二五年には二〇・八％と予測されている。したがって、韓国の場合、高齢化社会から高齢社会へ移行する年数がわずか一九年と予想され、日本の二四年より速いスピードで高齢化が進むとされている。

図6-1　日本と韓国の高齢化率

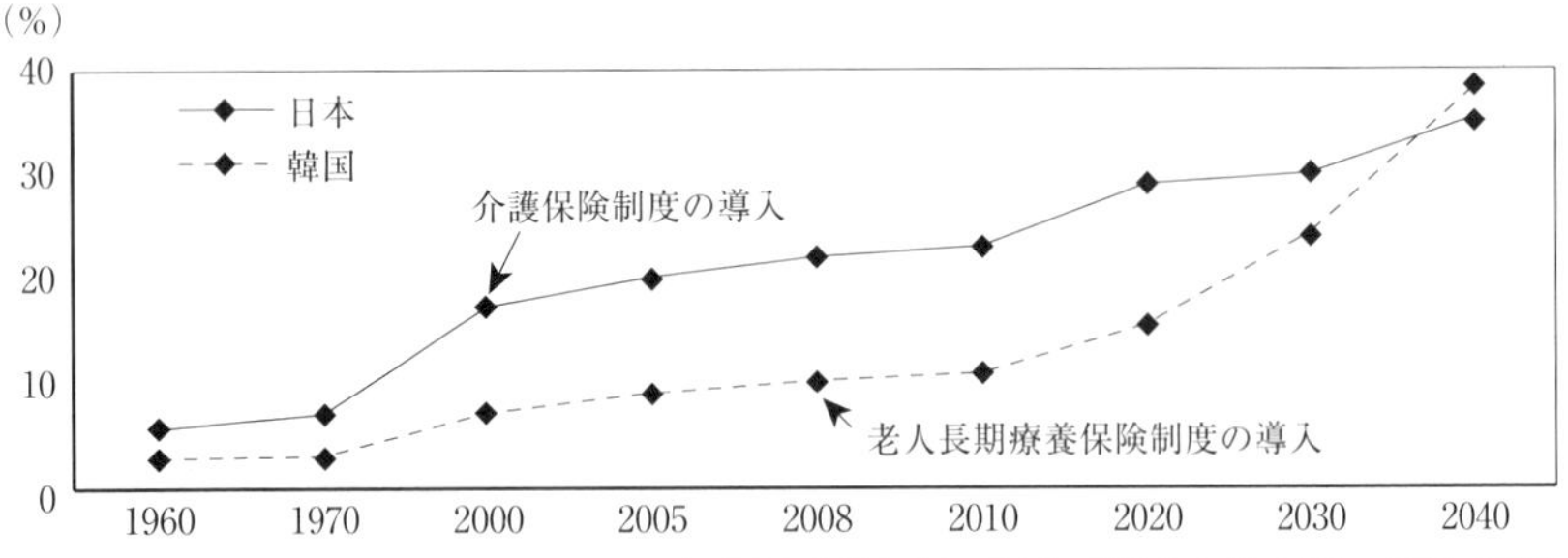

資料：日本：厚生労働省（2005；2008；2010）『厚生労働白書』、韓国：保健社会部（1960；1970）『保健社会統計年報』、保健福祉部（2000；2005；2010）『保健福祉統計年報』より作成。

さらに、少子化の水準も日本より進んでいる。韓国における合計特殊出生率は一九七〇年の四・五から二〇〇五年には一・〇八と短期間で急速に減少している。その数値が人口置換水準(1)である約二・〇七を下回ると、新旧世代の一対一の人口再生産ができなくなり、外国から国内への人口移動がない限り、人口は減少し始めるようになる。合計特殊出生率が人口置換水準を長期間にわたって下回ると、少子高齢化が本格的に進み、高齢者に対する社会保障や介護が社会の大きな課題となってくる（金貞任 二〇〇八：一二三）。日本と韓国は現在、そのような時期をむかえている。

また、日本の介護保険制度導入の当時と韓国の老人長期療養保険制度導入の当時の高齢化率を比較してみると、日本の場合、全体の人口数対比、六五歳以上の人口割合が一七・四％である二〇〇〇年に介護保険制度を導入したのであるが、韓国の場合、一〇・三％である二〇〇八年の時点に老人長期療養保険制度を導入し、韓国は高齢化率が比較的高くない時点で制度の導入が行われたことがわかる（図6-1参照）。そのことから、韓国は急速な高齢化とともに少子化もさらに急速に進んでいるなかで、それに備えるために早い段階で老人長期療養保険制度を導入したといえる。

以上から明らかになった特徴は、次のとおりである。二〇一〇年の時点での高齢化率は、日本二三・一％、韓国一一％であり、日本の方が高い。しかし、韓国の場合、日本より速いスピードで高齢化が進んでおり、さら

図6－2　日本と韓国における前期高齢者と後期高齢者の割合

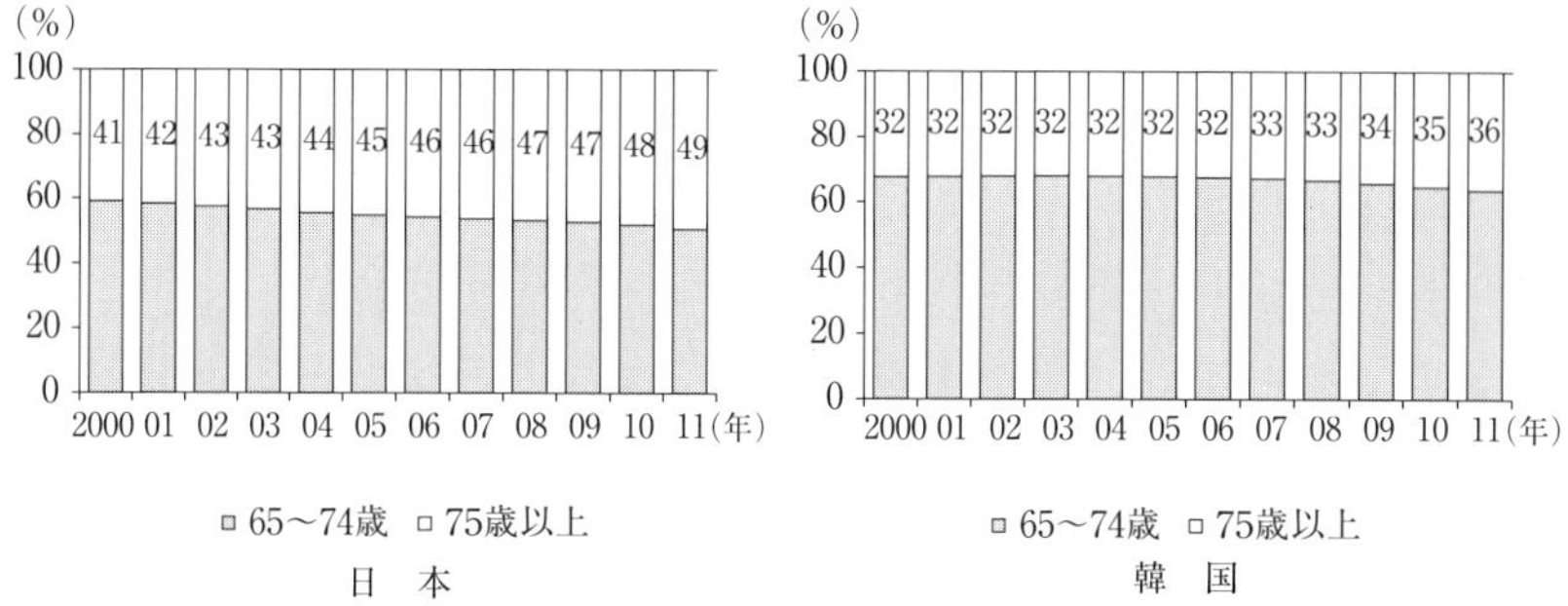

資料：日本：総務省（2000-11）『人口推計』、韓国：保健福祉部（2000-11）『保健福祉統計年報』より作成。

に少子化にも同じ傾向がみられる。そのような社会的な状況を反映し、韓国では高齢化率が一〇・三％である二〇〇八年に老人長期療養保険制度が導入されたのである。

（2）前期高齢者と後期高齢者の割合における日韓比較

ここでは、六五歳以上の高齢者のなかでも七五歳未満の前期高齢者と七五歳以上の後期高齢者の割合とに分けて比較してみよう。最近、日本においては、後期高齢者の増加や一〇〇歳以上の高齢者の増加による介護サービス利用の増加がよく議論されており、後期高齢者の数は二〇一二年には五万人を超え、この数年間の増加率が著しいといわれている。ニッセイ基礎研究所（二〇一二）は「二〇〇九年度末時点で七五歳以上の後期高齢者の要介護割合は二九・四％と、六五歳から七四歳の前期高齢者四・二％の七倍にもなっている。一〇年後には団塊世代が後期高齢者となり、このような割合で後期高齢者の要介護・要支援者が増えるとすると、日本はまさに『大介護時代』を迎えることになる」と述べ、今後の介護利用率の急増を懸念している。後期高齢者は前期高齢者に比べ、介護に対するニーズが高いため、日本と韓国の制度における利用率を比較するにあたって、その割合は考慮すべきであろう。

図６－２は、六五歳以上の高齢者全人口の数を一〇〇％とした場合、

七四歳までの前期高齢者と七五歳以上の後期高齢者の割合を示したものである。ここでわかるように、日本は後期高齢者の数が二〇〇〇年四一％から二〇一一年四九％まで増加し、約半分程度を占めている。一方で、韓国の方は二〇〇〇年には三二％、二〇一一年三六％となっており、一一年間でそれほど大きな増加率をみせていないことがわかる。つまり、日本と韓国における高齢化の異なる特徴は、日本の方は後期高齢者の割合が高いことである。

3　ケアサービス利用量の比較

（1）ケアサービス利用量の尺度となる範囲

ここでは、日本の介護保険制度と韓国の老人長期療養保険制度の利用状況について比較を行う。六五歳以上の高齢者全体人口のうち「どのくらいの割合の高齢者が要介護認定を受けているか」、また「どのくらいの割合の高齢者が実際にサービスを利用しているか」、さらに種類別サービスの利用割合はいかなる傾向にあるかについて日韓比較を行いたい。

この二つの制度において、ケアサービスを利用するためには、一定の資格条件が必要である。まず、介護保険制度の被保険者であり、要介護認定（または、要支援認定）を受けなければならない。また、要介護度によってサービスの支給限度が決められ、それにもとづき利用したいサービス・施設を選択し、ケアプランを作成したうえでサービスの利用が行われる。その際に、サービスの利用料に対する一部の本人負担分が発生するが、日本の場合には総費用の一〇％を、韓国の場合には居宅介護サービスは一五％、施設介護サービスは二〇％の金額を支払うことが規定されている。以上の内容をふまえ、日韓の介護保険制度において、高齢者の全人口および要介護認定者数と利用者数、サービス種類別の利用割合に関して比較したい。

日韓比較にあたって、「要介護認定率」「要介護認定者の利用率」「高齢者の利用率」「サービスの種類別利用率」を比較の基準として用いているが、それらの用語の意味について断っておきたい。まず「要介護認定率」は、六五歳以上の高齢者全体のうち、サービスを利用することができると認定された高齢者の割合を指す。次に「要介護認定者の利用率」は、要介護認定を受けた者のうち、実際にサービスを利用する高齢者の割合を指す。つまり、サービスの利用資格をもっている者のなかで、サービスの契約につながる者の割合のことを意味している。さらに「高齢者の利用率」は、六五歳以上の高齢者（第一号被保険者）全体のうち、サービスを利用している者の割合を指す。換言すれば、介護保険制度がカバーしている高齢者の割合はどのくらいであるかということである。

最後に「サービスの種類別利用率」は、ケアサービスを利用している者のうち、居宅介護サービスと施設介護サービス、地域密着型サービスのそれぞれのサービスを利用している割合をさす。それらのデータをまとめたのが表6－1と表6－2である。

（2）ケアサービス利用量の経年変化

以下では、表6－1と表6－2にもとづきサービスの利用状況について検討したい。

まず、高齢者全体のうち、どのくらいの割合の高齢者が要介護認定を受けているか（要介護認定率）、また、そのなかでどのくらいの割合の高齢者がサービスを利用しているか（要介護認定者のサービス利用率）についてみてみよう。日本の場合、介護保険サービスの主な対象である六五歳以上の高齢者（第一号被保険者）のうち、要介護認定を受けた者は二〇〇〇年一一・三％（約二五〇万人）から二〇一二年一八・二％（約五五四万人）と、その割合は増加している。そのうち、実際にサービスを利用する高齢者は二〇〇〇年七六・九％（約一九二万人）から二〇一二年に八三・九％（約四六五万人）となっており、制度の施行段階から現在に至るまで八〇％前後の高い利用

表6－1　日本の介護保険制度における被保険者・認定者・利用者の推移

（単位：人、％）

	2000	2002	2004	2006	2008	2010	2012
第1号被保険者数（A）	22,137,784	23,687,949	24,879,174	26,475,721	28,050,568	29,070,473	30,516,825
要介護（要支援）認定者数（B）	2,497,783	3,233,516	3,920,966	4,251,944	4,493,546	5,028,419	5,540,261
ケアサービス利用者（C）	1,920,847	2,540,322	3,117,540	3,431,300	3,713,689	4,169,630	4,649,943
要介護認定率（B/A）＊100	11.3	13.7	15.8	16.1	16.0	17.3	18.2
要介護認定者の利用率（C/B）＊100	76.9	78.6	79.5	80.7	82.6	82.9	83.9
高齢者の利用率（C/A）＊100	8.7	10.7	12.5	13.0	13.2	14.3	15.2
サービスの種類別利用率							
居宅介護サービス	67.5	72.6	75.8	72.1	72.0	73.4	73.9
施設介護サービス	32.5	27.4	24.2	23.3	22.1	20.2	18.9
地域密着型サービス	-	-	-	4.6	5.9	6.4	7.2

資料：厚生労働省（2000-2012）『介護保険事業状況報告月報』（12月分）より作成。

表6－2　韓国の老人長期療養保険制度における被保険者・認定者・利用者の推移

（単位：人、％）

	2008	2009	2010	2011	2012
65歳以上の高齢者数（A）	5,086,195	5,286,383	5,448,984	5,644,758	5,921,977
要介護認定者数（B）	205,361	259,456	315,994	445,979	462,740
ケアサービス利用者（C）	138,129	201,478	281,191	384,353	394,940
要介護認定率（B/A）＊100	4.0	4.9	5.8	7.9	7.8
要介護認定者の利用率（C/B）＊100	67.3	77.7	89.0	86.2	85.3
高齢者の利用率（C/A）＊100	2.7	3.8	5.2	6.8	6.7
サービスの種類別利用率					
居宅介護サービス	67.6	79.7	77.3	74.9	73.3
施設介護サービス	32.4	20.3	22.7	25.1	26.7

資料：保健福祉部（2008-12）『長期療養保険統計年報』より作成。

率を維持している。そのことは、インフラの構築が適切に行われた段階で制度の施行が始まったということを裏づける事実であり、要介護認定が実際のサービスの利用につながるように着実な管理が行われていることがうかがわれる。

一方で、韓国の場合には、制度施行の時点である二〇〇八年に六五歳以上の高齢者全体五〇九万人のうち、四・〇%である約二一万人の高齢者のみが要介護認定を受け、さらにそのうちの六七・三%である約一四万人のみが実際にケアサービスを利用した。つまり要介護認定割合と、実際のサービス利用の割合の両方とも低いことがわかる。韓国では、軽度の要介護高齢者は除いて、主に重度の要介護高齢者のみを対象として優先し制度を施行したが、そのことが要介護認定率の低さにつながったと推測される。

その後、約四年経過した二〇一二年の時点をみると、高齢者全体五九二万人のうち、七・八%である約四六万人の高齢者のみが要介護認定を受けており、二〇〇八年の四・〇%に比べると大幅に増加したとはいえ、日本と比べると依然として低い水準である。ただし、日本の場合には二〇〇〇〜一二年までの一二年間の変化である反面、韓国の場合には二〇〇八〜一二年の四年間の変化であることを考慮すると、韓国はわずか四年の間に要介護認定率を増加させるにおいて、著しい発展を遂げたといえる。

また、要介護認定を受けた者のうち、サービスを利用している者の割合は、二〇〇八年六七・三%から二〇一二年八五・三%まで増加し、制度利用率も大幅に高まったことがわかる。周知のとおり、韓国の場合には、制度施行のための準備時期が短かったこともあり、初期には高齢者が制度に関する十分な情報をもっていなかったため、実際のサービスの利用につながる割合が低かったと考えられ、その後、サービスの利用率を高めるために多様な試みが行われたと考えられる。

次に、六五歳以上の高齢者のうち、ケアサービスを利用している高齢者の割合（高齢者の利用率）について比較してみよう。日本の場合、二〇〇〇年八・七％から二〇一二年一五・二％まで増加し、その割合がますます拡大していることがわかる。しかし、韓国の場合には二〇〇八年二・七％から二〇一二年六・七％となり、いうまでもなく同制度を通じた介護ニーズへの対応割合は顕著に低いといえる。

とくに韓国の場合、六五歳以上の高齢者のうち、介護ニーズをもっている高齢者が一〇％と推測されている点（石才恩 二〇一〇）からみれば、六五歳以上の高齢者人口のうち、約七％のみを対象としているということに関しては、今後見直しが行われるべきであると考えられる。ただし、前述のとおり、日本は韓国より七五歳以上の後期高齢者の増加が顕著であり、その点を鑑みれば、七％という数値をもって、韓国の制度の未成熟を指摘することには限界があると考えられる。しかしながら「保険原理」という、普遍的な制度としての性格からみても、高齢者全体のなかで七％しか制度を利用していないという事実には問題があるのではないであろうか。

（3）ケアサービスの種類による利用量の経年変化

ここでは「サービスの種類別利用率」について詳しく検討してみよう。まず、日本の場合をみると、居宅介護サービスと施設介護サービス、そして地域密着型サービスに分けて、それぞれの利用割合を示したのが図6－3である。

介護保険制度が施行された二〇〇〇年における利用率は、居宅介護サービス六七・五％、施設介護サービス三二・五％であったが、二〇一二年には居宅介護サービス七三・九％、施設介護サービス一八・九％、地域密着型サービスが七・二％となり、居宅介護サービスの利用率は高まっている反面、施設介護サービスの利用割合はますます低下している。二〇〇六年に地域密着型サービスが新設されることにより、その傾向はさらに強くなっている。(2)

その背景には、制度の施行以降、軽度の要介護者が大幅に増加している状況をふまえ、介護予防を重視する予防

図6-3　日本のケアサービス種類による利用者割合の推移

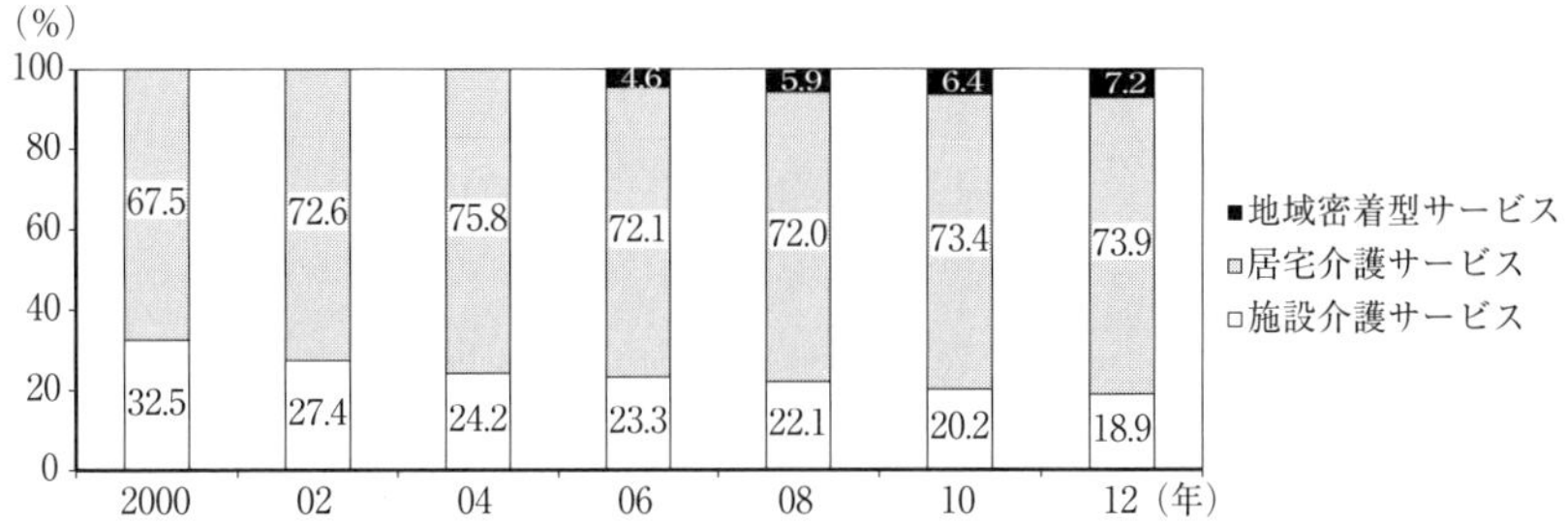

資料：厚生労働省（2000-12）『介護保険事業状況報告月報』（12月分）より作成。

図6-4　韓国のケアサービス種類による利用者割合の推移

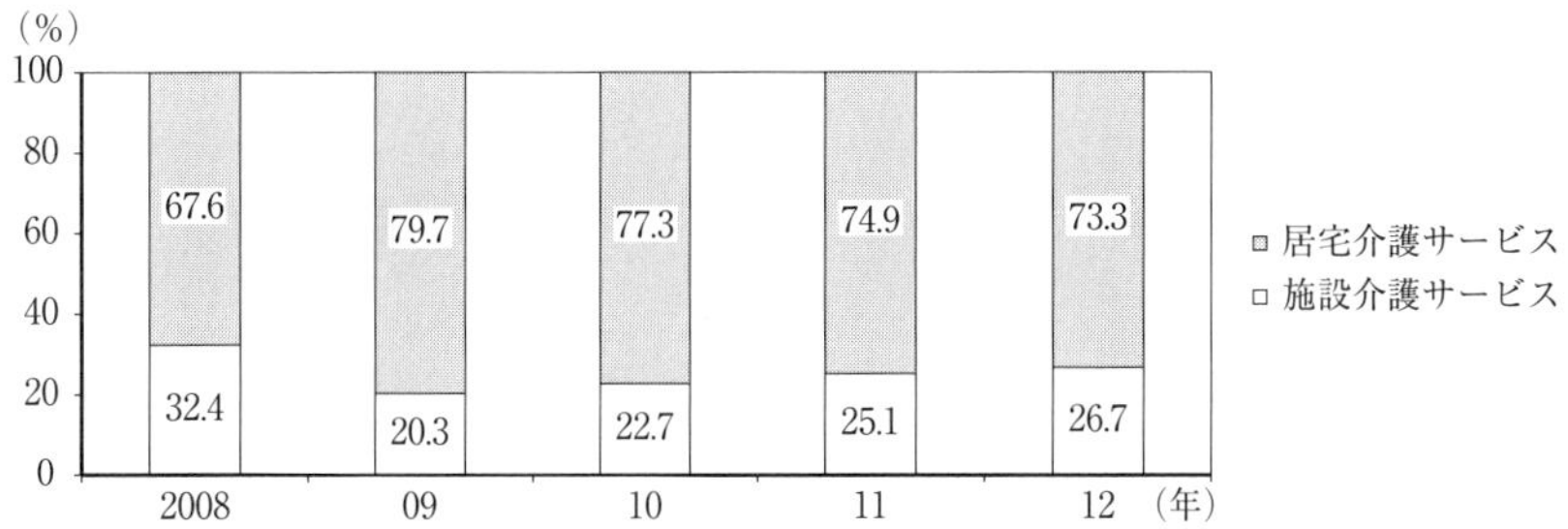

資料：保健福祉部（2008-12）『長期療養保険統計年報』より作成。

重視型システムへの転換等が行われたことがある。また介護保険三施設（ショートステイを含む）の居住費・食費、デイサービス・デイケアの食費が保険給付の対象外となり、自己負担が増加したことなどが考えられる。それとともに、身近な地域で、地域の特性に応じた多様で柔軟なサービス提供が可能となるように、地域密着型サービスが新設され、地域包括支援センターが創設された（厚生統計協会 二〇〇九：一一）こともあげられる。以上のような政府の働きかけもあって、居宅介護サービスの利用割合の継続的な増加とともに、施設介護サービスの利用割合は減少し続けている[3]。

　次に、韓国における居宅介護サービスと施設介護サービスに対する利用割合の変化を図6-4に従ってみよう。制度施行の時点である二〇〇八年には居宅介護サービス六七・六%、施設介護サービス三二・四%

であり、その後にも大きな変化はなく二〇一二年の時点では居宅介護サービス七三・三％、施設介護サービス二六・七％であり、居宅介護サービスの利用割合が高くなっていることがわかる。

以上の内容を日韓比較視点からまとめると、日本の場合、施設ケアサービス利用を抑制し、居宅介護サービスの利用を奨励するため、二〇〇五年介護保険法の改正時に多様な改革が行われたが、その一つが地域密着型サービスの新設である。それにより、二〇〇〇年施設介護サービスと居宅介護サービスの利用割合がそれぞれ三二・五％、六七・五％であったものが、二〇一二年には一八・九％、七三・九％で施設介護サービスの利用率が一三％以上減少したことがわかる。

韓国の場合、その変化は少ない。二〇〇八年施設介護サービスと居宅介護サービスの利用割合がそれぞれ三二・四％、六七・六％であり、二〇一二年には施設介護サービスが二六・七％、居宅介護サービスが七三・三％で、その割合に大きな変化はみられない。

4　ケアサービスの供給量および供給主体の比較

ここでは、ケアサービスの供給に焦点を当て、供給量とその運営主体の変化について日韓比較を行う。日本の介護保険制度と韓国の老人長期療養保険制度は、サービスの種類などにおいて類似している側面が多いが、ただし、サービスの種類は日本の方が多い。日本の介護保険制度におけるそれぞれのサービスが韓国の老人長期療養保険制度のいかなるサービスにあたるのかを示したのが表6‐3である。本章のはじめにも述べたとおり、ここでは日韓それぞれの制度の名称をそのまま用いることにする。また、ここで用いている「供給量」の意味は、「事業者数」をさす(4)。

表6-3　日本と韓国における介護保険サービス名称の比較

	日本：介護保険制度	韓国：老人長期療養保険制度
居宅サービス	❖訪問サービス	❖訪問サービス
	訪問介護（ホームヘルプサービス） 訪問入浴介護 訪問看護 訪問リハビリテーション 居宅療養管理指導	訪問療養 訪問入浴 訪問看護
	❖通所サービス	❖通所サービス
	通所介護（デイサービス） 通所リハビリテーション（デイケア）	昼夜間保護
	❖入所サービス	❖入所サービス
	短期入所生活介護（ショートステイ） 短期入所療養介護（ショートステイ） 特定施設入居者生活介護	短期保護
	❖その他	❖その他
	福祉用具貸与 特定福祉用具販売	福祉用具貸与
地域密着型サービス	定期巡回・随時対応型訪問介護看護 夜間対応型訪問介護 認知症対応型通所介護 小規模多機能型居宅介護 複合型サービス 認知症対応型共同生活介護 地域密着型特定施設入居者生活介護 地域密着型介護老人福祉施設入所者生活介護	
住宅改修	住宅改修費の支給	
居宅介護支援	居宅介護サービス計画費 特例居宅介護サービス計画費	
施設サービス	介護老人福祉施設 介護老人保健施設 介護療養型医療施設	老人療養施設 老人専門療養施設 老人療養共同生活家庭

資料：筆者作成。

図6－5　日本の居宅介護サービスの福祉5系サービス事業所数の推移

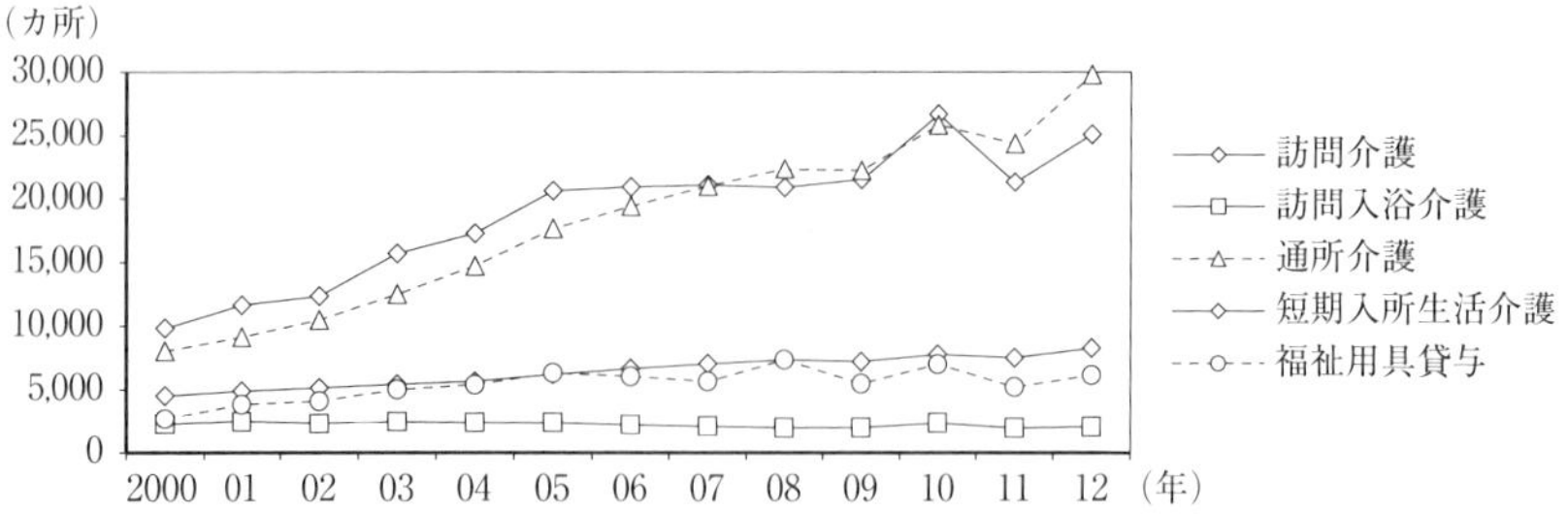

資料：厚生労働省（2000-12）『介護サービス施設・事業所調査』より作成。

図6－6　韓国の老人長期療養保険制度の居宅介護サービス事業所数の推移

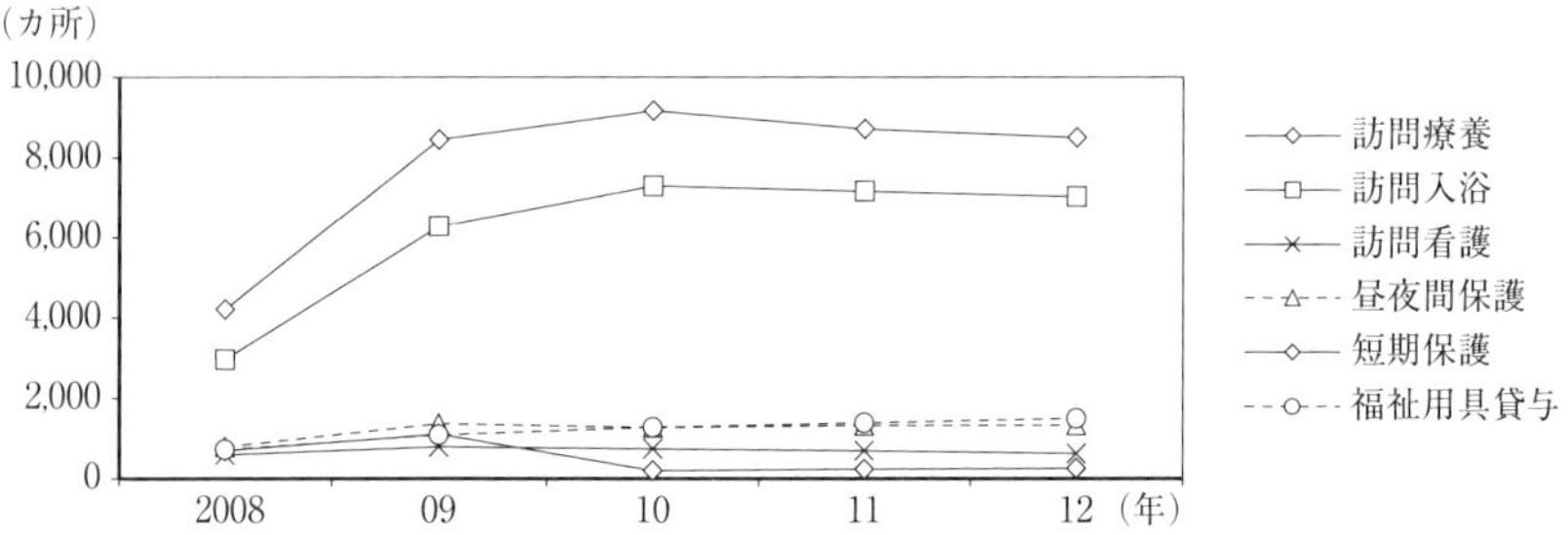

資料：保健福祉部（2008-12）『長期療養保険統計年報』より作成。

（1）ケアサービス供給量の経年変化

①　居宅介護サービス供給量の経年変化

居宅介護サービスの供給量において、いかなる変化があったかについて比較すると、変化の推移は図6－5と図6－6のとおりである。供給量がもっとも多いサービスとして、日本の場合、通所介護（約三万カ所）と訪問介護（約二万五〇〇〇カ所）、韓国の場合、訪問療養（約八五〇〇カ所）と訪問入浴サービス（約七〇〇〇カ所）があげられる。

また、居宅介護サービスの増加幅を比較してみると、韓国は大部分のサービスにおいて施行後一年の間、約二倍程度の増加がみられており、日本の場合には施行後四―五年が経った時点で二倍程度の増加がみられた。前述のとおり、韓国の場合インフラの構築が整備される前に制度の施行が先行されたことで、急激な供給量の増加を経験

図6-7　日本の介護保険施設数と定員の変化

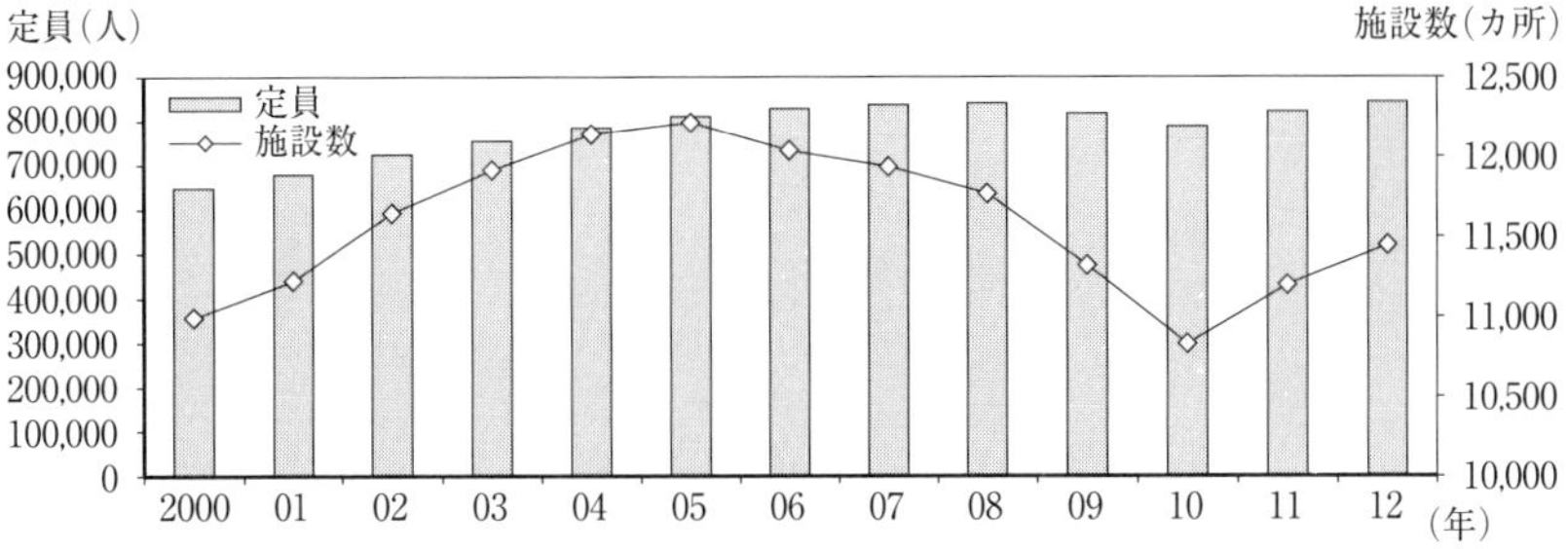

資料：厚生労働省（2000-12）『介護サービス施設・事業所調査』より作成。

図6-8　韓国の老人長期療養保険施設数と定員の変化

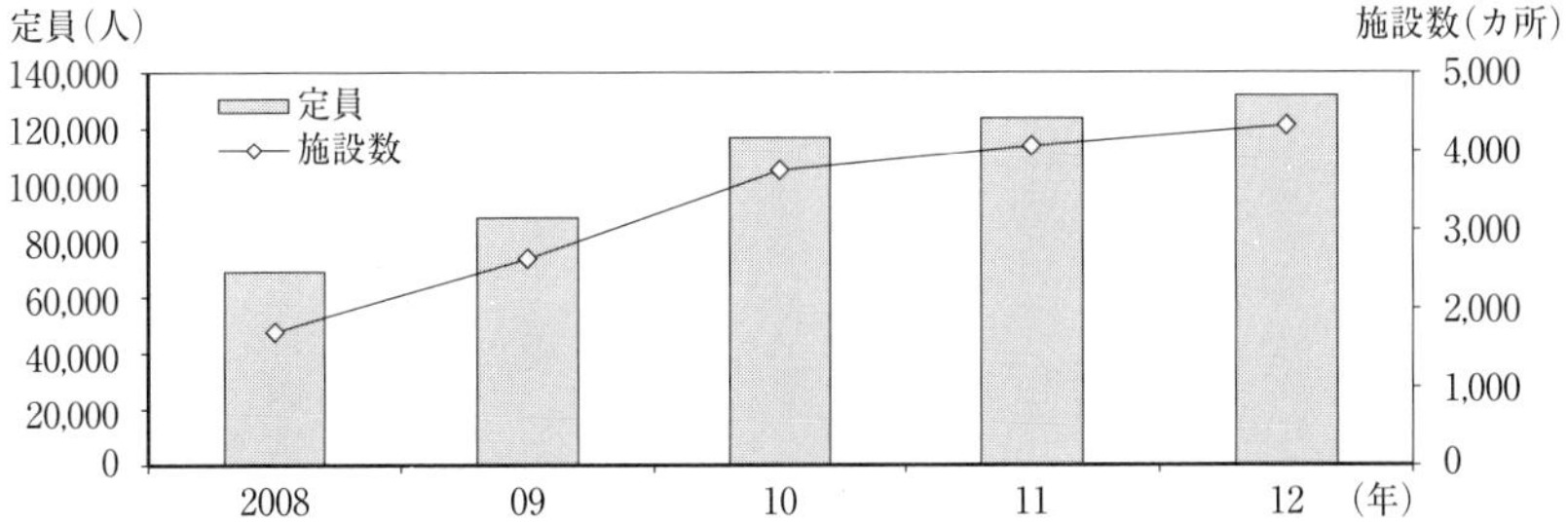

資料：保健福祉部（2008-12）『長期療養保険統計年報』より作成。

したと考えられる。しかし、そのような急速なインフラの増加傾向は、制度が施行されて一年ほど続き、その後は増加のスピードが緩やかになったことがわかる。実際、訪問療養と訪問入浴サービスは、二〇一〇年からは毎年減少している傾向にある。

他方、日本における訪問入浴介護サービスの場合、他のサービスと異なって制度施行初期から現在に至るまであまり変化がみられない。しかし、韓国の訪問入浴サービスの場合、訪問療養サービスとともに制度施行後一年後に二倍近い増加傾向を示したサービスであり、その点が日本と大きく異なる点である。

②　施設介護サービス供給量の経年変化

次に、施設介護サービスにおける供給の量的な変化について検討するが、施設数のみならず、定員数の変化とも関連づけて比較を行う（図6－7と図6－8を参照）。

まず、日本の介護保険の場合をみると、二〇〇〇年に施設数一万九九二カ所から始まり、二〇〇五年までは増加傾向にあったが、二〇〇五年一万二二一三カ所を頂点に、その後は減少傾向にある。二〇一〇年には一万八二八カ所まで徐々に減少し、二〇一二年には一万一一四六カ所に微増した。施設数はそのような傾向にある一方、定員は二〇〇八年までは増加傾向にあり、その後はわずかに減少傾向をみせている。つまり、施設数は二〇〇五年以降、徐々に減少している一方で、定員や入所者の規模は二〇〇八年以降、横ばいとなっており、これは日本の施設介護サービスの供給・利用における一つの特徴ともいえよう。

定員数の変化について詳しくみると、二〇〇〇年に六四万八五五九人の定員で六一万二二六四人が入所しており、九四・四％の高い利用率を示した。施設数が頂点にあった二〇〇五年には八一万一〇三七人の定員で七六万六一二八人が入所しており、九四・五％の利用率を示している。その後、二〇一二年には八四万四〇二三人の定員で七九万八四八五人が入所しており、相変わらず九四・六％の高い利用率を示している。

一方で、韓国の場合、現在は居宅介護サービスと同様にインフラの構築に集中している段階であるため、継続的な増加傾向を示している。二〇〇八年全体の介護施設数一七〇〇カ所から二〇一二年の四三二六カ所に増加している。定員数と入所者数も増加しているが、二〇〇八年に六万八九七三人の定員で四万六一一四人が入所しており、六六・九％の利用率を示した。四年後の二〇一二年には一三万一七六一人の定員で八万八八三二人が入所しており、七六・一％の利用率を示した。

施設数の増加に関して、日本と韓国を比較してみれば、日本は制度が施行され始めた二〇〇〇年から二〇〇二年までの二年間に一万九九二カ所から一万一六四五カ所に六％増加したのに比べ、韓国は二〇〇八年から二〇一二年までの四年間に一三九五カ所から四三二六カ所に二一〇％の増加率を示し、日本より遙かに速いスピードで増加していることがわかる。

施設利用率の場合、日本は二〇〇〇年から九四・四％の高い利用率をみせており、その後も九四・五％～九六％の高い水準を維持している。一方、韓国の場合、二〇〇八年の七八・九％から徐々に増加し、二〇〇八年一二月の八二・二％を頂点に、その後二〇〇九年七四・二％、二〇一〇年七六・一％となっており、日本と比べて依然として低い利用率を示している。

日本の場合、施設の設置主体は社会福祉法人やＮＰＯ法人などにのみ限定されており、株式会社などの営利組織の参入は禁止されている。しかし、韓国の場合、規制緩和によって、営利企業を含めて個人も施設を設置することが可能となっている。つまり、韓国においては施設の設置が相対的に容易になったため、利用者数の増加より施設数の増加が先立っていることがうかがわれる。

（2）ケアサービス供給主体の経年変化

①　居宅介護サービス供給主体の経年変化

居宅介護サービスにおける各主体別の供給量をみると、図6－9と図6－10のとおりである。なお、日本の場合、居宅介護サービス全体のうち、福祉系五サービス（訪問介護、訪問入浴介護、通所介護、短期入所生活介護、福祉用具貸与）を対象として分析しており、韓国の場合、居宅介護サービスの種類が六種類と少ないため、すべての居宅介護サービスを用いて比較分析することにした。

まず、日本の場合、居宅介護サービスの設置主体において、もっとも大きな変化がみられる主体は、営利法人と社会福祉法人である。営利法人は毎年増加する傾向にあり、二〇〇〇年の二八・二％から二〇一二年の五四・九％まで増加した。一方で、社会福祉法人は二〇〇〇年に五三・二％で半数以上を占めていたが、その割合が毎年減少

図６－９　日本の居宅介護サービス事業所における設置主体別の変化

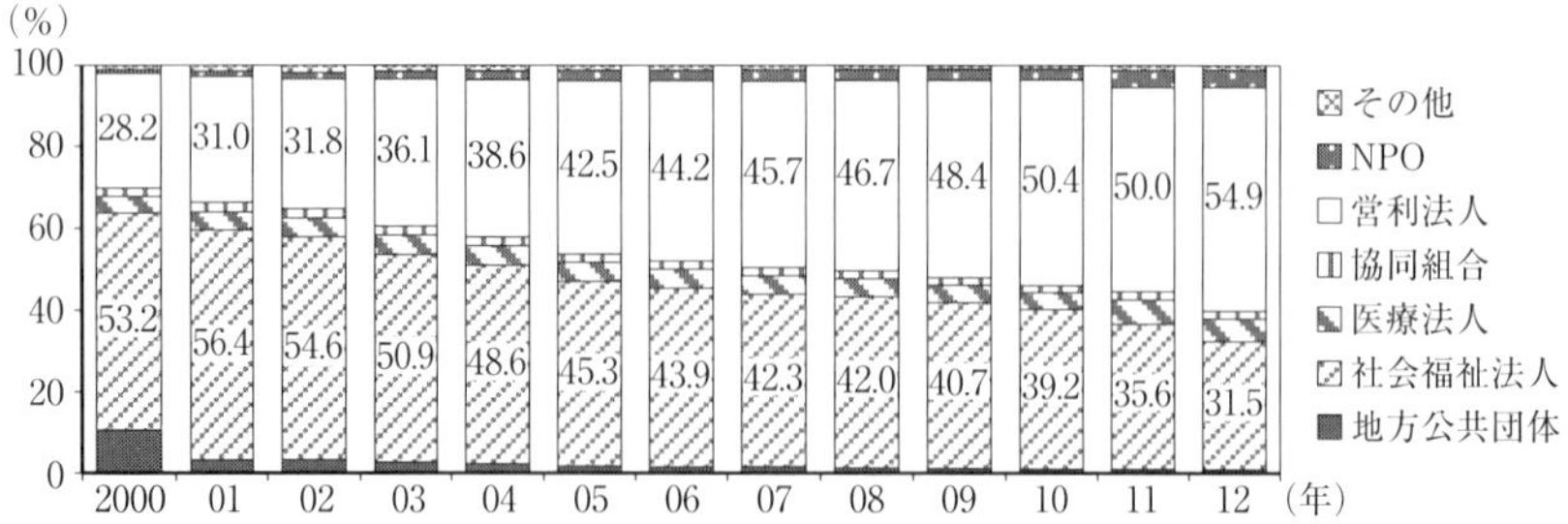

注：居宅介護サービスのうち、福祉系５サービス（訪問介護、訪問入浴介護、通所介護、短期入所生活介護、福祉用具貸与）事業所の割合を集計した。
資料：厚生労働省（2000-12）『介護サービス施設・事業所調査』より作成。

図６－10　韓国の居宅介護サービス事業所における設置主体別の変化

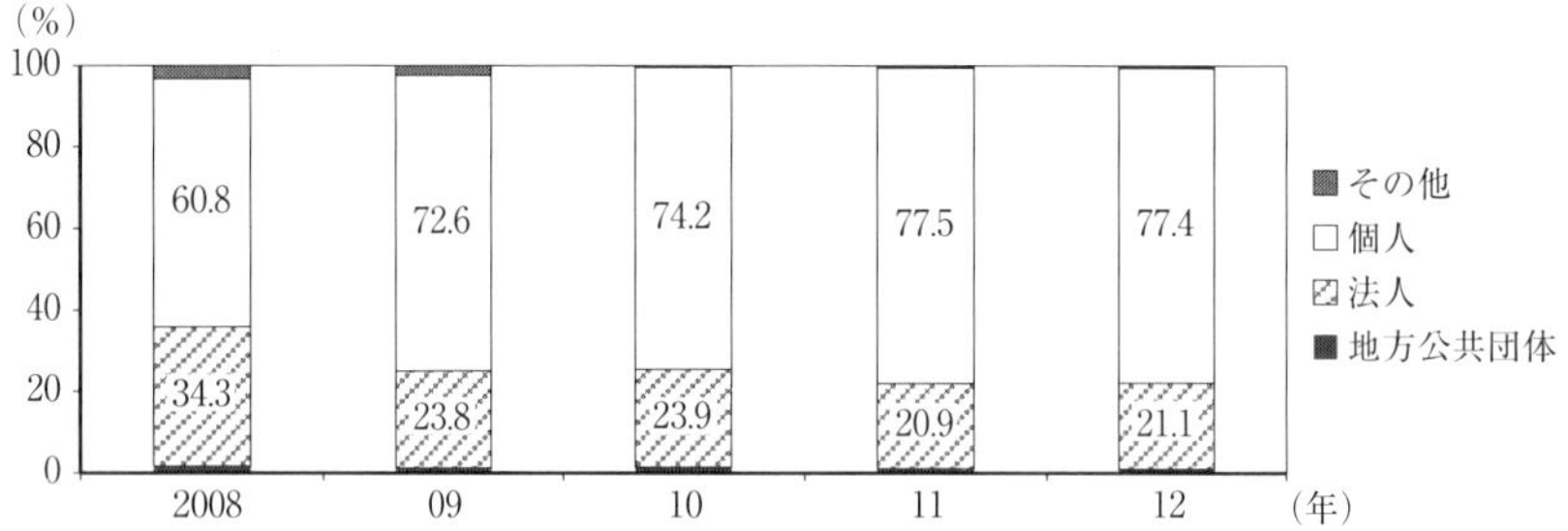

資料：保健福祉部（2008-12）『長期療養保険統計年報』より作成。

し二〇一二年には三一・五％まで減少した。その他にわずかな変化ではあるが、ＮＰＯ法人も二〇〇〇年の〇・九％から二〇一二年の四・二％に微増した。医療法人は二〇〇〇年に四・一％、二〇一二年に五・五％となっており、大きな変化はみられなかった。一方で、地方公共団体の場合、全体を通して減少傾向を示しており、二〇〇〇年一〇・五％から二〇一二年に〇・九％まで大幅に減少した。

　次に、韓国の場合を検討すれば、老人長期療養保険法第三一条において「居宅長期療養事業所の設置」に関する条項を設けているが、日本と異なり、申請者が法人でないときには、指定を禁止するという条件がない。つまり、法人のみではなく、個人単位の施設設置も認めているということである。

したがって、図6-10と図6-12からわかるように、区別の単位が「地方公共団体・法人・個人・その他」となっている。法人のなかには、社会福祉法人や医療法人、営利法人など、すべての法人形態の組織が含まれている。ということは、韓国の場合「法人のうち営利組織が占めている割合はどのくらいなのか」などに関心が向けられず、個人と組織という観点から「個人が運営している割合はどのくらいなのか」に関心が偏っていることが考えられる。

そのため、日本とまったく同じ基準での比較は不可能であるが、居宅介護サービスの設置主体の変化について述べれば、二〇〇八年から二〇一二年まで毎年において個人運営事業所の割合がきわめて高いことがわかる。さらに、二〇〇八年六〇・八%から二〇一二年七七・四%まで毎年増加している傾向にある。一方で、法人による設置割合は二〇〇八年に三四・三%から二〇一二年に二一・一%まで減少しており、そのなかに営利法人と社会福祉法人が含まれていることを考慮すれば、社会福祉法人による設置割合はその減少幅よりさらに減少していることがうかがわれる。したがって、日本よりも個人や株式会社などの営利組織による設置割合が高く、その意味で日本より市場化が進んでいるともいえよう。

ただし、短期保護の場合、個人による設置割合が二二・一%であり比較的に低く、法人による設置割合は七二・七%であり、比較的に高くなっており、他の居宅介護サービスとは異なる特徴をもっている。個人による設置割合が低い理由として、サービス事業所を設置するための施設設置基準や人員配置基準が複雑なことが考えられる。例えば、訪問療養（日本の「訪問介護」にあたる）の場合、人員基準が「管理者一人、社会福祉士適当数、介護職員一五人以上の必置、事務員適当数、補助員適当数」と規定しているが、短期保護の場合に、利用者一〇人以上の事業所に「管理責任者一人、社会福祉士一人以上、看護師一人（利用者二五人当たり）、理学療法士一人、療養保護士一人以上（利用者四人当たり）の必置」と規定している。そこで、短期保護サービスにおける個人による設置が容易ではなく、その設置割合が低くなっているのではないかと考えられる。

図6-11　日本の介護保険施設における設置主体別の供給量の変化

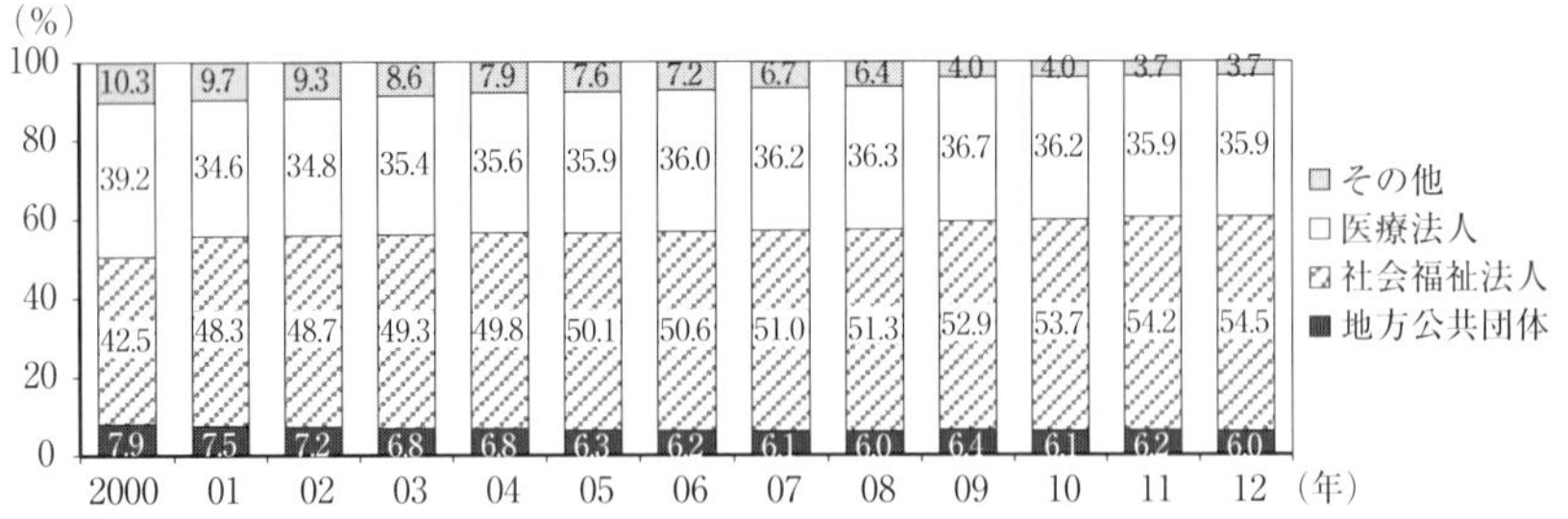

資料：厚生労働省（2000-12）『介護サービス施設・事業所調査』より作成。

図6-12　韓国の老人長期療養保険施設における設置主体別の供給量の変化

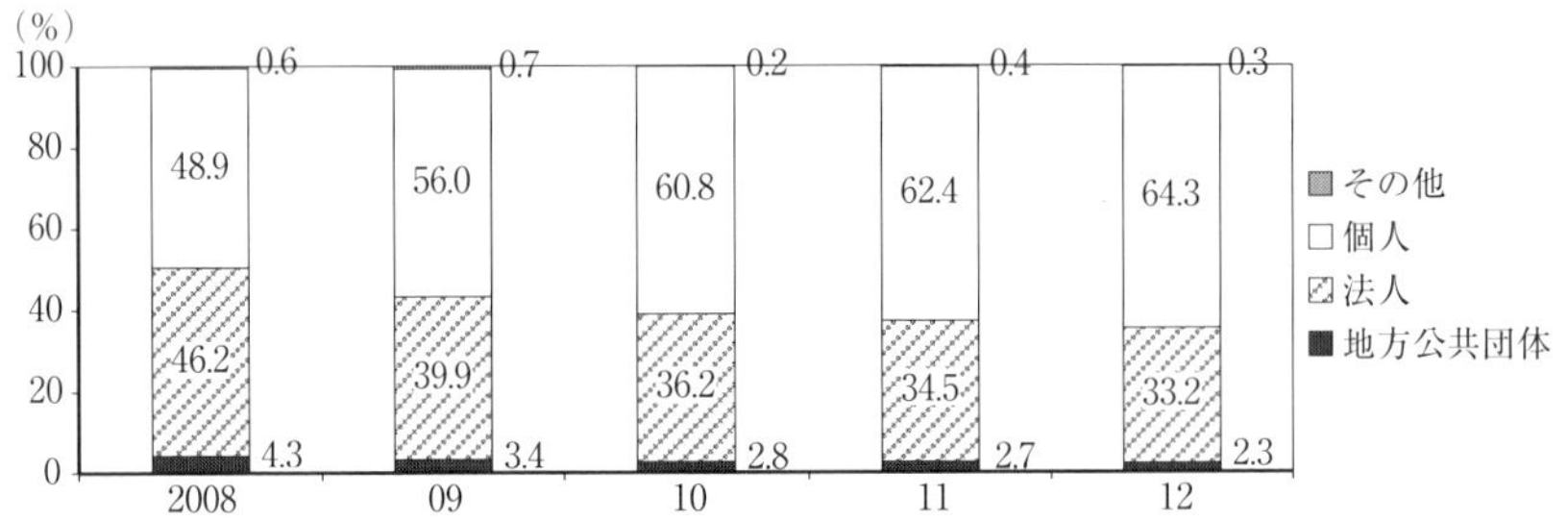

資料：保健福祉部（2008-12）『長期療養保険統計年報』より作成。

②　施設介護サービス供給主体の経年変化

介護保険施設における各主体別の供給量をみると、図6-11と図6-12のとおりである。日本の介護保険施設としては、介護老人福祉施設・介護老人保健施設・介護療養型医療施設の三つの施設があげられる。また、韓国の老人長期療養保険施設としては、老人療養施設、老人専門療養施設と老人療養共同生活家庭の三つの施設があげられる。ここでは、以上のそれぞれの国において介護保険施設にあたるすべての施設を比較の対象としている。

まず、日本における二〇〇〇年から二〇一二年までの一二年間の施設設置主体別の推移をみれば、全般的に居宅介護サービスと比べ、大きな変化はみられない。もっとも多い割合を占めているのは社会福祉法人であり、二〇〇〇年の四二・五%から二〇一二年の五四・五%でわずかではあるが、毎年微増している。次に多い割合を占めているのは、医療法人であり、その割合にも大きな変化はなく、二〇〇〇年の三九・二％から二〇一二年の三五・九％へごくわずかな減少の傾向がみられる。

いずれにせよ、社会福祉法人や医療法人は民間主体であり、それらの民間主体が提供している割合は九〇％に近いことがわかる。地方公共団体による設置割合は、二〇〇〇年の七・九％から二〇一二年の六・〇％に減少の傾向がみられる。したがって、措置制度の時代であれ（二〇〇〇年の調査結果は前年のデータによる）、介護保険制度の時代であれ、相変わらず高齢者福祉サービスの主な提供主体は民間部門であるといえる。

次に、韓国において二〇〇八年から二〇一二年までの各主体別の設置割合を述べれば、もっとも高い割合を占めているのは個人であり、二〇〇八年四八・九％から二〇一二年六四・三％まで毎年増加している。次に高い割合を占めている組織は、法人であるが、四六・二％から三三・二％まで毎年減少している傾向にある。

ここからもいえるのは、個人であれ法人であれ、それらは民間主体であり、民間主体による設置割合が九五％以上を占めており、日本と同じく大部分のサービスが民間により提供されているということである。

以上の内容を日韓比較視点からまとめると、まず居宅介護サービスの場合、日本は訪問介護と通所介護サービスを中心に、また韓国は訪問療養と訪問入浴サービスを中心に事業所数が増加してきたことがあげられる。次に、施設介護サービスの場合、日本は政府の施設抑制政策の影響により、施設数が毎年わずかに減少している一方で、韓国は毎年増加している傾向にある。供給主体別の変化における特徴としては、韓国の方が日本より個人を含む多様な組織の参入を認めているため、居宅サービスと施設サービスの両方とも営利組織による供給割合が高いことがあげられる。

5　日韓比較からみた利用量・供給量の特徴

以上で、日本の介護保険制度と韓国の老人長期療養保険制度における施行当時から現在に至るまでの供給量と利用量の変化について比較検討を行った。日本の場合、一二年間のデータにもとづいているが、韓国の場合、四年間のデータとなっているため、比較するには限界があるかもしれない。しかし、一つの制度が発足して、どれぐらいの成果をあげたかを評価するにあたって、他国の類似した制度がその物差しの役割となるのは確かであろう。したがって、以下では日本の介護保険制度と韓国の制度における利用量・供給量の特徴を明らかにしたい。

第一に、韓国は高齢化率が相対的に高くない時期に老人長期療養保険制度が導入された。日本は高齢化率が一七・四%に達した二〇〇〇年に介護保険制度が導入されたが、韓国は制度が導入された二〇〇八年に一〇・三%にすぎなかった。ただし、韓国は今後、日本より速いスピードで高齢化が進むことが予想されており、それを見越して、将来に備えるために早く導入したといえよう。

第二に、今後、韓国においては、要介護認定率、第一号被保険者のサービス利用率をさらに拡大させる必要がある。現在、韓国で要介護認定を受けている高齢者は全高齢者の七・八%（日本一八・二%）にすぎない。また、高齢者全体のうち、ケアサービスを利用している者の割合は六・七%（日本一五・二%）にとどまっている。したがって、さらに多くの高齢者が同制度を利用することができるように要介護認定システムの改善と国民の認知度を高めるための工夫が必要であろう。

第三に、日韓両国とも要介護認定者が実際サービスの利用につながるように誘導するにあたって、利用率を高めるための着実的な管理が行われていることがうかがわれる。韓国の場合、制度が施行された二〇〇八年の時点では要介護認定者のなかでサービスを利用する割合は六七・三％で低い水準であったが、二〇一二年には八五・三％まで増加し、大部分の要介護認定者がサービスを利用していることがわかる。それに比べ、日本の場合には制度が施行された二〇〇〇年の時点には七六・九％、二〇一二年には八三・九％であり、最初から高い水準をみせ、その後にも一定の水準を維持している。逆に韓国の方が短い期間の間に大幅に進歩したといえる。

第四に、韓国はすべてのサービスの供給において、量的に急速な成長を成し遂げてきた。もっとも大幅に増加したのは、訪問療養と訪問入浴であり、それらのサービスは二〇〇八年から二〇一〇年までの二年間に三倍以上の増加率をみせた。しかし、右肩上がりの成長率がみられた後には多少緩やかに変化したことから、制度発足後二年の間にかなりの量の供給インフラが急速に拡充されたことが考えられる。

第五に、日韓両国ともケアサービス供給の大部分が社会福祉法人、営利法人（韓国の場合、個人）などの民間主体によって行われていることがわかった。両国とも介護保険制度の導入と同時に規制を緩和し、多様な供給主体の参入を認めているが、一方で公的サービスとしての性格を維持するためには、今後、地方公共団体などの公的主体によるサービスの供給を拡大することが望ましいであろう。

最後に、本書に用いられた韓国のデータ上には、営利法人と社会福祉法人との供給割合については確認ができなかったが、多くの研究において営利法人の実践例が多数紹介されていることから、韓国も営利法人による供給割合は増加しており、社会福祉法人による供給割合は減少していることが推測される。

注

（1）人口置換水準とは、人口が増加も減少もしない均衡した状態となる合計特殊出生率のことである。現在の日本の人口置換水準は二・〇七とされている。

（2）ただし，居宅介護サービス・地域密着型サービス・施設介護サービスの三つのサービスともその利用者数はますます増加している傾向がみられる。

（3）それは，二〇〇二年から政府が施設抑制政策を広げてきた結果であり，利用者が施設利用を希望していないことを意味しているわけではない。二〇〇二年度から，ユニットケア型の特別養護老人ホーム（小規模生活単位型特別養護老人ホーム）に対応した施設整備費補助金が設けられることによって，従来型特別養護老人ホームに対する補助金は大幅に削減されることになった。その結果，施設の設置割合が減少するようになったと考えられる。しかし，京都市のある施設の入所待機者は一七〇〇人に及ぶとされており，利用者の施設入所に対する要望は依然として高いことがうかがわれる。

（4）的確に「供給量」について論じるためには，事業者規模を考慮に入れなければならない。つまり，事業者数だけではなく，定員数などを用いたほうがより正確な意味での「供給量」を検討することができると考えられる。しかし，施設介護サービスや通所介護サービスなど以外には定員という概念がなく，その場合統一したものさしを用いることができない。そこで，ここでは供給量を把握するデータとして事業者数を用いており，事業者の規模については考慮していないので，あくまでこれは事業者数のことである。ただし，施設介護サービスについては，事業者数のみならず，定員数などについての日韓比較も行うことにする。

第7章　ケアサービス供給における市場の集中度

1　分析の背景

介護保険制度の施行一五年目を迎える日本において、居宅介護サービス事業所数は、二〇〇〇年に二万八〇一四カ所から二〇一四年に一五万九七五七カ所まで爆発的に増加してきた。さらに、ケアサービスの利用者数も約一九〇万人から五〇〇万人まで増加し、六五歳以上の高齢者のうち約一五％が利用している。したがって、介護保険制度は国民生活において欠かせない重要なインフラとして定着してきた。一方で、介護保険制度に関する多様な問題が表面化しつつある。それらは、慢性的なホームヘルパーの不足問題、介護給付費の急増問題、ケアサービス事業者の不正受給問題など多岐にわたる（高見・玉置・中川ほか 二〇〇七）。このような状況をふまえ、最近、サービス内容や施設に関しての法律の改正もなされており、負担年齢の引き下げについても議論されている。さらに、二〇一二年の介護報酬改定においては、介護職員の処遇改善の取り組みとして、二〇一一年までに実施していた「介護職員処遇改善交付金」の相当分を介護報酬に円滑に移行するために、例外的かつ経過措置的な取り組みとして、二〇一五年までの間、「介護職員処遇改善加算」を創設した。そのほか、介護報酬のプラス一・二％の改定を行ったりするなど、多様な改革が行われている。

また、韓国においても増加している高齢者の介護ニーズに普遍的に応えるため、二〇〇八年に老人長期療養保険という社会保険制度が導入された。その制度に向けての議論が本格的に行われ始めた二〇〇三年ごろ、もっとも大きな課題としてあげられたことの一つはサービス供給の不足問題であった。二〇〇三年において、全国の高齢者介護施設の数は二三〇カ所であり、定員は一万六四五五人の水準であった。それは当時の高齢者人口の一％にあたる。しかし、高齢者人口の一〇～一五％程度がケアサービスを必要とするという先行研究の結果を基準にすれば、二〇〇三年のサービス供給量は必要量の一〇％しか満たしていなかった。そのため、韓国政府は事業者の市場参入基準を大幅に緩和してきた。その結果、現在は「高齢者全体の七・七％にサービスを提供できる規模まで供給量が増加してきた」（李ユンギョン 二〇一〇）といわれている。しかし、要介護認定を受けている高齢者の数は高齢者全体の五％であり、供給規模を下回っている。そこで、韓国政府は、介護ニーズへの保障性を高めるため、二〇一三年七月から要介護認定基準を段階的に緩和し、新たに二万三〇〇〇人以上の高齢者を制度枠内に包摂することを発表した。以上のように、日韓においてさまざまな側面から発生する供給と需要の問題に対応し、質の良いサービスの供給・利用ができるための環境整備に力を注いでいる。

一方で、とくに日本において介護保険制度の供給における「地域間格差」の問題は、意外と見逃されている（高見・玉置・中川ほか 二〇〇七）。第**2**章で述べたとおりに、準市場が成功するための前提条件のなかで、ル・グランは、「供給者の間において実質的な競争が起きる必要性」を強調している。それと同時に、彼は「選択が存在し、競争が現実であるためには選べる複数の代替的供給者が存在しなければならない。多くの公共サービスにおいてはこの条件が満たされていない議論がなされることが多かった。より具体的にいえば、とくに医療ケアと教育においては選択を提供するというのは幻想だというのである。イギリスにおいては、ロンドンは常に例外とされ、ロンドン以外に住む人たちにとっては、容易に通える距離にある学校や病院が十分にないというというような主張がなされる」（Le Grand 2007）と指摘し、一定の地域境界のなかにおける供給と選択の重要性に言及している。

そもそも、介護保険制度は自治体に大きな権限を与える制度であるため、納める保険料といった部分で自治体間に差がでるのはやむをえず、供給や利用の側面においても地域間格差が生じやすい構造となっている。

また、他方では、誰でも必要な時にアクセスすることができるようにサービスが整備されていることは、社会保険としても、ケアサービスとしても運用にあたって重要な必要条件ともいえよう。

したがって、介護施設・事業所の供給量に地域差があるかどうかに関して、より実証的に検証を行う必要があると考えられる。そこで、高齢者のニーズに十分に対応できる程度の供給量を備えているかどうかについて、大都市と農村地域との比較を行い、日本と韓国の現在の介護保険の姿を浮き彫りにしたい。以上の国際比較という視点以外に取り入れるもう一つの視点は、前述のとおりケアサービスは国民生活のなかで欠かせない基礎インフラとして根ざしているという点である。そこで、保育サービス、教育サービス、医療サービスなど、他の社会サービスインフラとの比較を通して、介護インフラがもつ特徴を明らかにすることに着目して分析を行う。

2　社会サービスインフラにおける供給の公平性と地域間格差

(1) 公平性に関する理論的検討

ケアサービスにおける公平性の概念を論じるにあたって、医療サービスの公平性概念が参考となる。ケアサービスは、医療サービスと同じく社会サービスの一種であり、医療サービスと同様に公共サービスであるという側面からは同一な公平性概念が適用できる。Wagstaff and Van Doorslaer（1993）は、公共サービスの公平性に対する定義をデリバリー（delivery）と財源調達（financing）の二つのカテゴリーに分類し、またそれぞれのカテゴリーを水平的公平性（horizontal equity）と垂直的公平性（vertical equity）に分けて定義している。またMooney（1994）は、公平性の概念として⑴一人あたりの費用、⑵一人あたりの投入、⑶同一なニーズに対する投入、⑷同一なニーズに対するアクセシビリティ、⑸同一なニーズに対する利用、⑹ニーズに応じた最小限の充足、⑺健康などをあげている。さらに、Culyer and Wagstaff（1993）は、ヘルスケアの公平性のとらえ方を⑴利用の平等、⑵ニーズに応じた配分、⑶アクセシビリティの平等、⑷健康の平等にわけて論じている。

以上のように、公平性は多様な観点から意味づけることができ、主に医療サービスを中心に論じられてきた傾向をもっている。そのなかでも、とりわけ実証的な研究においては「同一なニーズに対する同一なアクセシビリティ」という公平性の概念、いわゆる水平的公平性に関する実証研究が主流となっている（Wagstaff and Van Doorslaer 1993）。例えば、所得による医療サービス利用の格差や性別・地域による医療サービス利用の格差などを分析している研究がそれにあたる（坂本ら 二〇〇九；豊川ら 二〇一二；熊谷 二〇〇七；李ヨンぜら 二〇一一；金ジング 二〇一二）。それらの研究に用いられている測定方法としては、集中度指数、Le Grand指数やHiwv指数がもっとも多い。

一方で、ケアサービスにおいても、公平性という概念は非常に重要である。前述のとおり、ケアサービスの場合、地域境界を超えて利用するより住み慣れた地域内で利用する割合が高く、さらに、日本の場合、保険者が市町村となっているため、市町村間における格差が生じやすい構造となっている。そのうえ、医療サービスと異なって施設入所においては、居住する地域による制限を設けている。したがって、ケアサービスの利用の格差が生じないようにするためには、地域内において、ケアサービスを必要とする者が十分に利用することができる程度の供給量が備えられていると同時に、地域間格差が低いことが必要条件であるといえよう。

以上のとおり、ケアサービスは医療サービスよりも地理的なアクセシビリティが重要視される性格をもっており、さらに市町村ごとに運営されているため、地域間格差が生じやすい特徴をもつ。

そこで、本章では、ケアサービスの供給における地域間格差を他の社会サービスとの比較、日本と韓国間の比較を通して、その性格を明らかにし、政策的な含意を探りたい。

（２）地域間格差に関する先行研究の検討と本章の位置づけ

ケアサービスの地域間格差に関する研究としては、相川ら（二〇〇二）、高見ら（二〇〇七）、徐ドンミンら（二〇〇六）、李ユンギョン（二〇〇九）が示唆に富む（表７－１参照）。前の二つは日本の論文であり、後の二つは韓国の論文である。相川ら（二〇〇二）は、居宅介護サービス事業の展開状況について都市部（千葉県柏市）と農村（福岡県前原市・二丈町・志摩町・長崎県福江市・奈良尾町）との間の格差を分析している。アンケート調査および面接調査方法を用いて、両地域間の居宅介護サービス利用状況や事業所の参入状況、従業員の雇用形態、事業活動の状況などについて比較分析を行っている。その結果、都市部では、事業所の増加に比べて利用はそれほど増加しておらず、そのうえ、多様な事業所が新規参入し、競争も激しく経営収支では赤字になる事業所も多いことに比べ、農村部では、さほど新規参入がないため、競争も穏やかで、経営採算的に黒字の事業所が多いことが明らかになった。彼らが明らかにしたとおり、都市部と農村部の間の経営状況や利用に関する比較において差があるということは、本書が扱うニーズに対する供給量においても地域格差がある可能性を裏づけている。

また、介護保険給付と地域間格差にさらに焦点を絞っている研究としては高見ら（二〇〇七）の研究があげられる。彼らは、自治体間の財政力の相違による地域間格差とケアサービス競争の激しさによる地域間格差という、二つの問題意識のもとで実証的な分析を行っている。被説明変数として「居宅介護サービス受給者一人あたり居宅介護サービス保険金支給額」と「要介護認定率」を、説明変数として「各自治体の財政状況を表す変数」「供給者密度を表す変数」「各自治体の特性を表す変数」をおき、回帰分析を行っている。その結果、各自治体の財政状況が居宅介護サービス供給量に影響を及ぼしていること、各自治体は保険財源の負担を減らすために、サービス支給額をコントロールしていること、訪問介護サービス競争が激しい地域の方が、過度なサービス支給が生じていることなどを示している。彼らは、各自治体の財政状況が保険給付に与える影響について明らかにしており、とりわけ過度なサービス支給問題をめぐる現状を指摘している。ただし、都市部と農村部との違いではなく、自治体の財政力による給付の違いを明らかにしているという点では、本章の目的とは多少距離があるが、多様な側面から地域間格差が生じていることを明らかにしているという点で示唆に富む。

さらに、徐ドンミンら（二〇〇六）は韓国の高齢者医療福祉施設に焦点を当てて、地域間格差について集中度指数を用いて分析している。その結果、施設に対する需要と供給は人口密度が高い都市地域に集中しているが、施設の需要を考慮した施設充足率は人口密度が低い農村地域に集中していることを示している。つまり、農村地域に居住している高齢者のアクセシビリティが容易であるということになる。彼らの研究は、対象施設を一つに絞って詳しく検討しており、人口密度に比べて、需要と供給とを分けて集中度指数を計算しているという側面からは的確に分析している印象をもつ。しかしながら、そもそも高齢者医療福祉施設を利用することができる者は高齢者であり、人口密度と高齢者の人口密度が必ず一致しているとはいい難い。そのことを鑑みれば、高齢者の人口を基準にして、どれぐらいの供給量をもっているかを用いて地域間の公平性を論じた方が、より適切ではないかと考えられ、本書においては、その点に注意して分析を行う。

また、李ユンギョン（二〇〇九）は、二〇〇三年から二〇〇八年まで、介護施設や居宅介護事業所の地域間公平

表7-1　介護保険制度の地域間格差に関する実証研究

	研　究	分析内容	分析方法	主な結果
日本	相川ら(2002)	居宅介護事業所の運営における地域間格差	アンケート調査 面接調査	都市部においては、多様な事業所が新規参入し、競争も激しく経営収支では赤字になる事業所も多いことに比べ、農村部では、さほど新規参入がないため、経営収支で赤字になる事業所も少ない。
	遠藤ら(2007)	所得による介護ニーズと実際の介護サービス利用量の分布状況	集中曲線 集中度指数 カクワニ指数	所得階層間で介護ニーズの充足に大きな差はなく、所得の不平等と比較すれば相対的に公平な状態にある。
	高見ら(2007)	居宅介護サービス受給者一人あたり居宅介護サービス保険金支給額、要介護認定率	回帰分析	自治体の財政状況が居宅介護サービス受給時に影響を及ぼしている。
韓国	徐ドンミンら(2006)	老人医療福祉施設の地域分布	集中度指数 施設充足率	施設充足率において、地域間格差が大きい。施設充足率は、大都市ほど低いが、施設の需要は大都市に集中している。
	李ユンギョン(2009)	ケアサービス供給の都市部と農村部の公平性に関する時系列分析	集中曲線 集中度指数	介護保険制度の導入は介護サービスの地域間公平性を向上した。

資料：筆者作成。

性にいかなる変化があったかについて、集中曲線を活用して時系列的に分析を行っている。その結果、訪問介護事業所は地域間格差に大きな変化がなく、介護施設とデイサービス事業所は地域間格差が少なくなったことを明らかにしながら、老人長期療養保険制度の導入後、全般的に地域間公平性が向上されたと肯定的に評価している。

以上から、主に韓国においては集中度指数や集中曲線を用いて公平性を分析している研究が多いことに比べ、日本においてはそれほど多くはないと考えられる。そこで参考となる日本の研究としては、遠藤ら（二〇〇七）があげられる。彼らは、所得によるケアサービス利用の格差に焦点を当てている。まず、プロビット分析を通じて、所得が高い者ほど自己負担額の平均値が大きく、支給限度額を超えた介護サービス利用確率も有意に高いことを明らかにしたうえで、所得による介護ニーズの充足の度合いに差がある可能性を提示し，それを集中度指数，カクワニ指数などを活用して明らかにしている。その結果，所得階層間で介護ニーズの充足に大きな差はなく，所得の不平等と比較すれば相対的に公平な状態にあることを示している。彼らの研究は，地域間格差に関する研究ではないが，本来の集中度指数が用いられる「所得による医療サービス利用の格差」の検証枠組みをそのまま介護保険に適用しているという側面では，検討する価値が十分にあると考えられる。

以上で検討したとおり，多様な側面から介護保険の地域間格差を分析している論文が存在している。しかしながら，それらのなかで大部分の研究はケアサービスの「利用」における格差の分析であって，「供給」をめぐる地域間格差の分析を行っている研究は数少ない。また，とくに日本において人口密度による供給量の格差を分析している研究はさらに少ない。

そこで，本章では，日本と韓国のケアサービスにおける供給に焦点を当てて，地域間公平性について現状を明らかにし，さらにほかの社会サービスインフラとの比較を通してケアサービスインフラがもつ特徴と政策的な含意を示すことをめざす。その際に，分析対象となるサービスの供給量を把握するにあたって，実際に利用することができる年齢層と関連づけて分析枠組みを立てており，その点に本章の独自性があるといえる。

3　分析方法と対象

(1) 分析方法

日韓両国の介護保険制度においては，多様な種類のサービスが設けられているが，両国の制度に共通するサービスは，大きく施設サービスと居宅サービスに区別できる。したがって，本章では，施設サービスと居宅サービスに分けて、それぞれのサービスの公平性に関する検討を行う。分析の対象は施設サービスの場合は、両国の介護保険法に定められている施設のうち、介護老人福祉施設を対象とした。その理由は、三種類の介護保険施設のなかでは、もっとも福祉型施設に近いためである。また居宅サービスの場合は、訪問介護に限定する。その理由は、訪問介護サービスは日本でも韓国でも介護保険制度のなかで高い供給率を占めているため、代表的な居宅介護サービスとして位置づけることができると考えられるためである(1)。

また、分析の地域単位は、行政区域を基準として分類したが、日本は指定都市、中核市、その他の市町村は都道府県単位に分けて合計一〇六地域に区分し、韓国は市郡区（日本の「市町村」にあたる）単位で合計二三〇地域に区分した。各地域における人口密度を累積割合で示し、それらを等間隔で一〇個のグループに区分したうえで、便宜上、人口密度が低い三つのグループを「農村地域」、人口密度が高い三つのグループを「大都市」、その他の四つのグループを「中小都市」と仮定した。

地域別における供給の公平性を分析する方法としては、以下の二つの方法を用いている。一つは、それぞれのサービスの供給可能量を地域別に算出することによって、各地域のニーズに対する充足度を把握する方法である。もう一つは、各行政地域を単位として、人口密度によるサービスの供給量を集中曲線と集中度指数を活用し、評価を行う方法である。

集中曲線（Concentration Curve）は、ローレンツ曲線とジニ係数の算出方法を健康・医療・介護指標に適用したものである。この概念は、通常の産業構造分析によく用いられているのはもちろんのこと、社会サービス分野においては、主に、医療サービスの所得別による不公平度を把握する尺度として活用されている。ここでは、ケアサービスの供給における地域別の不公平程度を把握する尺度として活用したい。つまり、個人レベルではなく地域レベルに区分したカテゴリー資料を活用し、横軸には高齢者人口密度が低い地域から高い地域を累積割合で示し、縦軸

図7-1　集中曲線と集中度指数

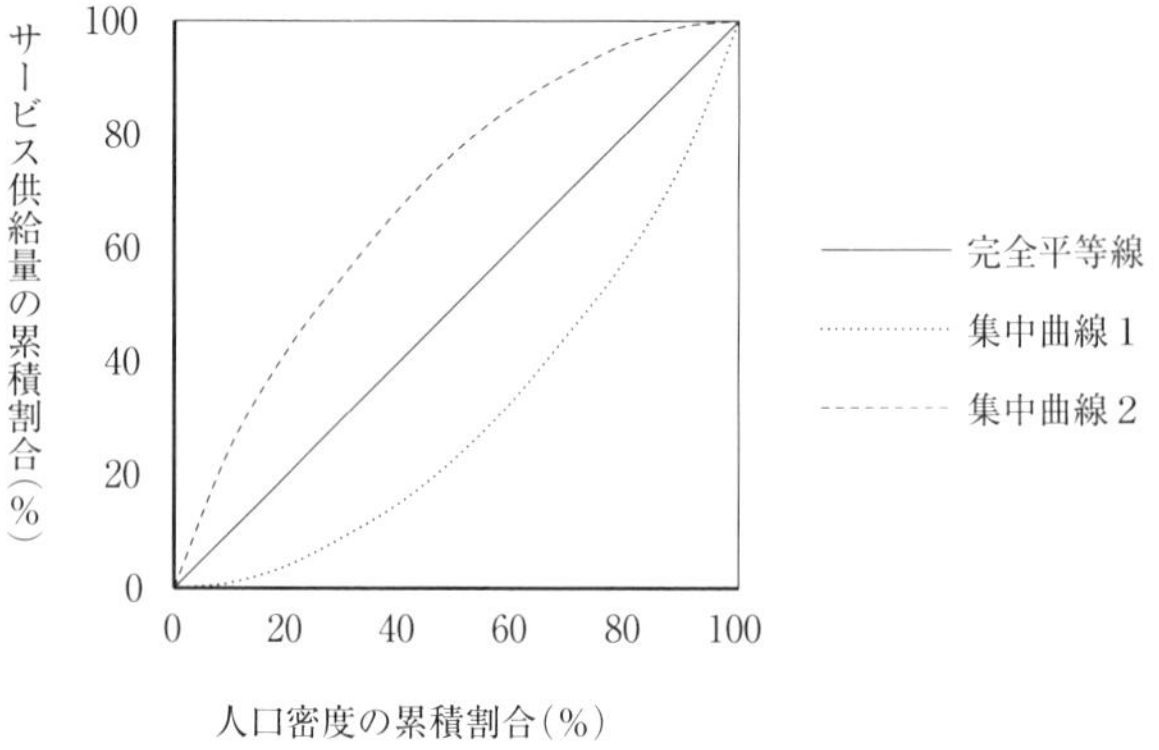

には各地域における該当人口一〇〇〇人あたり供給量（例えば、施設の定員数、訪問介護の従事者数）を累積割合で示したものであり、それを通じて地域とケアサービス供給量の分布を関連づけて把握することができる。

集中度指数（Concentration Index）は集中曲線と完全平等線で囲まれた部分の面積を二倍した数値であり、ケアサービス資源の分布を地域の人口密度と関連づけて測定することができる。理論的に、地域別の供給量が完全に平等な状態にある場合には、集中曲線のかたちは傾き四五度の一直線（完全平等線）となる。しかし、集中曲線が完全平等線の下に位置すれば、集中度指数はプラスの値（0〜+1）をもち（図7-1の「集中曲線1」）、完全平等線の上に位置すれば、集中度指数はマイナスの値（0〜-1）をもつ（図7-1の「集中曲線2」）。つまり、集中度指数は-1から+1の間の値となるが、ゼロを基準としてマイナス値が大きいほど、介護施設・事業所は人口密度が低い農村地域に集中していることを意味し、ゼロを基準としてプラス値が大きいほど、介護施設・事業所は人口密度が高い大都市地域に集中していることを意味する（図7-1参照）。

なお、集中度指数において、平等か不平等かを判断する正確な基準は設定されていない。つまり、相対的な基準のなかで判断する尺度としてとらえることができ、本書においては、プラスおよびマイナスの〇・〇七を基準にして、集中度指数の絶対値が〇・〇七より大きければ不平等であり、小さければ平等な状態にあることとする。

（2）分析対象

ケアサービスの供給における地域間格差を検討するために、その比較対象としていくつかの他のインフラについても分析を行ったが、それは以下のとおりである。大きく介護インフラ、保育インフラ、教育インフラ、医療インフラをその対象とした。そのうち、中心となるインフラである介護インフラは、施設介護インフラと居宅介護インフラに分けて検討を行う。

各インフラの供給量がどれくらい充足しているかを図るための指標としては、各サービスにおける定員またはサービスの提供者数を用いる。例えば、施設介護インフラの測定指標として、日本は介護保険法上に定められている施設のうち介護老人福祉施設の定員数を、韓国は老人長期療養保険法上に定められている長期療養施設の定員数を活用した。また、居宅介護インフラの指標としては、訪問介護サービスを提供する事業所の従事者数を活用した。前述のとおり、訪問介護サービスは、介護保険制度上の居宅介護サービスのうち、供給率がもっとも高いため、代表性をもっていると考えられる。しかしながら「定員」という概念がないため、従事者数を用いた方が供給インフラの充足程度を図るにあたって適切な指標であると考えられる。

したがって、施設介護の場合には「各地域の高齢者人口一〇〇〇人あたり介護施設の定員数」を、居宅介護の場合には「各地域の高齢者一〇〇〇人あたりの訪問介護事業所の従事者数」と設定した。

次に、保育インフラの場合、代表的な保育機関である保育所の定員数を活用し「各地域の未就学児一〇〇〇人あたりの保育所の定員」と設定した。また、教育インフラの場合、多様な教育機関があるが、そのなかで初等教育に注目して「各地域の小学生一〇〇〇人あたりの教員数」を用いることにする。最後に医療インフラの場合には各地域の医師数を活用し「各地域の人口一〇〇〇人あたりの医師数」を用いることにする。

4　供給の市場集中度に関する分析結果

（1）施設介護インフラ

表7-2と図7-2にしたがって、まず日本における施設サービス供給の分布について検討してみよう。高齢者一〇〇〇人に対する施設の定員数がもっとも多い地域は、地域①（一五・九人）であり、地域⑧（一四・四人）、地域⑩（一四・一人）の順となっている。一方で、少ない地域は、地域⑨（一〇人）、地域③（一一・六人）、地域⑦（一一・八人）の順となっている。全国平均は一二・九人であり、各地域間の偏りはほとんどみられない。

次に、韓国の場合をみれば、高齢者一〇〇〇人あたりの定員が多い地域は、地域①（二八・六人）、地域②（二一人）、地域⑥（一八・五人）、地域③（一八・一人）の順であり、少ない地域は、地域⑤（九・八人）、地域⑧（一二・一人）、地域⑩（一三・三人）の順となっている。大都市地域では、高齢者一〇〇〇人あたりの供給量が相対的に低い水準にとどまっており、農村地域ではサービス供給の水準が高くなっていることが読み取れる。高齢者一〇〇〇人あたりの施設定員の全国平均は一六・八人であり、日本より少し高い供給量を備えている。

集中曲線（図7-2）と集中度指数（表7-2）を通してみれば、日本はマイナス〇・〇〇七、韓国はマイナス〇・一〇八であり、韓国の方が日本より地域間不公平が大きいことがわかる。とくに、韓国において農村地域にサービス供給量が多い理由としては、いくつかのことが考えられる。まず、農村地域ほど比較的に土地の費用が安いため、施設の設置が容易である可能性がある。また、介護施設の特性上、地域住民の反対にぶつかる場合が多いといわれているが、そのような側面からみれば、人口密度が低い農村地域ほど施設の設置が容易であることも考えられる。

表7-2　各地域の高齢者1000人あたりの介護施設の定員

（単位：人）

	農村地域			中小都市				大都市			平　均	集中度指数
	①	②	③	④	⑤	⑥	⑦	⑧	⑨	⑩		
日　本	15.9	13.4	11.6	12.3	12.1	13.0	11.8	14.4	10.0	14.1	12.9	-0.007
韓　国	28.6	21.0	18.1	13.8	9.8	18.5	15.4	12.1	17.5	13.3	16.8	-0.108

資料：日本：厚生労働省（2011）『介護サービス施設・事業所調査』、総務省統計局（2012）『統計でみる市区町村のすがた2012』、総務省統計局（2010）『平成22年国勢調査人口等基本集計』、韓国：保健福祉部（2012）『上半期長期療養保険主要統計』、国土交通部（2012）『地籍統計年報』、統計庁（2010）『人口総調査』より筆者作成。

図7-2　施設介護インフラの集中曲線

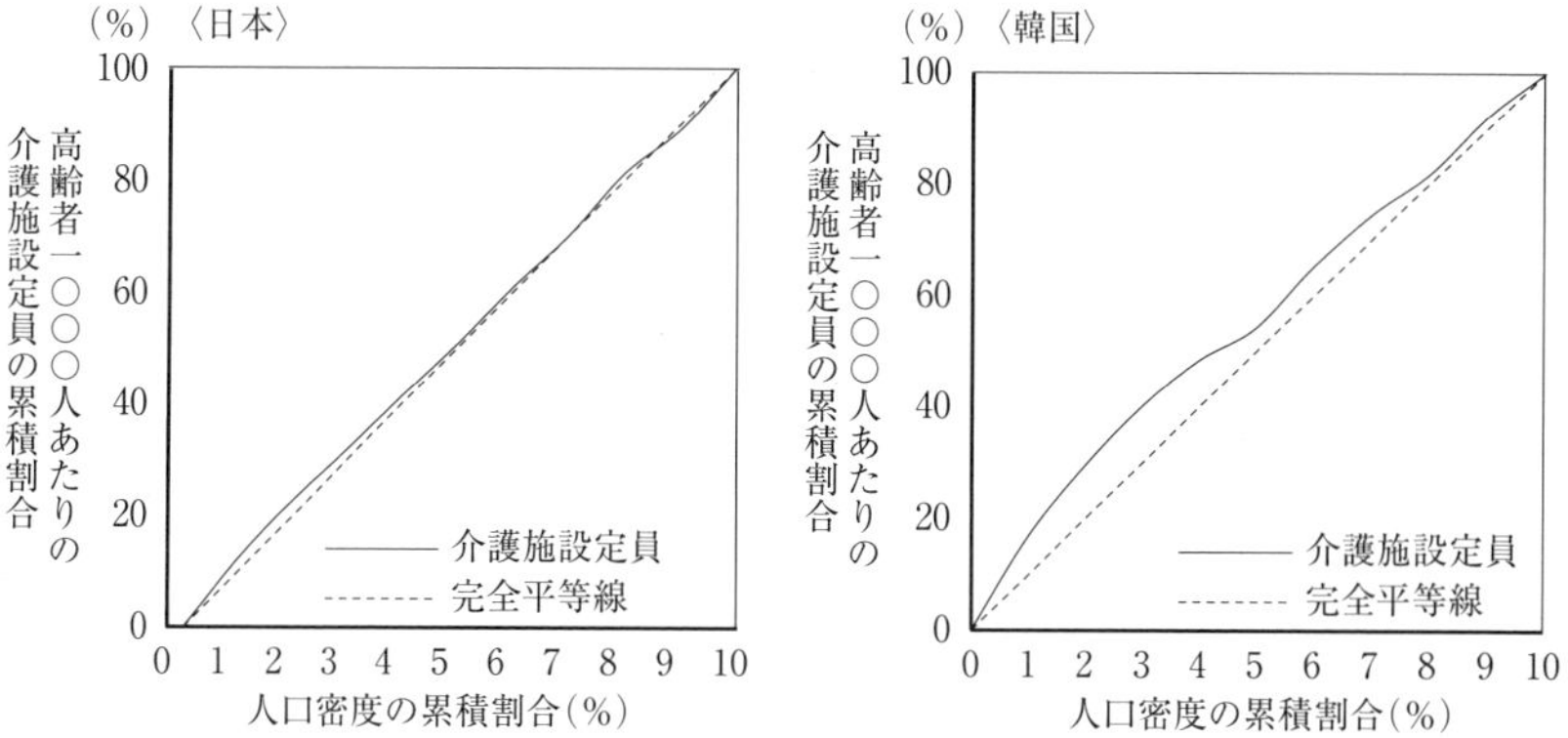

資料：日本：厚生労働省（2011）『介護サービス施設・事業所調査』、総務省統計局（2012）『統計でみる市区町村のすがた2012』、総務省統計局（2010）『平成22年国勢調査人口等基本集計』、韓国：保健福祉部（2012）『上半期長期療養保険主要統計』、国土交通部（2012）『地籍統計年報』、統計庁（2010）『人口総調査』より筆者作成。

（2）居宅介護インフラ

次に、表7－3と図7－3にしたがって居宅介護サービスの供給におけるインフラの地域間格差についてみよう。前述のとおり、訪問介護サービスの場合、施設サービスのような「定員」という概念がないため、各地域における高齢者一〇〇〇人あたりの訪問介護事業所の従事者数を用いた。

まず、日本の場合を検討すれば、平均従事者数は七・三人であり、農村地域と中小都市は全般的に平均を下回っており、大都市の場合、平均を上回っている。供給量が多い地域は、地域⑩（一一・七人）、地域⑨（八・八人）であり両地域とも大都市に属しており、供給量が少ない地域は、地域⑤（五・二人）、地域①（五・四人）であり、それぞれ中小都市と農村地域に属する。

また、韓国の場合、供給量が多い地域は、地域⑥（六六・二人）、地域⑦（六五・二人）であり、供給量が少ない地域は、地域①（四三・一人）、地域③（五一・九人）となっており、両地域とも農村地域である。

一方で、韓国の場合、平均従事者数は五七・三人であり、日本と比べて約八倍も多い。その理由としては以下のことが考えられる。第一に、日本と異なり韓国の場合、供給量の確保のために設置基準を緩め、個人が事業所を設置することができるようになっている。このような事情が、韓国における居宅介護サービスの供給量が増えたことに大きな影響を与えたと考えられる。第二に、訪問介護事業所の人員配置基準から理由が求められる。日本は、「訪問介護員」等の人員数は、常勤換算方法で二・五人以上を規定している一方で、韓国は、「訪問介護員（韓国の正式名称は「療養保護士」）」の人員数は、一五人以上を配置し、そのうち二〇％以上は常勤とすることを規定している。つまり、韓国の方が日本より多くの介護職員の人員配置基準を設けているため、高齢者一〇〇〇人あたりの従事者数において相対的に多くなっていることが考えられる。第三に、日本にはないが、韓国の訪問介護において存在している「家族療養保護士」制度がそのような結果を生みだしたと考えられる。同制度は、療養保護士資格を

表7－3 各地域の高齢者1000人あたりの訪問介護事業所の従事者数

（単位：人）

	農村地域			中小都市				大都市			平 均	集中度指数
	①	②	③	④	⑤	⑥	⑦	⑧	⑨	⑩		
日 本	5.4	6.1	6.5	6.5	5.2	8.0	6.5	7.3	8.8	12.7	7.3	0.142
韓 国	43.1	60.8	51.9	56.3	56.3	66.2	65.2	53.9	60.5	59.2	57.3	0.030

資料：日本：厚生労働省（2011）『介護サービス施設・事業所調査』、総務省統計局（2012）『統計でみる市区町村のすがた2012』、総務省統計局（2010）『平成22年国勢調査人口等基本集計』、韓国：保健福祉部（2012）『上半期長期療養保険主要統計』、国土交通部（2012）『地籍統計年報』、統計庁（2010）『人口総調査』より筆者作成。

図7－3 居宅介護インフラの集中曲線

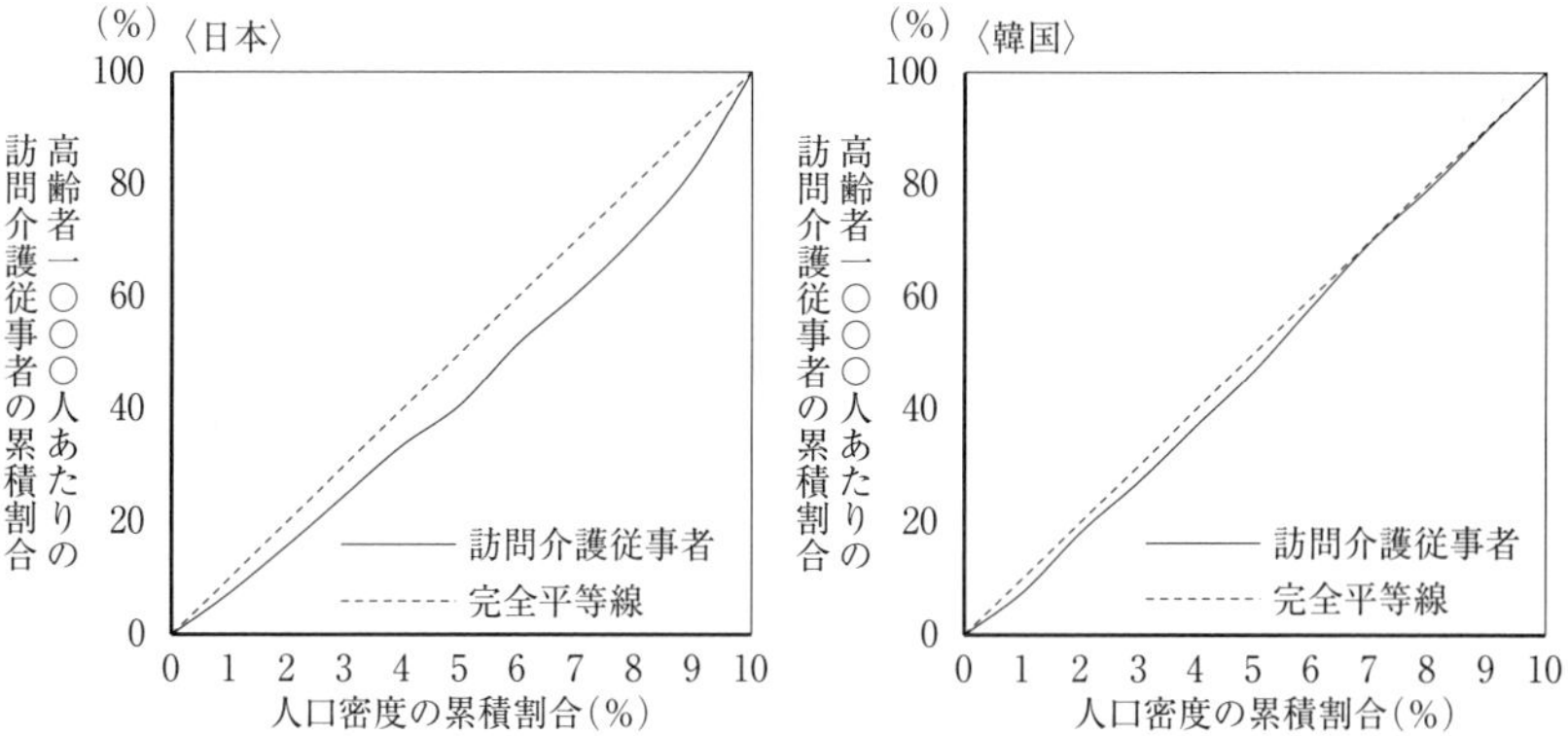

資料：日本：厚生労働省（2011）『介護サービス施設・事業所調査』、総務省統計局（2012）『統計でみる市区町村のすがた2012』、総務省統計局（2010）『平成22年国勢調査人口等基本集計』、韓国：保健福祉部（2012）『上半期長期療養保険主要統計』、国土交通部（2012）『地籍統計年報』、統計庁（2010）『人口総調査』より筆者作成。

取得した家族構成員が要介護認定高齢者を介護した場合、「一日六〇分、一カ月二〇日まで」を有料サービスとして認め、保険給付を行うことをさす。保護者の経済的負担を軽減し、家族介護を通じて高齢者には心理的安定感を与えようとする趣旨から出発した。現在、訪問介護サービスを提供している介護職員全体のなかで四九％が家族療養保護士であり、その数は毎年増加しつつあると報告されている（保健福祉部 二〇一二）。つまり、韓国は日本より高齢者の数に比べて多くの介護職員が訪問介護事業所に配置されているとしても、その半数は家族療養保護士であるということである。以上の理由から、韓国における高齢者一〇〇〇人あたりの従事者数が日本に比べて遙かに高くなっていると考えられる。

集中度指数からみれば、日本は〇・一四二、韓国は〇・〇三〇であり、とくに日本において高齢者一〇〇〇人あたりのサービスの供給量は都市部で相対的に多いことがわかる。しかし、施設介護サービスとは対照的に、日本に比べて韓国の方が地域間サービスの格差が少ないこともわかる。

訪問介護サービスは施設介護サービスと異なって、大都市地域において高齢者一〇〇〇人あたりの供給量が多い理由としては、訪問介護事業所の場合、施設に比べて土地・建物の取得のための費用などの影響が少ないことや設置基準を満たしやすいこと、また、地域住民との軋轢を起こす可能性が低いため、大都市にも設置しやすいこと、さらに、大都市では訪問介護員が高齢者の自宅まで行く移動距離が短く、需要も大きいため、経営しやすいと考えて市場に参入する事業者が多いことなどが考えられる。

（3）保育インフラ

次に、保育インフラは未就学児一〇〇〇人あたりの保育所の定員を指標として活用した（表7‐4と図7‐4参照）。未就学児一〇〇〇人あたりの保育所の平均定員は、日本二四五人、韓国六八〇人であり、韓国が著しく高い

表7－4 各地域の未就学児1000人あたりの保育所の定員

（単位：人）

	農村地域			中小都市				大都市			平　均	集中度指数
	①	②	③	④	⑤	⑥	⑦	⑧	⑨	⑩		
日　本	352	297	273	217	200	179	226	210	202	289	245	－0.051
韓　国	907	703	644	744	644	586	652	594	671	655	680	－0.048

資料：日本：総務省統計局（2012）『統計でみる市区町村のすがた2012』、総務省統計局（2010）『平成22年国勢調査人口等基本集計』、韓国：保健福祉部（2012）『保育統計』、国土交通部（2012）『地籍統計年報』、統計庁（2010）『人口総調査』より筆者作成。

図7－4 保育インフラの集中曲線

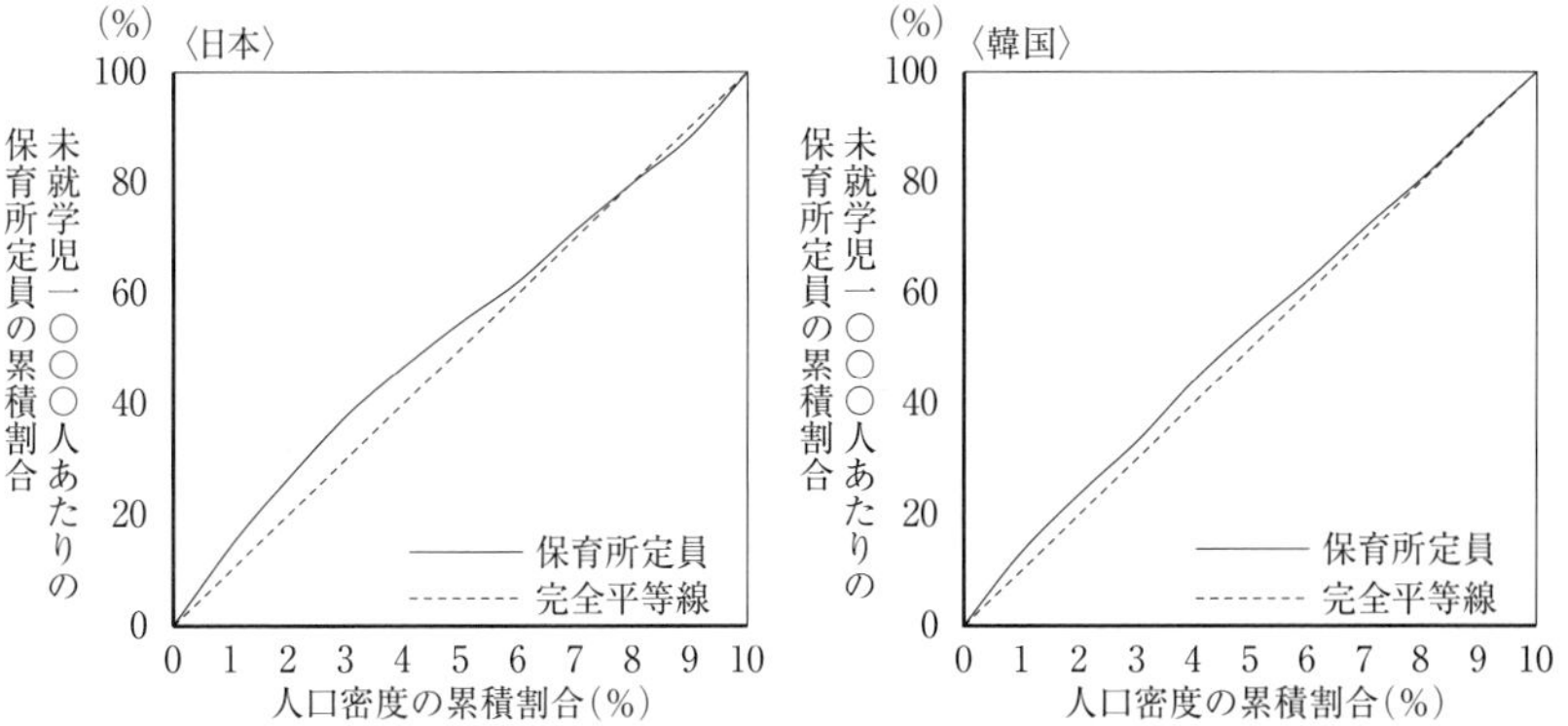

資料：日本：総務省統計局（2012）『統計でみる市区町村のすがた2012』、総務省統計局（2010）『平成22年国勢調査人口等基本集計』、韓国：保健福祉部（2012）『保育統計』、国土交通部（2012）『地籍統計年報』、統計庁（2010）『人口総調査』より筆者作成。

供給量をもっているといえる。まず、日本の場合を検討すれば、比較的に供給量が多い地域は、地域①（三五二人）、地域②（二九七人）、地域⑩（二八九人）、地域③（二七三人）順であり、地域⑩以外は農村地域となっている。一方で、供給量が少ない地域は、地域⑥（一七九人）、地域⑤（二〇〇人）、地域⑨（二〇二人）、地域⑧（二一〇人）であり、中小都市および大都市が占めている。

韓国の状況も類似している。供給規模が大きい地域は、地域①（九〇七人）、地域④（七四四人）、地域②（七〇三人）順であり、農村地域が多い。一方で、供給規模が少ない地域としては、地域⑥（五八六人）、地域⑧（五九四地域）があり、中小都市・大都市である。

集中度指数を比較してみれば、日本はマイナス〇・〇五一、韓国はマイナス〇・〇四八となっており、両国とも農村地域ほどサービス供給量がやや多くなっているが、地域間格差はあまりみられず、地域間公平性が保たれているといえよう。

しかし、本書のメインではないが、もう一つの重要なことを加えれば、日本の場合、各地域において保育所の入所待機児童数は非常に多いことにも注目する必要がある。本書の分析対象となっている一〇六カ所の地域のなかで、三〇地域を除いた七六地域において多くの待機児童数が存在している。全国的に二万六〇〇〇人に至っており、各地域別に平均二四八人の待機児童がいる。また、その集中度指数は〇・一六六となり、都市部で入所待機児童が多く、地域間において大きな偏りが存在していることがうかがえる。(2) 以上から、日本の場合、保育所の定員については地域差が少ないといえるが、入所待機児童数に関しては、大きな地域間格差が存在しているといえよう。

（4）教育インフラ

次に、表7-5と図7-5より教育インフラについてみてみよう。教育インフラを測定するための指標としては

表7-5　各地域別の小学生1000人あたりの教員数

（単位：人）

	農村地域			中小都市				大都市			平　均	集中度指数
	①	②	③	④	⑤	⑥	⑦	⑧	⑨	⑩		
日　本	68.3	54.8	55.5	52.1	51.7	49.1	50.2	51.6	53.3	57.7	54.4	－0.011
韓　国	89.0	57.4	59.2	63.8	60.3	57.9	59.4	60.3	60.9	59.3	62.8	－0.043

資料：日本：総務省統計局（2012）『統計でみる市区町村のすがた2012』、総務省統計局（2010）『平成22年国勢調査人口等基本集計』、韓国：教育部（2012）『教育統計年報』、国土交通部（2012）『地籍統計年報』、統計庁（2010）『人口総調査』より筆者作成。

図7-5　教育インフラの集中曲線

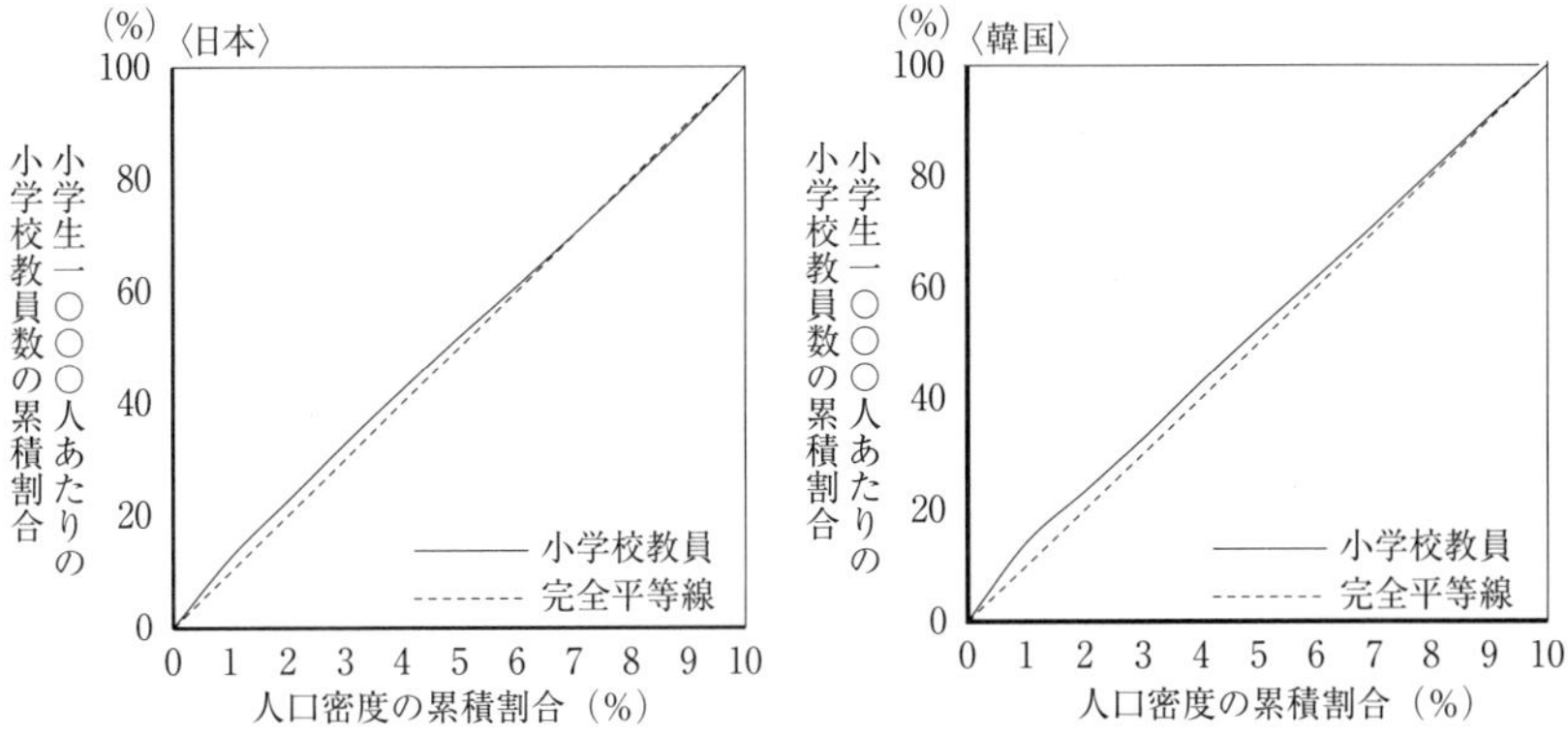

資料：日本：総務省統計局（2012）『統計でみる市区町村のすがた2012』、総務省統計局（2010）『平成22年国勢調査人口等基本集計』、韓国：教育部（2012）『教育統計年報』、国土交通部（2012）『地籍統計年報』、統計庁（2010）『人口総調査』より筆者作成。

小学生一〇〇〇人あたりの教員数を活用した。初等教育は義務教育として定められているためかもしれないが、他のサービスに比べて地域間格差がそれほど大きくない。各地域の平均教員数も日本は五四・四人、韓国は六二・八人であり、韓国の方が少し多いとはいえ、大きな違いはない。

日本の場合について検討すれば、小学生一〇〇〇人あたりの教員数が多い地域は、地域①（六八・三人）、地域②（五四・八人）、地域③（五五・五人）、地域⑩（五七・七人）であり、主に農村地域となっている。一方で、少ない地域は、地域⑤（五一・七人）、地域⑥（四九・一人）、地域⑦（五〇・二人）、地域⑧（五一・六人）であり、主に中小都市となっているが、地域区分による偏りは大きくない。

韓国において、小学生一〇〇〇人あたりの教員数が多い地域は、地域①（八九・〇人）、地域④（六三・八人）、地域⑨（六〇・九人）であり、少ない地域は、地域②（五七・四人）、地域③（五九・二人）、地域⑥（五七・九人）であり、こちらも地域区分による偏りは大きくない。

以上のことは、集中曲線グラフ（図7-5）を通してみても確認することができる。両国の集中度指数は日本がマイナス〇・〇一一、韓国がマイナス〇・〇四三であり、人口密度が低い地域にサービスがやや多い様相をみせてはいるが、他のインフラに比べてどの地域にも比較的公平にサービスの供給が行われているといえる。

なお、人口密度が低い地域（地域①）の教員数がやや多くなっている理由としては、過疎地域に所在している小学校ほど、一クラスあたりの生徒数が少なくなるため、その結果として小学生一〇〇〇人あたりの教員数が多くなっていることが考えられる。

（5）医療インフラ

最後に、医療インフラについて検討してみよう（表7-6と図7-6参照）。医療インフラは人口一〇〇〇人あた

表7-6　各地域別の人口1000人あたりの医師数

（単位：人）

	農村地域			中小都市				大都市			平　均	集中度指数
	①	②	③	④	⑤	⑥	⑦	⑧	⑨	⑩		
日　本	2.2	2.7	3.1	2.7	2.6	2.1	2.3	1.8	2.2	3.3	2.5	0.002
韓　国	1.2	2.1	2.5	2.4	2.5	1.8	1.8	1.6	2.9	3.6	2.2	0.085

資料：日本：厚生労働省（2011）『医療施設調査』、総務省統計局（2012）『統計でみる市区町村のすがた2012』、総務省統計局（2010）『平成22年国勢調査人口等基本集計』、韓国：国民健康保険公団（2011b）『地域別医療利用統計』、国土交通部（2012）『地籍統計年報』、統計庁（2010）『人口総調査』より筆者作成。

図7-6　医療インフラの集中曲線

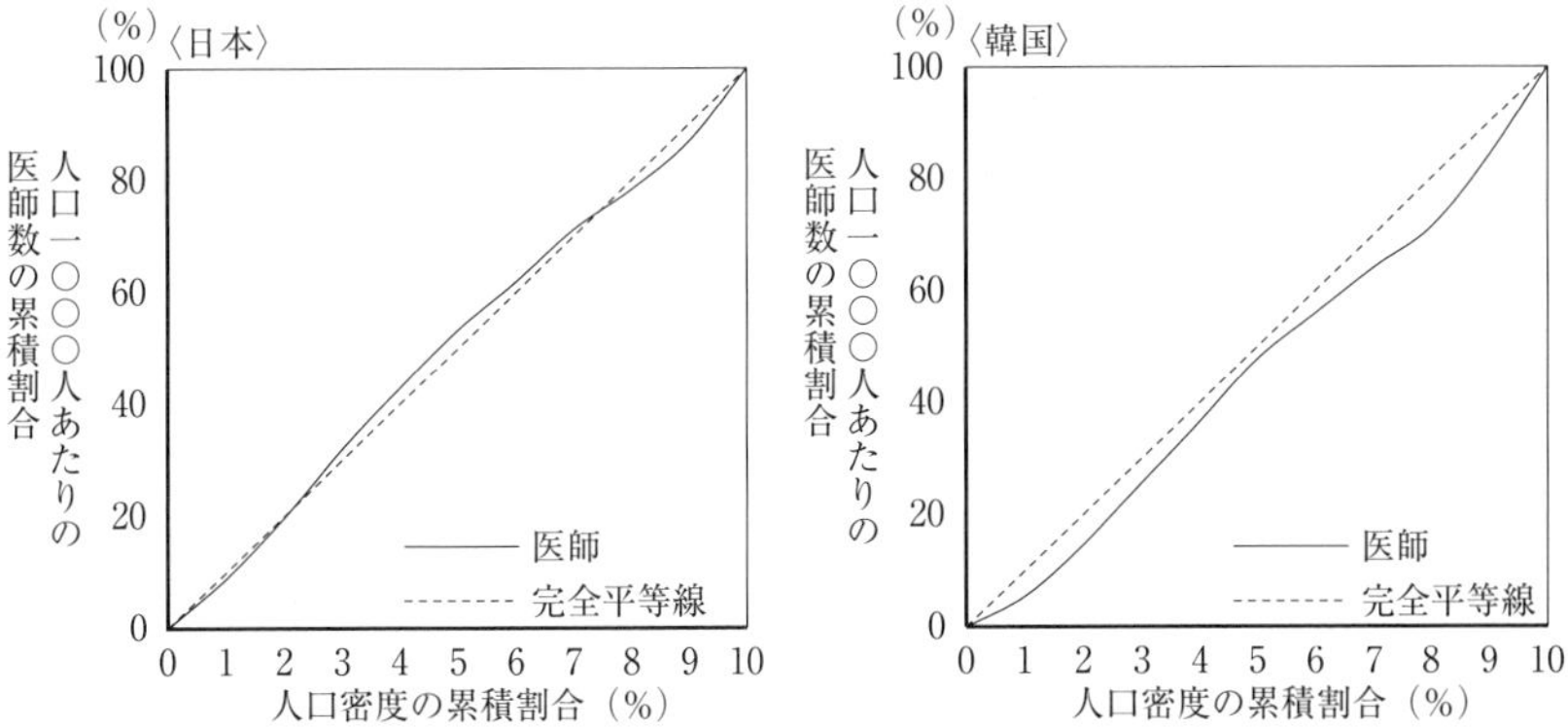

資料：日本：厚生労働省（2011）『医療施設調査』、総務省統計局（2012）『統計でみる市区町村のすがた2012』、総務省統計局（2010）『平成22年国勢調査人口等基本集計』、韓国：国民健康保険公団（2011b）『地域別医療利用統計』、国土交通部（2012）『地籍統計年報』、統計庁（2010）『人口総調査』より筆者作成。

りの医師数を指標として活用した。医療インフラの供給を的確に把握するためには、病床数と医師数との両方の統計資料を用いた方がよいと考えられるが、病床数に関しては該当する資料が見当たらなかったため、ここでは医師数のみを用いることにした。

分析の結果、まず、日本の状況についてみると、人口一〇〇〇人あたりの医療サービスの供給量がもっとも大きい地域は、地域②（二・七人）、地域③（三・一人）、地域④（二・七人）、地域⑩（三・三人）であり、主に農村地域が多く、一方で供給量が小さい地域としては、地域①（二・二人）、地域⑥（二・一人）、地域⑧（一・八人）、地域⑨（二・二人）であり、農村地域と中小都市および大都市の間に大きな違いはない。

次に、韓国の場合をみれば、人口一〇〇〇人あたりの医療サービスの供給量が大きい地域は、地域③（二・五人）、地域⑤（二・五人）、地域⑨（二・九人）、地域⑩（三・六人）であり、小さい地域は、地域①（一・二人）、地域⑥（一・八人）、地域⑦（一・八人）、地域⑧（一・六人）である。以上から明らかになったことは、韓国における医療サービス供給量には地域区分による差ではなく、全体においてばらつきがみられることである。

医療インフラの集中度指数は、日本は〇・〇〇二であり、ほかのインフラに比べて地域間にもっとも平等に分配されていることがわかる。一方で、韓国の場合、〇・〇八五であり、施設介護インフラ（マイナス〇・一〇八）の次に地域間の公平性に欠ける。また、人口一〇〇〇人当たりの医師数は日本が二・五人、韓国が二・二人であり、わずかに日本のほうが多くなっている。

5　社会サービスインフラのなかでケアサービスインフラがもつ特徴

以上の分析から、本書の主題である介護インフラの供給がもつ特徴および政策的な含意について図7‐7にもと

図７－７　日韓における社会サービスインフラの集中度指数

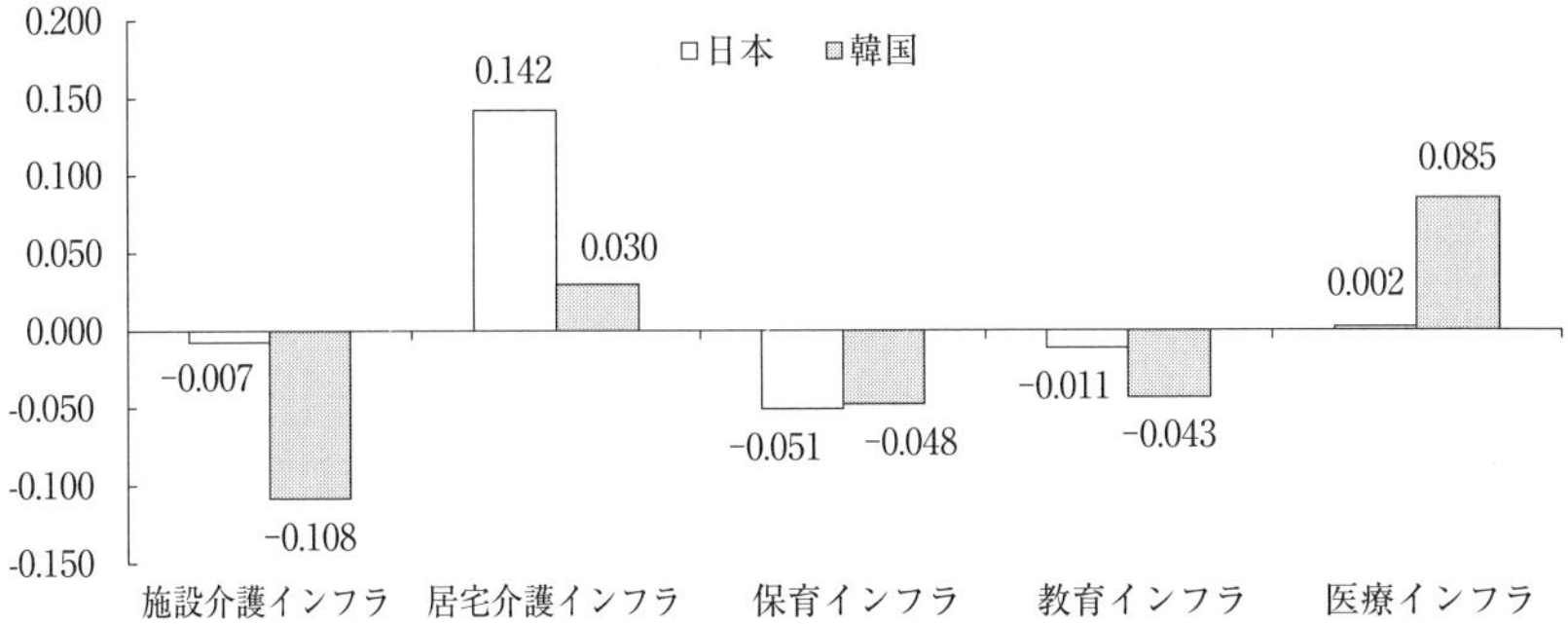

資料：表７－２、表７－３、表７－４、表７－５、表７－６にもとづいて作成。

づいてまとめよう。

まず、日本の場合、地域間公平性が保たれているサービスインフラは、医療―施設介護―教育―保育サービスの順となる。ただし、保育サービスインフラは、保育所の定員については地域間公平性が保たれているといえるが、入所待機児童数に関しては、大きな地域間格差が存在している可能性が高い。また、居宅介護サービスインフラについては人口密度が高い大都市に偏って充実しており、地域間公平性に欠けている。このように、施設介護と居宅介護サービスインフラの間に大きな違いがあることがわかる。

施設介護の場合、地域間格差が少ないため、利用者のアクセシビリティが比較的保障されているといえるが、居宅介護の場合、ほかのサービスと比較してみても地域による格差が大きくなっており、農村地域の利用者のアクセシビリティが保障されていない可能性が高い。さらに、居宅介護インフラが大都市に偏って充実していることにより、中小都市および農村地域の高齢者がサービスの利用に困難を経験していることが考えられ、一方で相対的にサービスの供給量が多い大都市においては、利用者をめぐって事業所間の過当競争が起きている可能性があることが推測される。

一方で、韓国の場合、地域間公平性が保たれているサービスは、居宅介護―教育―保育サービスの順となる。施設介護サービスと医療サービスインフラは地域間公平性に欠けている。医療サービスインフラは人口密度が高い大都市で比較的充実しており、施設介護サービスインフラは人口密度が低い農村地域および中小都市で充実している。しかし、韓国は日本と異なり、居宅介護より施設介護インフラの地域間格差が大きいことがわかる。前述のとおり、韓国は居宅介護サービス事業所、とりわけ訪問介護事業所を設置する基準が緩くなっており、個人による設置も認めているなど、サービス市場に参入するハードルが低くなっていることと、家族介護に対して「家族療養保護士」制度というかたちで保険給付を行っていることが、地域間の公平性が充足されていることにつながったと考えられる。一方で、施設介護サービスの場合、施設を設置するためには土地費用、地域住民との軋轢など多方面から諸事情を考慮する必要があり、この場合、人口密度が高い大都市よりは人口密度が低い農村地域の方が土地費用も安く、地域住民との軋轢も避けやすいため、農村地域に集中していると考えられる。しかし、長期的にみれば、大都市地域に居住している高齢者の施設サービスに対するアクセシビリティを高める必要があり、したがって大都市にもサービスの供給が拡充されることが望ましいであろう。

なお、日韓の両国とも保育サービスと教育サービスは地域間公平性が保たれているとはいえ、人口密度が低い地域にサービス供給量が相対的に多い。それはいかに説明できるのか。仮に、サービス供給量対人口数比が同一な農村地域の「a地域」と大都市の「b地域」があると仮定してみよう。この場合、「a地域」に居住している住民と「b地域」に居住している住民が供給機関まで移動するのにかかる時間や移動距離まで同様とはいい難い。つまり、「a地域」に居住している住民ほど、供給機関まで移動するのにかかる時間や移動距離が長い可能性がある。そのような観点を鑑みれば、人口密度が低い地域にサービスの供給が少し多くなっていた方が、サービスへのアクセシビリティの次元からみれば望ましいともいえる。この議論に従えば、日韓における保育と教育サービスインフラの集中度には大きな問題はないようにみえる。ただし、日本の保育サービスは入所待機児童が大都市において明らかに多く集中している点を考慮すれば、それは深刻な不公平問題を抱えていると解釈することができる。それと同様に、日韓両国とも、とくに日本において居宅介護インフラは、大都市に多く集中している傾向にあるが、とりわけ居宅介護サービスは、施設介護サービスよりも地域境界を越えて利用するより、住んでいる地域内で利用する割合が高い現状を考慮すれば、この点は早急に解決すべき深刻な問題であるととらえることができる。

最後に、日本の農村地域において居宅介護サービスを増やすための政策的な対応策を提示したい。周知のように、介護保険制度は介護報酬が設けられているため、サービス価格が一律に定められている制度である。しかし、サービス提供地域ごとの人件費などの地域差を反映させるため、地域区分を七地域（一級地・二級地・三級地・四級地・五級地・六級地・その他）に分け、区分ごとに割り増しを行っている。そのなかで、さらに介護報酬に対する人件費割合によって三段階にサービス種類を区分しているが、訪問介護サービスは「人件費割合七〇％のサービス」（厚生労働省 二〇一二a）として位置づけられており、人件費の影響を多く受けているサービスとしてとらえることができる。そこで問題は、介護報酬の割り増し基準が人件費であるため、人件費の高い大都市ほど介護報酬が高く設定されていることである。この介護報酬の体系では、大都市と農村地域の間における供給にさらに大きな格差が生じる可能性がある。したがって、今後はサービスへのアクセシビリティも介護報酬の割り増しに反映させ、アクセシビリティが低い農村地域に対する介護報酬の割り増しなどを通じて、供給量を増やす方法も考えていく必要があるであろう。

注

（1）日本の場合、居宅介護サービスの種類による事業所数は、通所介護事業所が約三万カ所でもっとも高く、次に訪問介護事業所が二万五〇〇〇カ所であり、高い割合を占めている（二〇一一年基準）。

（2）次に示す表7-7と図7-8は、日本における保育所の入所待機児童数の場合を示したものである。保育所の定員から

表7-7　日本の各地域の未就学児1000人あたりの保育所の入所待機児童数

（単位：人）

	農村地域			中小都市				大都市			平　均	集中度指数
	①	②	③	④	⑤	⑥	⑦	⑧	⑨	⑩		
日　本	1.3	1.4	3.2	4.2	5.5	5.6	7.0	7.7	6.1	1.4	4.4	0.166

資料：総務省統計局（2012）『統計でみる市区町村のすがた2012』、総務省統計局（2010）『平成22年国勢調査人口等基本集計』より筆者作成。

図7-8　保育所入所待機児童数の集中曲線（日本）

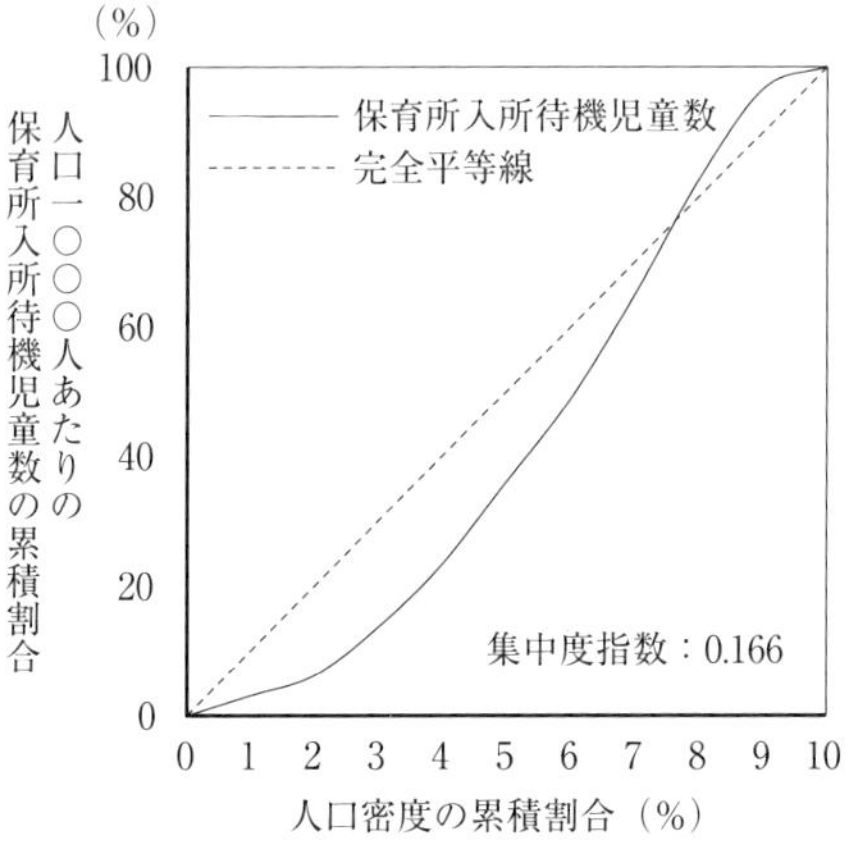

資料：総務省統計局（2012）『統計でみる市区町村のすがた2012』、総務省統計局（2010）『平成22年国勢調査人口等基本集計』より筆者作成。

みれば、農村地域にインフラが集中している結果となっているが、入所待機児童数からみれば、明らかに大都市に集中していることがわかる。つまり、大都市ほどニーズをもっている子どもがサービスを利用することができるのに十分な供給量を充足していないことを意味している。さらに、集中度指数は〇・一六六であり、本章で対象としてとりあげたサービスインフラ全体と比較してもっとも不公平な状態にあるといえる。それらを考慮すれば、日本における保育所定員の集中度指数はマイナス〇・〇五一とはいえ、その数値より不公平な状態にある可能性が高いことを示唆している。

第8章　ケアサービス準市場における現在の姿

1　本章の視点

第Ⅰ部において、ル・グランの準市場理論を日韓の状況に適用するにあたり、当てはまる点と当てはまらない点を示した。また第Ⅱ部では、それに即して準市場の現状を検証して分析する必要を検討課題とし、第6章と第7章においては、統計資料などを用いて、日本と韓国におけるケアサービス準市場の姿を明らかにしてきた。第6章ではケアサービスの利用量と供給量について、第7章では市場集中度の分析を通じて、ケアサービス供給システムがもっている特徴と課題を指摘してきた。

本章では、第Ⅰ部で明らかにした日本と韓国のケアサービス準市場の理論的特徴に着目しながら、ル・グランの理論枠組みに従って準市場の姿を浮き彫りにする。

冒頭で述べたとおり、準市場理論に依拠して介護保険制度の分析を行っている研究はある程度積み重ねられてきたと考えられる。しかし、その理論に従って、実践現場を実証的に検証している研究は未だに少ない。二〇〇〇年に武川が全国の市町村と東京都の特別区全数を対象として、「介護保険実施による介護サービスの変化に関する調査」を行っており、それは現在に至るまで示唆に富む内容である。しかし、その調査は行政を対象としており、現場側の立場を代弁しているとは言い難く、多少の不十分さは残る。また、制度が始まって一年も経過していない時点で行われた調査であり、その後の現状において把握できる研究は見当たらない。さらに、国際比較を通して、日本の状況を明らかにしている研究も見当たらない。そこで、本章ではル・グランが提示している「準市場の成功前提条件」を参考にしつつ、日韓両国の比較を通して日本における準市場の姿を探りたい。

2　調査の特徴

(1) インタビュー調査の結果にもとづいた質問項目の作成

二〇一二年二月に韓国の社会福祉法人・株式会社・個人が運営している「訪問介護」「通所介護」事業所の常勤管理者の二二名を対象としてインタビュー調査を行った。その調査の分析結果、いくつかの有効な見解が得られた。そのなかでは、供給者側がサービス現場の市場化を未だに理解していないことや市場化自体を否定的にとらえている状況が多くみられた。準市場メカニズムが有効に機能するためには、まず供給者が準市場の特徴を正確に認識する必要がある。

その調査は韓国のみを対象とした調査であり、日本の介護サービス準市場にまで適用することは当然無理である。しかし、日本も同様の状況下にあることはある程度予測できる。したがって韓国でのインタビュー調査の結果を韓国のみならず日本の介護サービス現場においても一般化できる特徴として位置づけるために、日韓両国を対象として調査を行う必要がある。ただし、訪問介護サービスと通所介護サービスは同じく居宅サービスであるとしても、その性格には多少の違いがある。さらに前回行った調査はインタビュー調査であり、サービスの種類を考慮して、質問項目を加減することができたが、今回の調査は郵便によるアンケート調査であり、それができない。そこで、本調査では調査対象となるサービスを訪問介護サービスに限定することにした。

(2) ル・グランが提示している準市場の成功前提条件を土台としている調査

ル・グランは準市場が成功するための前提条件として、(1)市場構造（多くの供給者と多くの購買者が存在すること）、(2)情報（市場の内外から情報を得やすいこと、利用者は彼らが購買するサービスの質を監視することができること）、(3)取引費用と不確実性（契約を結ぶのにかかる費用を最小限にすること、不測の事態に備えること）、(4)動機づけ（供給者・利用者に十分なメリットがあること）、(5)クリーム・スキミング（供給者が利用者を選ぶ行動をとらないこと）の五つの条件を提示している。本調査は基本的には、以上の条件にもとづいている。ただし、日本と韓国の準市場の特徴を反映して、より的確な実態調査を行うため、それらの要素を加えて質問項目を構成する。

なお、本調査は同一の質問紙にもとづいて、日本と韓国の準市場を比較することをもう一つのねらいとしている。現在の日本と韓国における介護サービス準市場の構造は類似している側面が多いが、その有効性や中身まで同様とはいい難い。そこで、同じ質問紙を用いて、比較調査を行うことで明らかになるそれぞれの特徴もあると考えられ、日本と韓国の両国を調査の対象とする。

3　調査の概要

(1) 調査目的

本調査の目的は、介護サービスを提供している現場が準市場メカニズムの成功前提条件を満たしているかを明らかにすることである。また日本と韓国との間にはどのような共通点と相違点がみられるかを把握することである。

(2) 調査対象および対象地域

調査対象は、日本と韓国の訪問介護事業所の運営に携わっている者（事業所の運営状況についてよく理解している者）である。介護サービスといっても、各々のサービスによってその性質が異なるため、一つの質問紙を多数のサービスに適用するのは不適切であると考えられ、介護サービス全体のなかでもっとも利用率・供給率が高い訪問介護事業所に限定することにした。

調査対象地域は、日本は東京都の二三区内に所在している事業所、韓国はソウル市内に所在している事業所とする。東京都とソウル市はそれぞれの国における首都であり、産業構造や人口構造など互いに類似している点が多い都市でもあるため、比較の対象としてもっとも適切であると考えられる。

(3) 調査方法および期間

調査方法は、郵送によるアンケート調査である。調査対象が多数であることと、二つの国に同じ質問紙で調査を行うことを考え、無記名自記式質問紙を用いることにした。

表8-1　調査の概要

項　目	内　容
調査対象	訪問介護サービスを提供する事業所の運営関係者（主に、管理者）
調査対象地域	日本の東京23区と韓国のソウル市内に所在している事業所（各1000カ所）
調査方法	郵送による無記名自記式アンケート調査
調査期間	2013年5月～6月

調査対象事業所の抽出は、日本の場合、二〇一三年五月時点で、WAM-NET「介護サービス情報公表システム」に東京都の二三区内に所在している訪問介護事業所として登録されている二七六三事業所より、一〇〇〇事業所を無作為に抽出した。また、韓国の場合も二〇一三年五月時点で、老人長期療養保険ホームページ上の「長期療養サービス事業所の検索」にソウル市内に所在している訪問介護事業所として登録されている一八七一事業所より、一〇〇〇事業所を同様に無作為に抽出した。抽出された事業所宛てには、質問紙を一部郵送し、回答した質問紙は郵送で返信してもらうように依頼した。

調査は、二〇一三年五月から六月までの期間に実施した。表8-1は以上の調査概要を示したものである。

(4) 倫理的配慮

本調査は訪問介護事業所の運営関係者に対し、運営実施状況に関する諸項目をたずねる調査であるため、回答者に対する倫理的な配慮を行った。

質問紙の表紙に「調査目的」と「調査方法」などの調査の趣旨を明記するとともに、調査は無記名で、個人や事業所が特定できないように統計処理を行うこと、調査で得られた結果は学術研究以外の目的で使用しないことを説明した書面を質問紙に同封し、同意のうえでの回答の返送を求めた。

（5）質問紙の構成

質問紙は、基本的にはル・グランが提示している五つの準市場成功前提条件にもとづいて構成する。ただし、そのなかでは本調査を通して明らかにし難いものもあれば、ル・グランの条件には含まれていない日韓のケアサービス準市場の特徴もある。そこで、それらの問題点を考慮して表8－2のとおりに質問紙を構成した。

①　基本属性――「回答者の基本属性」「事業所の基本属性」

基本属性は回答者の基本属性と事業所の基本属性に分けられる。回答者の基本属性としては、性別、年齢、役職、取得している資格をたずねる。また、事業所の基本属性としては、運営主体、社会福祉士の配置有無、利用者規模（月あたりの平均）についてたずねる。さらに、後述する「取引費用と不確実性」や「動機づけ」と関連している基本属性として、職員の雇用保険の加入状況、健康保険・公的年金の加入状況、損害賠償保険の加入状況、有給休暇の使用状況をたずねる。

②　市場構造――「事業所間競争と危機に関する意識」「サービス価格設定に関する意識」

市場構造について、ル・グランは「新しい供給者が市場に自由に参入する機会が与えられなければならない」と主張すると同時に「市場からの退出も容易でなければならない。つまり供給者が破産の危険に常に直面している状況が望ましい」と述べている。さらに彼は「準市場での競争は実質的なものでなければならない」と述べ、実際に競争原理が働く必要があることについて説いている（Le Grand 1993：19-22）。

一方で、第3章で述べているように、日本・韓国のケアサービス準市場の大きな特徴の一つは、介護報酬で価格を設定しており、価格競争を禁止していることである。しかし、定められている価格が供給者に満足できる程度でなければ、供給者には介護サービスの提供に対するインセンティブが低くなる。したがって、適切な水準で介護報酬を設定することは、準市場を成功的に成り立たせるためには非常に重要な要因となる。

表8-2　質問紙の構成項目

	項　目	内　容
基本属性	回答者の基本属性	性別／年齢／役職／取得資格
	事業所の基本属性	運営主体 / 社会福祉士の配置有無／利用者規模（月あたりの平均） 職員の雇用保険の加入状況／健康保険・公的年金の加入状況 損害賠償保険の加入状況／有給休暇の使用状況
市場構造	事業所間競争と危機に関する意識	・競争の有無 ・（違法行為を起こしたときに）市場から退出されることに対する危機感 ・市場参入の困難さ （設置時）地域住民との軋轢 （設置時）運営資金の確保の困難さ （設置時）空間面積の確保の困難さ （設置時）職員の確保の困難さ ・現在の運営上における困難さ 地域住民との軋轢 運営資金の確保の困難さ 職員の確保の困難さ 利用者の獲得の困難さ
	サービス価格設定に関する意識	・介護報酬の水準 ・本人負担分の水準 ・事業者の行動傾向 ・利用者の行動傾向
やりがい	やりがいに関する意識	・サービス提供に対するやりがいの経験 ・サービス提供の理由
クリーム・スキミング	クリーム・スキミングに関する意識	・クリーム・スキミングを行った経験 要介護度によって事業所の利用を拒否した経験 資産状況（生活保護受給）によって事業所の利用を拒否した経験 性別によって事業所の利用を拒否した経験 症状の種類によって事業所の利用を拒否した経験 ・クリーム・スキミングが発生する理由

資料：筆者作成。

もう一つの特徴は，支給限度額・利用者負担の設定である。利用したサービスに対して費用を支払うことは，市場原理の大きな特徴ともいえる。一方で，支給限度額の設定によって，支払能力と関係なく，利用できるサービスの量を制限することは，政府による規制要素である。そのため，支給限度額と利用者負担分の水準が利用者に満足できる程度でなければ，利用者には介護サービスの利用に対するインセンティブが低くなり，成功的な準市場が成り立たなくなる。さらに，サービス価格が設定されているため，事業者側からは利益を上げるために，サービス提供時間を増やそうとする可能性があり，また，利用者側には一割の本人負担分が発生するため，サービス利用時間を減らそうとする可能性がある。以上のことから，ル・グランの条件に加えて介護報酬・利用者負担分に関する意見も含むのが望ましいと考えられる。

そこで，市場構造に関する質問としては，大きく「事業所間競争と危機に関する意識」と「サービス価格設定に関する意識」に分ける。前者（「事業所間競争と危機に関する意識」）については，⑴競争の有無，⑵市場退出に対する危機感，⑶市場参入（設置時）の困難さ，⑷現在の運営上における困難さについてたずねる。そのなかで「⑶市場参入（設置時）の困難さ」に関しては，事業所を立ち上げる際の地域住民との軋轢，運営資金の確保に対する困難さ，空間面積の確保に対する困難さ，職員の確保（人員基準の充足）に対する困難さの四つの側面について，さらに「⑷現在の運営上における困難さ」については，地域住民との軋轢，運営資金の確保に対する困難さ，職員の確保に対する困難さ，利用者の獲得に対する困難さの四つの側面についてたずねる。また，後者（「サービス価格設定に関する意識」）については，⑴介護報酬の水準，⑵本人負担分の水準，⑶事業者の行動傾向，⑷利用者の行動傾向についてたずねる。

③　情　報

情報についてル・グランは「市場の内外で安くて的確な情報を得ることができなければならない」と主張し，

「モラルハザードと逆選択という二つの機会主義的な行動をコントロールする必要がある」と述べている。さらに「そのようなことは購買者と供給者との契約の過程で発生する」としている（Le Grand 1993：24–26）。つまり、購買者である行政と供給者である事業所の間における情報の非対称性の問題に着目していると考えられる。しかし、日本や韓国の場合、行政と事業所ではなく、利用者と事業所の間で契約が行われることを考慮すれば、それらの関係における情報の非対称性にさらに焦点を当てる必要があるのではないかと考えられる。したがって、情報に対するアクセシビリティの状況を把握するためには利用者を対象として調査を行うことが妥当である。しかしながら、本調査は事業者を対象としているため、ここでは「情報」に関する内容は除外することにする。

④　取引費用と不確実性

日本の場合、介護報酬に取引費用は含まれておらず、その設定は困難である（佐橋 二〇〇八：一二二）。そのことは韓国も同様であり、本調査において明らかにすることは容易ではない。ただし、不確実性が高まれば、取引費用も高まることになる。つまり、不確実性への対応策が適切に講じられていれば、取引費用は節減できる結果につながる。そこで、不確実性への対応状況を把握することによって、取引費用の状況を一部把握することは可能であろう。

不確実性への対応であるが、日本の場合、サービス提供者がそのリスクのための保険に加入することは義務づけられていない。したがって、不確実性への対応は脆弱な状態にとどまっている（佐橋 二〇〇八：一二二）。一方で、韓国の場合、損害賠償保険への加入を義務化しており、日本よりは不確実性への対応ができているともいえる。

そこで、社会保険や民間保険への加入状況について検討を行う必要があると考えられる。具体的な質問項目としては、職員の雇用保険の加入状況、健康保険・公的年金の加入状況、損害賠償保険の加入状況をたずねる。ただし、それらの質問項目の性格は基本属性に近いため、別のカテゴリーを設けず、事業所の基本属性カテゴリーとあわせてたずねることにする。

⑤　動機づけ――「やりがいに関する意識」

動機づけについて、ル・グランは「供給者と購買者の双方において動機づけが必要である」と述べている。とくに「供給者側においては財政的な側面において動機づけができなければ、彼らは市場シグナルに十分に対応しない可能性がある。供給者たちが利益の追求に関心がなければ、市場に参入する理由がない」（Le Grand 1993：30）としており、経済的な利益に焦点を当てていると理解できる。しかし、ケアサービスを提供するすべての組織が金銭的な利益を追求する組織ではないため、必ずしも経済的な動機づけのみに注目する必要はないと考えられる。

さらに、彼は「購買者は利用者の福祉向上などの面において動機づけが必要である」と述べながらも「購買者と利用者が一致しているのであれば、それは問題にならない」（Le Grand 1993：31）としており、購買者が利用者である日本や韓国においては、問題にならないことを示唆している。

そこで、供給者の動機づけのみに着目することにしたい。関連した質問としては「サービス提供に対するやりがいの経験」や「サービス提供の理由」についてたずねる。後者については、玉木（二〇一〇）が主任介護支援専門員を対象として仕事のやりがいと困難について行った調査結果を参考として調査項目を構成する。なお、サービスを提供する職員の福利厚生も動機づけの要因となると考えられ、基本属性として設けている職員の有給休暇の使用状況の回答も活用することにする。

⑥　クリーム・スキミング――「クリーム・スキミングに関する意識」

クリーム・スキミングは、公平性の問題と関連している。ル・グランは「準市場ではサービス利用資格をもっている利用者は無料でサービスを利用することができるため、直接にはこの問題が発生しない」（Le Grand 1993：32）と述べている。つまり、準市場でサービスの供給は、支払い能力ではなく、ニーズと強く関連しているため、さらにイギリスの場合、無料または応能負担によって費用が支払われるため、クリーム・スキミングの発生可能性が低いともいえる。

一方で、彼は「供給者が利用者を選ぶことができる環境にある場合には、福祉サービスが必要な者にまで届かない可能性がある」(Le Grand 1993：32) と述べ、日本や韓国のように利用者が直接、供給者にアクセスするような状況下では、クリーム・スキミングが発生する可能性があることを示している。

そこで、日本や韓国の場合、イギリスよりクリーム・スキミングが発生する可能性がきわめて高い点に注目して、どのような特徴をもっている者を選好または拒否しているかを明らかにしたい。関連した質問項目は、要介護度、資産状況（生活保護受給者）、性別、症状の種類で構成する。また、そのような傾向が現われる理由もたずねる。

(6) データ分析および解釈方法

データ分析においては、無回答を除いて検定を行っており、分析に用いた統計ソフトはSPSS 22.0 for Windowsを用いた。まず、基本属性および各準市場成功前提条件の項目については、日本と韓国との間における差を検証するため、それぞれの構成割合を算出しχ二乗検定を行った。

4　分析の結果——調査対象者の特徴および国家間の比較

(1) 基本属性

基本属性のなかで日韓における有意な差が認められたのは、年齢、役職、取得資格、運営主体、社会福祉士の配置有無、利用者規模、職員の雇用保険の加入状況、有給休暇の使用状況であり、有意な差が認められなかったのは、

表8-3　回答者および事業所の基本属性（χ二乗検定）

（単位：%）

項目		日本	韓国	χ^2/p
性別	男性	40.3	37.2	.395/ 0.543
	女性	59.7	62.8	
	合計（N）	100（211）	100（196）	
年齢	20代	0.9	6.1	22.173/ 0.000***
	30代	20.6	15.8	
	40代	29.7	24.5	
	50代	26.8	38.3	
	60代	18.2	15.3	
	70代	3.8	0.0	
	合計（N）	100（209）	100（196）	
役職	管理者	74.9	67.9	7.506/ 0.023*
	サービス提供責任者	16.1	26.5	
	その他	9.0	5.6	
	合計（N）	100（211）	100（196）	
取得資格	社会福祉士	4.9	77.0	229.270/ 0.000***
	介護福祉士	42.2	18.4	
	その他	52.9	4.6	
	合計（N）	100（206）	100（196）	
運営主体	民間企業	75.4	2.0	313.787/ 0.000***
	社会福祉法人	9.0	21.4	
	NPO	9.9	0.5	
	社団法人・財団法人	1.9	4.1	
	個人	0.0	69.9	
	その他	3.8	2.1	
	合計（N）	100（211）	100（196）	

項目		日本	韓国	χ^2/p
社会福祉士の配置有無	配置されている	14.2	94.4	262.068/ 0.000***
	配置されていない	85.8	5.6	
	合計（N）	100（211）	100（196）	
利用者規模	1人以上20人未満	15.3	32.3	44.858/ 0.000***
	20人以上40人未満	27.9	39.1	
	40人以上60人未満	19.7	18.2	
	60人以上80人未満	14.2	5.7	
	80人以上100人未満	10.3	2.6	
	100人以上	12.6	2.1	
	合計（N）	100（183）	100（192）	
職員の雇用保険加入状況	全員加入	40.3	53.6	7.538/ 0.023*
	一部加入	56.9	43.3	
	全員未加入	2.8	3.1	
	合計（N）	100（211）	100（196）	
健康保険・公的年金の加入状況	全員加入	32.7	37.2	5.978/ 0.050
	一部加入	57.8	59.2	
	全員未加入	9.5	3.6	
	合計（N）	100（211）	100（196）	
損害賠償保険の加入状況	加入	98.1	98.0	.011/ 0.597
	未加入	1.9	2.0	
	合計（N）	100（211）	100（196）	
有給休暇の利用状況	法定より上回る	4.3	11.9	42.117/ 0.000***
	法定どおり	79.3	53.4	
	法定より下回る	10.1	8.8	
	制度がない	6.3	25.9	
	合計（N）	100（208）	100（193）	

*$p<.05$、**$p<.01$、***$p<.001$

N＝実数

性別、健康保険・公的年金の加入状況、損害賠償保険の加入状況である。それぞれについては、表8-3にもとづいて述べる。

①　性　別

性別に関しては、日韓において有意差が認められなかった。両国とも男性より女性の割合が高く、その割合は日本五九・七%、韓国六二・八%であった。

②　年　齢

年齢については、両国間に有意差が示された。もっとも多い年齢代は、日本は四〇代（二九・七%）、韓国五〇代（三八・三%）となっている。また、日本は七〇代が三・八%であることに比べ、韓国は〇・〇%であった。しかしながら、両国とも全般的に多い年齢代は四〇~五〇代であり、平均年齢においては、日本四九・七歳、韓国四八・六歳であり、大きな差はないことがわかる。

③　役　職

役職に関しても両国間において有意な差が認められた。本調査の回答にあたり、事業所の運営状況についてよく理解している者を対象として回答を求めたため、両国とも管理者の割合が日本七四・九%、韓国六七・九%であり、もっとも高くなっている。それゆえ、有意確率が〇・〇二三であり、分布に少なからず差がみられた。

④　取得資格

取得している資格には、日韓両国の間に有意な差が認められた。日本の場合、社会福祉士や介護福祉士以外の資格をもっている者が五二・九%であり、もっとも多くなっている一方で、韓国は、社会福祉士の資格をもっている者が七七・〇%でありもっとも多い。

⑤　運営主体

運営主体については、日本と韓国の間に有意な差が認められた。日本の場合、民間企業の割合（七五・四％）が、そして韓国の場合、個人（六九・九％）の割合が圧倒的に高い。次に多いのは、日本はＮＰＯ（九・九％）、韓国は社会福祉法人（二一・四％）であった。

⑥　社会福祉士の配置有無

事業所における社会福祉士の配置有無については、日韓両国の間に有意な差が認められた。日本は社会福祉士が配置されている割合が一四・二％であることに比べ、韓国は事業所の九四・四％が配置していた。

⑦　利用者規模

事業所における月あたりの平均利用者規模については、日韓両国間に有意な差が認められた。韓国は、全般的に日本と比べ小規模化されている。「二〇人以上四〇人未満」が三九・一％、「一人以上二〇人未満」が三二・三％となっており、全体のうち七〇％以上の事業所は、利用者数が四〇人未満である。一方で、日本は、「二〇人以上四〇人未満」が二七・九％、「四〇人以上六〇人未満」が一九・七％であり、相対的に大規模化されている事業所が多い。一〇〇人を超える事業所も一二・六％である。

なお、両国における利用者数の最小値、最大値、平均値をみれば、日本は最小値二人、最大値二七六人、平均値五七・四人となっており、韓国は最小値二人、最大値一六七人、平均値三二・一人となっている。

⑧　職員の雇用保険の加入状況

雇用保険の加入状況について、日韓両国間に有意な差が認められた。日本の場合、一部の職員が加入している事業所が五六・九％、全員加入している事業所が四〇・三％であることに比べ、韓国はそれぞれ四三・三％、五三・六％となっており、日本より全員加入している事業所の割合が高い。一方、全員加入していない割合は、日韓それぞれ二・八％、三・一％であり、両国とも九五％以上の事業所において、一人以上の職員は雇用保険に加入していることがわかる。

⑨　健康保険・公的年金の加入状況

健康保険・公的年金の加入については、有意差が認められなかった。両国とも一部の職員が加入している割合がもっとも高く、それぞれ五七・八％、五九・二％となっている。また全員加入している割合は、日韓それぞれ三二・七％、三七・二％であり、全般的に九〇％以上の事業所において一人以上の職員は健康保険・公的年金に加入している。

⑩　損害賠償保険の加入状況

損害賠償保険への加入については、有意差が認められなかった。日韓両国とも九八・一％、九八・〇％の事業所が加入しており、加入していない事業所はそれぞれ一・九％、二・〇％であり、わずかであった。

⑪　職員の有給休暇の使用状況

有給休暇については、有意差が認められた。日本の場合、七九・三％の事業所において有給休暇を法定どおりに使っており、四・三％の事業所では法定を上回って使っている。また、一〇・一％は法定より下回っており、六・三％の事業所においては有給休暇制度がないとされた。一方で、韓国においては、五三・四％の事業所において法定どおりに使っており、一一・九％は法定より上回っているとされた。さらに、八・八％は法定より下回っており、二五・九％の事業所では有給休暇制度がないと答え、少なくない事業所において有給休暇制度が設けられていないことがわかる。以上から全体的には日本の方が韓国より有給休暇制度が整備されていることがわかる。

(2) 事業所間競争と危機に関する意識

「事業所間競争と危機に関する意識」については、大きく競争の有無、市場退出に対する危機感、市場参入の困難さ、現在の運営上における困難さに分けて調査を行った。また、市場参入の困難さについては「(設置時におけ る) 地域住民との軋轢」「(同) 運営資金の確保の困難さ」「(同) 空間面積の確保の困難さ」「(同) 職員の確保の困難さ」に分けており、現在の運営上における困難さについては「地域住民との軋轢」「運営資金の確保の困難さ」「職員の確保の困難さ」「利用者の獲得の困難さ」に分けている。

それぞれについて χ二乗検定を行った結果、「(設置時における) 職員の確保の困難さ」と「(現在における) 運営資金の確保の困難さ」以外については、有意差が認められた。その結果は表8-4のとおりである。

① 競争の有無

競争については、両国間に有意差が認められた。日本は三九・七%が「あまり起きていない」と認識しており、二四・四%は「まったく起きていない」と答え、全般的に競争を感じていない事業所が多いことがわかる。また二九・二%は「起きている」と認識し、わずか六・七%のみが「激しく起きている」と答えた。その反面、韓国は四三・四%が「起きている」、三四・二%が「激しく起きている」と答え、大部分の事業所において競争を感じていることが明らかとなった。また一九・九%の事業所においては「あまり起きていない」、二・五%は「まったく起きていない」と答え、日本と対照的である。

② 市場退出に対する危機感

市場退出に対する危機感については、有意差が認められた。まず、日本の場合、九〇・〇%の事業所が危機感を意識している。その反面、韓国は五五・六%の事業所のみ危機感を意識していると答えた。さらに、韓国は三四・二%の事業所においては、危機感を意識していないと答え、日本の二・三%より遥かに高くなっている。この点は、

表8-4　事業所間競争と危機に関する意識（χ二乗検定）

（単位：%）

項目			日本	韓国	χ^2/p
競争の有無		激しく起きている	6.7	34.2	91.956/0.000***
		起きている	29.2	43.4	
		あまり起きていない	39.7	19.9	
		まったく起きていない	24.4	2.5	
		合計（N）	100 (209)	100 (196)	
市場参入（設置時）の困難さ	地域住民との軋轢	あった	2.9	3.1	55.572/0.000***
		どちらともいえない	11.1	43.9	
		なかった	86.0	53.0	
		合計（N）	100 (207)	100 (196)	
	運営資金の確保	あった	29.6	35.6	6.627/0.036*
		どちらともいえない	27.7	17.0	
		なかった	42.7	47.4	
		合計（N）	100 (206)	100 (194)	
	空間面積の確保	あった	13.0	24.2	8.621/0.013*
		どちらともいえない	20.8	20.1	
		なかった	66.2	55.7	
		合計（N）	100 (207)	100 (194)	
	職員の確保	あった	30.6	37.1	2.178/0.337
		どちらともいえない	18.4	15.0	
		なかった	51.0	47.9	
		合計（N）	100 (206)	100 (194)	

項目			日本	韓国	χ^2/p
市場退出に対する危機感		ある	90.0	55.6	74.506/0.000***
		どちらともいえない	7.7	10.2	
		ない	2.3	34.2	
		合計（N）	100 (209)	100 (196)	
現在の運営上における困難さ	地域住民との軋轢	ある	1.9	1.1	77.000/0.000***
		どちらともいえない	11.1	51.5	
		ない	87.0	47.4	
		合計（N）	100 (207)	100 (194)	
	運営資金の確保	ある	29.8	38.4	4.388/0.111
		どちらともいえない	25.0	18.1	
		ない	45.2	43.5	
		合計（N）	100 (208)	100 (193)	
	職員の確保	ある	84.3	78.1	13.183/0.001**
		どちらともいえない	9.0	4.6	
		ない	6.7	17.3	
		合計（N）	100 (210)	100 (196)	
	利用者の獲得	ある	53.1	88.8	66.764/0.000***
		どちらともいえない	32.5	4.1	
		ない	14.4	7.1	
		合計（N）	100 (209)	100 (196)	

*p<.05、**p<.01、***p<.001

N＝実数

韓国の多くの研究者やマスコミによって指摘されているとおり，韓国では本人負担分の免除や割引など，違法な手段を用いて利用者を獲得しようとしている事業所が多いという事実を裏づける根拠となっている。

③　市場参入（設置時）の困難さ

市場参入（設置時）の困難さについては，地域住民との軋轢，運営資金の確保の困難さ，空間面積の確保の困難さという三つの側面において有意差が認められた。まず，地域住民との軋轢について検討してみれば，日本において八六・〇％は「軋轢がなかった」，一一・一％は「どちらともいえない」と答えた一方で，韓国の場合，五三・〇％は「軋轢がなかった」，四三・九％は「どちらともいえない」と答えた。また「軋轢があった」と答えた割合は日韓それぞれ二・九％，三・一％であり，全般的には事業所を立ち上げる際に軋轢を経験していなかったことが読みとれる。

次に，運営資金の確保の困難さについてみれば，日本は四二・七％が「困難はなかった」，二七・七％が「どちらともいえない」と答えた。また，韓国は四七・四％が「困難はなかった」，一七・〇％が「どちらともいえない」と答えており，両国とも半数以上の事業所が運営資金の確保に対する困難はなかったという結果が示された。しかしながら「困難があった」と答えた割合が日韓それぞれ二九・六％，三五・六％であり，決して少なくない事業所が運営資金を確保することに困難があったことがうかがえる。

さらに，空間面積の確保の困難さについてみてみよう。日本は六六・二％が「困難はなかった」，二〇・八％が「どちらともいえない」と答えており，一三・〇％の事業所のみが「困難があった」と答え，全般的には困難を感じなかったことがわかる。一方，韓国の場合，五五・七％は「困難はなかった」，二〇・一％は「どちらともいえない」と答え，日本と同じく全般的に困難を経験しなかったといえる。しかし「困難があった」と答えた割合も二四・二％であり，日本の一三・〇％と比べれば，相対的に多くの事業所において困難を経験したことがわかる。

最後に、職員の確保に対する困難さについては、以上に述べた三つの側面と異なり両国間に有意差が認められなかった。「困難があった」と答えた割合が日韓それぞれ三〇・六％、三七・一％であり、他の困難さと比べて、両国ともその割合がもっとも高いことがわかる。

以上の四つを総合して、事業所の設置時にもっとも多く困難を感じていた要素順に述べれば、日韓両国とも「(1)職員の確保―(2)運営資金の確保―(3)空間面積の確保―(4)地域住民との軋轢」の順となる（図8－1参照）。

④　現在の運営上における困難さ

現在の運営上における困難さについては「地域住民との軋轢」「職員の確保の困難さ」「利用者の獲得の困難さ」において有意差が認められた。

まず、地域住民との軋轢について検討してみよう。日本の場合、八七・〇％は「軋轢はない」、一一・九％は「軋轢がある」と答え、多くの事業所が設置時と同様に地域住民との軋轢を経験していないことがうかがえる。また、韓国の場合、四七・四％は「軋轢はない」、五一・五％は「どちらともいえない」と答えた一方、「軋轢がある」と答えた割合は一・一％とわずかであった。以上から、日本では大部分の事業所において、また、韓国も半数程度の事業所において、軋轢はないことがわかる。

次に、運営資金の確保の困難さに関しては、両国間の有意差が認められなかった。「困難はない」と答えた割合は日本四五・二％、韓国四三・五％であり、「困難がある」と答えた割合はそれぞれ二九・八％、三八・四％であった。以上の結果から日本と韓国がほぼ同様の傾向にあることがわかる。全般的には、両国とも困難を感じていない割合が高いが、困難を感じている割合も他の要素と比較すれば、低くはないことが読みとれる。

また、職員の確保の困難さについてみてみよう。この要素については、両国間で有意差が認められた。日本の場合、八四・三％の事業所が「困難がある」と答えており、六・七％の事業所のみ「困難がない」と答えた。そして

図8-1　設置時と現在における困難さの日韓比較

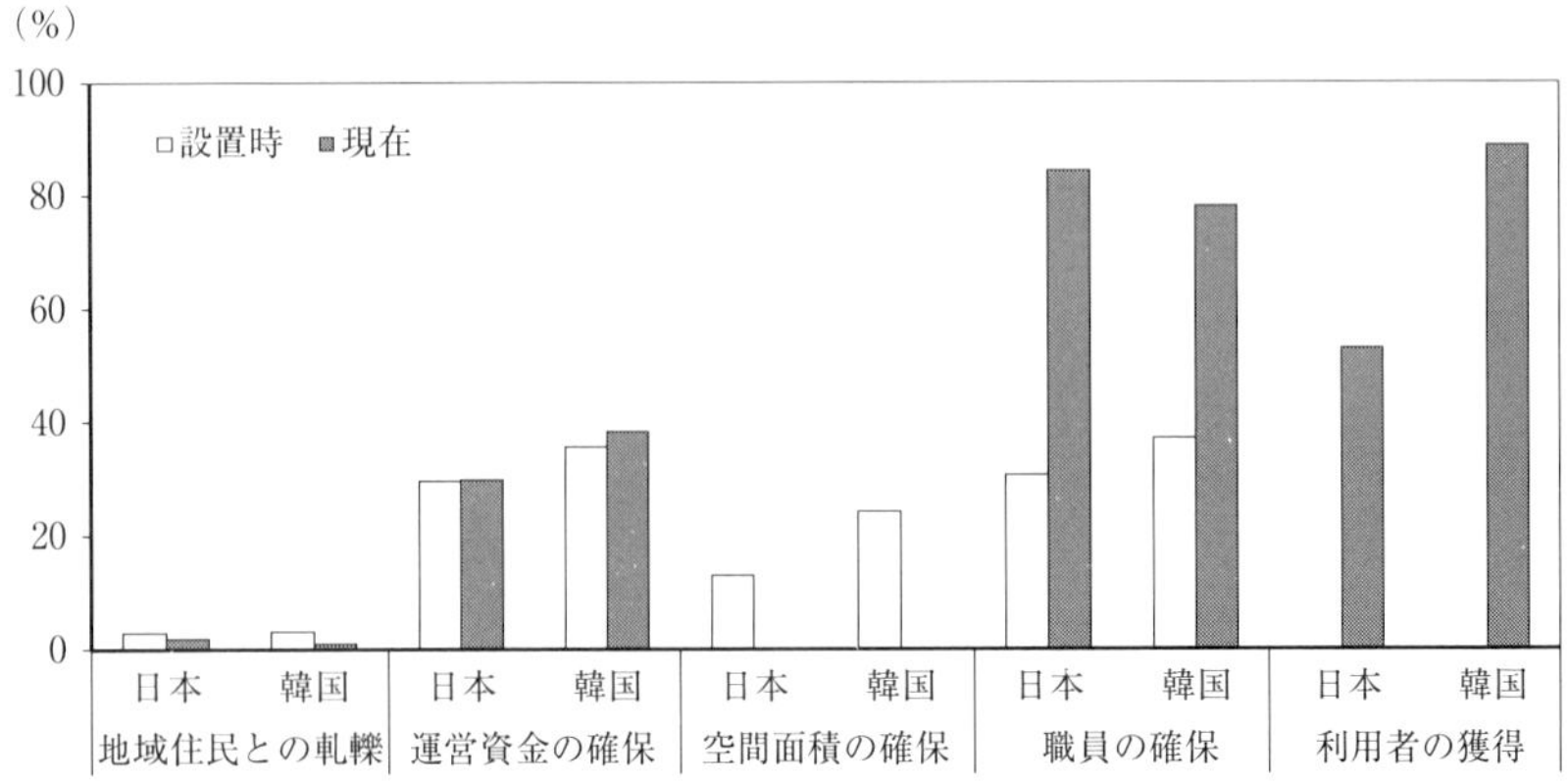

資料：表8-4にもとづいて作成。

韓国の場合、七八・一％は「困難がある」と答え、日本と同様に多くの事業所が職員の確保に対する困難を経験していることがわかる。他方で「困難はない」と答えた事業所は一七・三％であり、日本の六・七％と比較してみれば、やや高くなっているといえる。

なお、職員の確保の困難さは、他の要素と異なり、事業所設置時（市場参入時）の困難さと比較した際、明らかに増加する傾向にあることが示された。設置時と現在において「職員の確保が困難」と答えた割合の変化をみれば、日本は三〇・六％から八四・三％に、韓国は三七・一％から七八・一％に増加し、両国とも二倍以上と大幅に増加したことがわかる（図8-1参照）。

最後に、利用者の獲得の困難さについて検討してみれば、両国間に有意差が認められた。この要素も職員の確保と同様に困難さを感じている事業所の割合が明らかに高い。日本の場合「困難がある」が五三・一％、「どちらともいえない」が三二・五％と答えて半数以上の事業所が問題を抱いていることがわかる。一方、韓国の場合、八八・八％の事業所が「困難がある」と答え、日本よりも多くの事業所が問題を抱えていることが明らかになった。両国において「困難はない」と答えた割合は、日韓それぞれ一四・四％、七・一％となり、韓国より日本の方が高いとはいえ、両方とも全体の中で占め

表8－5　サービス価格設定に関する意識（χ二乗検定）

（単位：％）

項目		日本	韓国	χ^2/p
介護報酬の水準	低い	74.2	78.2	.941/0.625
	どちらともいえない	22.5	19.2	
	低くない	3.3	2.6	
	合計（N）	100（209）	100（193）	
サービス提供時間に関する行動傾向（事業者）	最大限増やそうとする	7.3	29.7	65.012/0.000***
	増やそうとする	32.6	43.1	
	減らそうとする	9.8	10.8	
	最大限減らそうとする	0.0	0.5	
	影響を受けない	50.3	15.9	
	合計（N）	100（193）	100（195）	
本人負担分の水準	低い	28.6	16.9	156.205/0.000***
	どちらともいえない	50.0	3.1	
	低くない	21.4	80.0	
	合計（N）	100（206）	100（195）	
サービス利用時間に関する行動傾向（利用者）	最大限増やそうとする	8.4	19.8	31.623/0.000***
	増やそうとする	9.4	22.9	
	減らそうとする	41.9	24.0	
	最大限減らそうとする	5.9	4.2	
	影響を受けない	34.4	29.1	
	合計（N）	100（203）	100（192）	

*$p<.05$、**$p<.01$、***$p<.001$、N＝実数。

る割合は低いといえる。

以上の四つの要素を総合して、現在、事業所の運営上において、もっとも多く困難さを感じている要素順に述べれば、日本は「(1)職員の確保―(2)利用者の獲得―(3)運営資金の確保―(4)地域住民との軋轢」の順となり、韓国は「(1)利用者の獲得―(2)職員の確保―(3)運営資金の確保―(4)地域住民との軋轢」の順となる（図8－1参照）。

（3）サービス価格設定に関する意識

サービス価格設定に関する意識においては「介護報酬の水準」以外のすべての項目において両国間有意差が認められた（表8－5参照）。

まず、有意差が認められなかった介護報酬の水準について検討してみよう。日本は七四・二％が「低い」、二二・五％が「どちらともいえない」、三・三％が「低くない」と答え、大部分の事業所において介護報酬の水準が低いと認識していることがうかがえる。そして韓国の場合も、七八・二

％が「低い」、一九・二％が「どちらともいえない」、二・六％が「低くない」と答え、日本と同様にその水準が低いと認識している割合が圧倒的に高いことがわかる。この点は、多くの研究者が介護報酬の水準の低さを指摘している研究結果と一致するところであり、現場においてもそのように認識していることを裏づけていると解釈できる。

次に、本人負担分の水準について検討すれば、日本は五〇・〇％が「どちらともいえない」、二八・六％が「低い」、二二・四％が「低くない」と答え、介護報酬の水準と比べれば、低く認識している割合が顕著に低いことがわかる。一方、韓国の場合、八〇・〇％が「低くない」と答え、介護報酬水準の場合と正反対の傾向を示している。その他「低い」が一六・九％、「どちらともいえない」が三・一％とされた。

さらに、事業者の行動傾向についてみれば、日本は五〇・三％が「影響を受けない」と答え、半数程度の事業所においては、価格いかんによってサービスの提供時間を制御しようとはしない傾向であることが明らかになった。だが、三二・六％は「増やそうとする」、七・三％は「最大限増やそうとする」と答えており、全体のうち、約四〇％の事業所はサービスの提供時間を増やそうとする傾向にあり、逆に時間を減らそうとする割合は九・八％とわずかであった。

一方、韓国の場合四三・一％が「増やそうとする」、二九・七％が「最大限増やそうとする」と答え、全体のうち約七〇％以上の事業所においては、サービス提供時間を増やそうとする傾向にあることが明らかとなった。以上のことから、サービスの提供時間を増やして収益を上げようとする事業所が多いことが示唆される。その他に「影響を受けない」が一五・九％、サービスの提供時間を「減らそうとする」割合は一一・三％（そのなかで「最大限減らそうとする」割合は〇・五％）となっており、それぞれ低い割合を占めている。

最後に、利用者の行動傾向について検討してみよう。日本の場合、利用時間を「減らそうとする」割合は四七・八％（そのなかで「最大限減らそうとする」割合は五・九％）であり、約半数程度の事業所において利用者が利用時間

図8-2　サービス価格設定による事業者と利用者の行動傾向

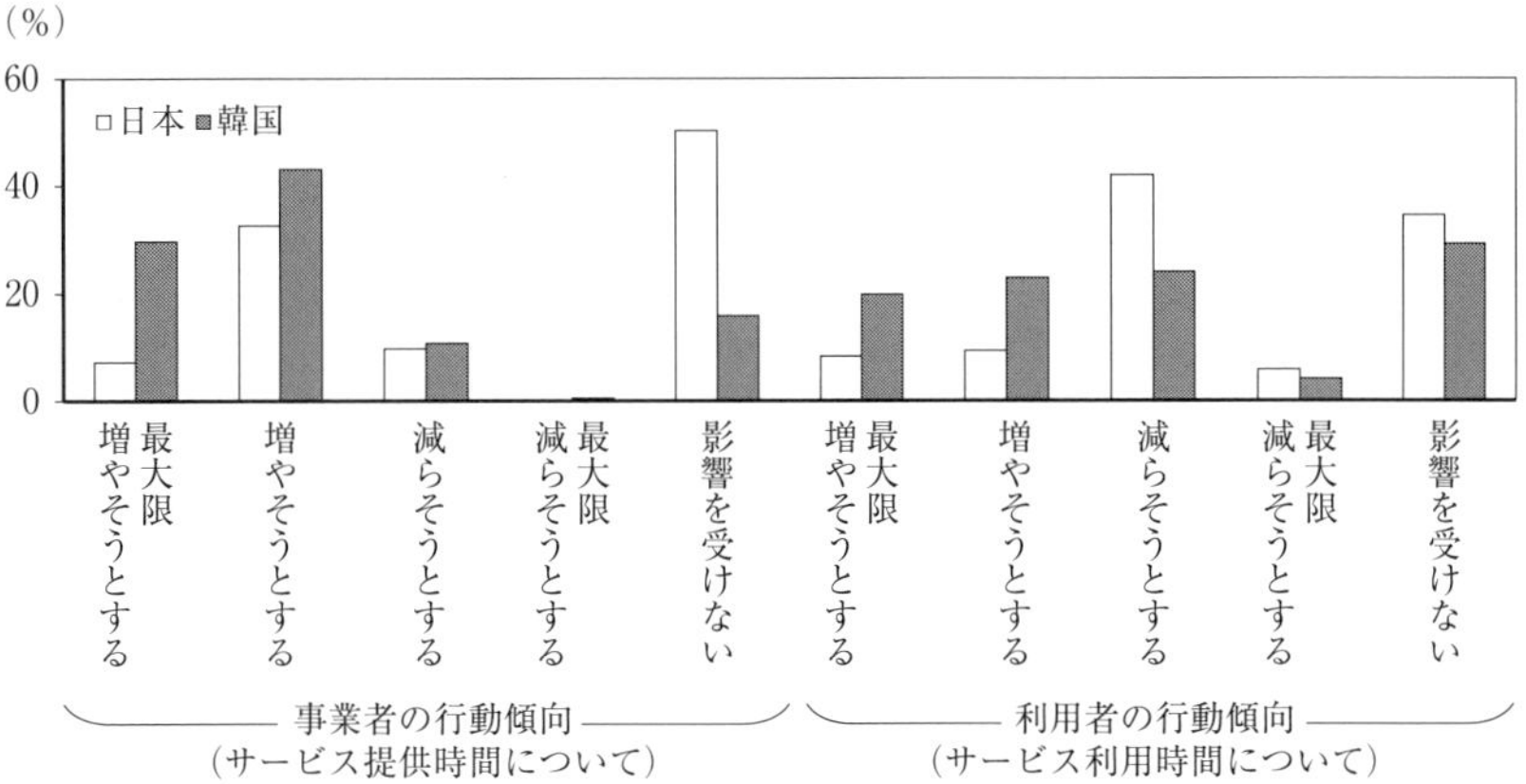

資料：表8-5にもとづいて作成。

を減らそうとする傾向にあることが読みとれる。その一方で、時間を「増やそうとする」割合は一七・八％（そのなかで「最大限増やそうとする」割合は八・四％）であり、それほど高くないといえる。また、三四・四％は「影響を受けない」と答えた。他方で、韓国の場合をみれば、時間を「減らそうとする」割合は二八・二％（そのなかで「最大限減らそうとする」割合は四・二％）、「増やそうとする」割合は四二・七％（そのなかで「最大限増やそうとする」割合は一九・八％）であり、利用者も事業者と同じく時間を増やそうとする傾向にあるケースが多い。この点は、日本と韓国では対照的な傾向を示している側面である。

図8-2は、介護報酬の設定により事業者と利用者がそれぞれいかなる行動傾向にあるかを日韓比較の視点から示したものである。まず、事業者の行動傾向をみれば、日本は「影響を受けない」割合が五〇・三％ともっとも高く、その次に「時間を増やそうとする（「最大限増やそうとする」を含む）」傾向を示す割合（三九・九％）が高くなっている。その反面、韓国は「時間を増やそうとする（「最大限増やそうとする」を含む）」割合が七〇％以上であり、日本より介護報酬の設定による影響を強く受けていることがうかがえる。

表8-6　やりがいに関する意識（χ二乗検定）

（単位：%）

項　目		日　本	韓　国	χ^2/p
やりがい	ある	93.6	72.8	31.200/0.000***
	ない	6.4	27.2	
	合　計（N）	100（204）	100（191）	
サービス提供の理由	利用者の介護ニーズに応えているという役割に意義を感じるため	36.8	9.8	58.258/0.000***
	利用者の笑顔や感謝の言葉に喜びを感じるため	25.7	26.2	
	安定した収入が得られるため	27.6	59.1	
	専門的知識や技術を伸ばしたいため	6.6	0.0	
	その他	3.3	4.9	
	合　計（N）	100（152）	100（183）	

*$p<.05$、**$p<.01$、***$p<.001$、N＝実数

そして利用者の行動傾向をみれば、日本は「減らそうとする（「最大限減らそうとする」を含む）」割合（四七・八%）が高かったが、韓国は「増やそうとする（「最大限増やそうとする」を含む）」割合（四二・七%）の方が高かった。その点は、前述した本人負担分の水準に対して韓国の場合「低くない」と認識している意見が大多数であった結果と関連が深いと考えられる。

(4) やりがいに関する意識

やりがいに関する意識は「サービス提供に対するやりがいの経験」と「サービス提供の理由」に分けてたずねた。χ二乗検定の結果、両者において両国間の有意差が認められた（表8-6参照）。

まず、やりがいの経験について検討してみよう。日韓両国において「やりがいがある」と答えた割合は、それぞれ九三・六%、七二・八%であり圧倒的に高い割合を占めている。ただし、韓国の場合、「やりがいがない」という答えが二七・二%と低くない割合を占めている。このように、介護サービスの提供に対するやりがいを感じていない事業所が三割弱を占めていることは、韓国のケアサービス準市場が抱えている大きな問題であることが示唆される。

次に、サービス提供の理由についてみれば、日本の場合「利用者の

表8-7　クリーム・スキミングに関する意識（χ二乗検定）

（単位：%）

		日　本	韓　国	χ^2/p
要介護度によるクリーム・スキミング	ある	2.4	12.3	14.782/0.000***
	ない	97.6	87.7	
	合　計（N）	100(208)	100(195)	
資産状況によるクリーム・スキミング	ある	0.5	5.6	9.381/0.002**
	ない	99.5	94.4	
	合　計（N）	100(210)	100(195)	
性別によるクリーム・スキミング	ある	3.3	9.8	7.065/0.007**
	ない	96.7	90.2	
	合　計（N）	100(210)	100(193)	
症状によるクリーム・スキミング	ある	1.0	16.9	32.665/0.000***
	ない	99.0	83.1	
	合　計（N）	100(210)	100(195)	
クリーム・スキミングの理由	なるべく多くの収益を上げるために	0.0	3.8	23.670/0.000***
	職員の職務ストレスを減らすために	32.7	56.8	
	利用者本人の満足度を高めるために	11.5	16.3	
	利用者家族の満足度を高めるために	1.9	1.9	
	事業所管理上の便宜のために	17.4	13.5	
	その他	36.5	7.7	
	合　計（N）	100(189)	100(163)	

*$p<.05$、**$p<.01$、***$p<.001$、N＝実数

介護ニーズに応えているという役割に意義を感じるため」が三六・八％ともっとも多く、その次に「安定した収入が得られるため」が二七・六％、「利用者の笑顔や感謝の言葉に喜びを感じるため」が二五・七％、「専門的知識や技術を伸ばしたいため」が六・六％、「その他」三・三％の順となっている。一方で、韓国は「安定した収入が得られるため」が五九・一％を占め、半数以上は経済的な理由によりサービスを提供していることがわかる。その次に「利用者の笑顔や感謝の言葉に喜びを感じるため」が二六・二％で高くなっている。日本においてはもっとも高い割合を占めている「利用者の介護ニーズに応えているという役割に意義を感じるため」は、韓国においては九・八％となっており、相対的に低いことがわかる。また「専門的知識や技術を伸ばしたいため」は〇・〇％であり、日本と同じくきわめて低くなっており、このように専門知識や技術のためにサービスを提供するケースが少ないことは、日韓両国とも

改善していくべき課題ともいえる。

（5）クリーム・スキミングに関する意識

クリーム・スキミングに関する意識は「クリーム・スキミングを行った経験」（要介護度、資産状況、性別、症状）と「クリーム・スキミングが発生する理由」に分けてたずねた。分析の結果、すべての側面において両国間有意差が認められた（表8－7参照）。

まず、クリーム・スキミングを行った経験について検討してみよう。大きく要介護度、資産状況、性別、症状によるクリーム・スキミングの経験についてたずねた。

第一に、要介護度によるクリーム・スキミングは、日本の場合二・四％の事業所で発生していることに比べて、韓国では一二・三％の事業所で発生していることが明らかとなった。

第二に、資産状況によるクリーム・スキミングは、主に生活保護受給者を対象としたクリーム・スキミングのことを指す。この場合、日本は〇・五％、韓国は五・六％の事業所で起きており、日本より韓国の方でやや多く発生していることがわかる。

第三に、性別によるクリーム・スキミングについてみれば、日本三・三％、韓国九・八％の事業所において発生している。介護サービスの特性上、サービス提供者（介護職員）は女性の割合が遙かに高い。そのうえ、訪問介護サービスは身体介護が中心となっており、また利用者一人とサービス提供者一人の間で行われるサービスであるため、主に男性高齢者に対する介護を、女性介護職員が拒否している可能性が高いことが想定される。

第四に、症状によるクリーム・スキミングである。日本においては一・〇％の事業所において発生していることに比べ、韓国は一六・九％の事業所で発生しており、後者において遙かに突出していることがわかる。

以上から、四項目とも日本より韓国において数値が上回っており、とくに要介護度と症状によるクリーム・スキミングにおいて明白であり、問題性が際立っている。

次に、クリーム・スキミングが発生する理由をたずねたが、分析の結果、両国間において多少異なる傾向が示されていた。まず、日本の場合「その他」以外に「職員の職務ストレスを減らすために」が三二・七％でもっとも多く、その次に「事業所管理上の便宜のために」が一七・四％で高い割合を占めている。他方、「なるべく多くの収益を上げるために」は〇・〇％であり、日本においては収益のためにクリーム・スキミングが起こっているのではないと理解することができる。

一方、韓国の場合をみれば「職員の職務ストレスを減らすために」が五六・八％で半数以上を占めており、その他「利用者本人の満足度を高めるために」が一六・三％、「事業所管理上の便宜のために」が一三・五％と多くの割合を占めている。韓国においても「なるべく多くの収益を上げるために」は三・八％となっており、日本よりはやや高いが、全体からみればそれほど高くない割合である。

5　日韓における介護サービス準市場の特徴と課題

以上のデータ分析の結果、日本と韓国の訪問介護サービス提供の場において、いくつかの共通点および相違点がみられた。さらに、それぞれの国において準市場としての特徴および課題も明らかになった。以下では、それらについて述べる。

（1）日本と韓国の共通点および相違点

① 事業所の特性

まず、日本・韓国の共通点として事業所の運営に携わっている者は、男性より女性の割合が高いことがあげられる。このような人的構造は、性別によるクリーム・スキミング問題を発生させる要因となっている可能性が高いといえる。また、両国とも職員の健康保険や公的年金など社会保険の加入割合が高く、事業所の損害賠償保険率も非常に高い。ただし、有給休暇の使用状況については、日韓の間に少し違いがあり、韓国より日本の方が体系的に整えられている。

一方で、両国の相違点としては、日本は民間企業が運営している事業所（七五・四％）が多く、さらに利用者の規模が大規模化（平均五七・四人）されていることに比べ、韓国は個人が運営している事業所（六九・九％）が多いため、相対的に小規模化（平均三一・一人）されていることがあげられる。また、日本と比べて韓国においては、社会福祉士が配置されている割合が高いことも相違点といえる。

② 事業所間の競争と危機に関する意識

市場参入の困難さと現在の運営上における困難さを比較してみれば、日韓両国とも後者について困難を感じている割合が高い。そのなかでも職員の確保と利用者の獲得に対する困難を感じる割合は両国とも高い方である。

一方、競争については韓国の方がより強く発生していると感じていることが示された。準市場が成功するためには、事業者が競争を実感することが不可欠である。しかしながら、過当競争が起きれば、事業者はサービスの質の向上ではなく、他の違法な手段を通じて利用者を獲得しようとする可能性が高まる。したがって、事業者がサービスの質の向上を通して、よりよい競争が必要とされる適切な水準まで引き上げた後に、競争をさせることが必要となる。

そのうえ、市場退出に対する危機感については、韓国より日本の方がさらに強く意識している。つまり、韓国は、競争は強く感じていながらも違法行為などを起こした際に市場から退出させられる可能性があることについてはそれほど意識していないのである。準市場の観点からみれば、事業所間の競争をあまりにも強く感じていることも問題ではあるが、市場退出に対する危機感をもっていないことはさらに深刻な問題を内包しているといえる。

③　サービス価格設定に関する意識

日韓両国とも介護報酬の水準が低いと認識している割合が圧倒的に多い。その反面、本人負担分の水準について日本は「どちらともいえない」が五〇・〇％、韓国は「低くない」が八〇・〇％であり、異なる結果が示された。第3章で検討したとおり、韓国は日本より介護報酬の水準が低く、それによって本人負担分の水準も低くなっている。その影響を受け、利用者もその水準が高くないと認識していると考えられる。

それは利用者の行動傾向を通じても読み取ることができる。具体的には日本の場合、四七・八％が利用時間を減らそうとする傾向にあることに比べ、韓国は四二・七％が利用時間を増やそうとする傾向にあり、両国において正反対の結果が示された。利用者本人が時間を増やそうとすることは、彼らにとって本人負担分の水準がそれほど高くないことを示唆している。

一方、供給者の場合をみれば、日本は五〇・三％が影響を受けない、三九・九％が時間を増やそうとすると答えたが、時間を減らすか増やすかの両者のなかでいえば、増やそうとする傾向が強くなっている。そして韓国は七二・八％が時間を増やそうとすると答え、その割合が圧倒的に高かった。以上から両国ともサービスの供給者は、提供時間を増やそうとしていることがわかる。とくに、韓国において、時間を増やそうとする事業所の割合が圧倒的に高くなっている理由としては、ケアマネジャーの資格制度が設けられていないため、利用者の利用時間に供給者が介入できる余地が大きいことが考えられる。

④　やりがいに関する意識

韓日両国ともサービス提供に対するやりがいを感じている割合は九三・六%、七二・八%と非常に高いとされている。ただし、韓国はやりがいを感じていない割合も二七・二%を占めており、決して低くはないといえる。

そのうえ、サービスを提供する理由として、日本は「利用者の介護ニーズに応えているという役割に意義を感じるため」が三六・八%ともっとも高い割合を占めている。その点はル・グランが主張している経済的理由以外に、他の側面から生じる動機をもっている事業所が多いことを示しているといえる。一方、韓国は「安定した収入が得られるため」が五九・一%ともっとも高くなっており、事業者は主に経済的理由によってサービスを提供していることが明らかになった。しかしながら「介護ニーズの充足」や「利用者の満足のために」という答えはそれぞれ九・八%、二六・二%であり、それほど高くないことがわかる。そのような状況下で、経済的理由によってサービスを提供する事業所が多くなれば、ケアサービスがもっている固有の公共的性格が損なわれるおそれがないとはいえないであろう。

また、日韓両国とも「専門的知識や技術を伸ばしたいため」と答えた割合は、それぞれ六・六%、〇・〇%ときわめて低くなっている。その点は、介護職を専門的知識や技術が必要な専門職として認識している割合が低いことを裏づけている。

⑤　クリーム・スキミングに関する意識

本調査で検討を行った四つの要素におけるクリーム・スキミングの発生割合を日韓比較の視点から示したのが図8-3である。全般的に日本と比べて韓国でクリーム・スキミングが起きている割合が明らかに高いことがわかる。日本はその要因として「(1)性別—(2)要介護度—(3)症状—(4)資産状況」の順に多く起きており、三・三%から〇・五%の事業所で発生している。その一方、韓国では「(1)症状—(2)要介護度—(3)性別—(4)資産状況」の順に高くなって

図8－3　クリーム・スキミングを行った経験の日韓比較

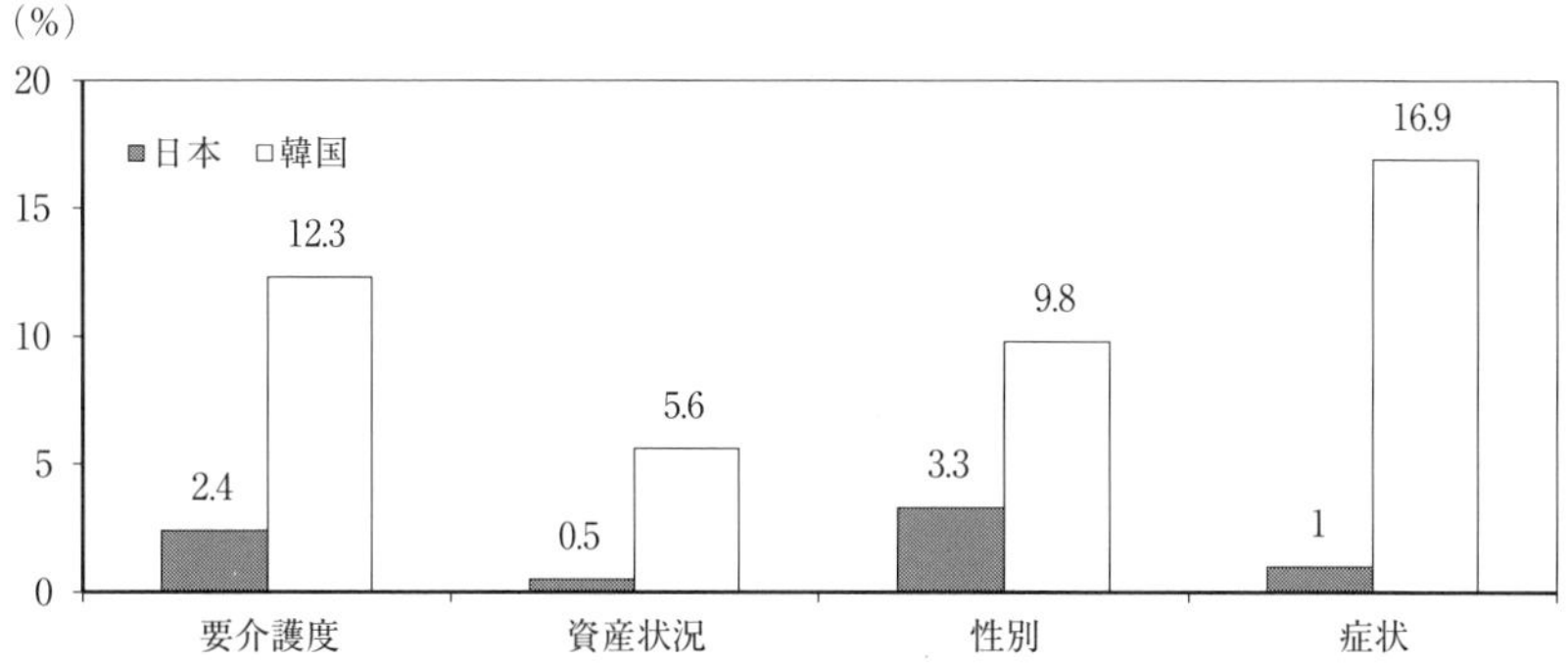

資料：表8－7にもとづいて作成。

おり、五・六％から一六・九％の事業所で発生していると同時に、すべての要素において日本より高い割合を占めている。

両国とも性別と要介護度によるクリーム・スキミングの発生割合が相対的に高くなっているが、その原因として以下のことが考えられる。まず、性別によるクリーム・スキミングは前述のとおり女性の訪問介護職員の割合が顕著に高いことにともなう男性要介護者のクリーム・スキミング、すなわち介護マンパワーの構造的問題に起因している問題とみられる。そして要介護度によるクリーム・スキミングは、介護報酬の水準自体が低いという問題に起因していると考えられる。さらに、訪問介護サービスの場合、要介護度による介護報酬の差がないため、事業所側からみれば、軽度の高齢者にサービスを提供した方がより効率的である。そこで、要介護度と介護報酬の水準との間の不公平問題が生じ、クリーム・スキミングが発生していることが推測できる。

(2) 日韓におけるケアサービス市場の評価および課題

① 強弱一方に偏らない適切な競争を誘導するシステムの構築

ケアサービスの準市場が成功的に成り立っているかを評価するにあたって、もっともポイントとなる主体は、サービスを提供する「供給者」と、そのサービスを購入する「購買者」である。具体的には、イギリスにおいては、行政（地方政府）とサービス事業所および施設がそれにあたる。一方、日本や韓国は利用者とサービス事業所および施設となる。そのような構造的相違は、準市場の成果にも大きな影響をもたらした。とくに、日本や韓国は、供給者と利用者間の契約において、行政が果たす役割は限定的である。さらに、供給者は入札競争のような形態ではなく、一定の設備基準および人員基準などの市場参入基準を満たしたうえで、行政から指定を受ける形態となっているため、「事業者間の競争」を実質的に感じない可能性が高い。

そこで、形式的には競争が発生する構造となっているとしても、実際には競争が起きない可能性があることを指摘してきた。本調査を通して明らかになったことは、韓国においては、競争を激しく感じており、利用者の獲得をめぐって過当競争が発生していることが推測できる。しかし、日本では競争を感じていない割合が高かった。したがって、日本においては、市場原理における競争をさらに誘導し、韓国では安定した事業所運営のために競争を抑制させるシステムを構築していく必要がある。

② 良質な「人」の確保ができる体制の構築

本調査の結果から日韓両国とも利用者と職員の確保、いわゆる「人」の確保について困難を経験していることを指摘した。

まず、利用者の獲得の観点からみれば、日本よりは韓国の方がさらに高い割合で困難を経験していることが明らかになった。この点は、第**6**章で検討したとおり、高齢者の規模に比べて要介護認定者数が少ないため、そもそもサービスを利用することができる高齢者の割合は高くない現実と深く関連していると考えられる。さらに、第**7**章の市場集中度分析を通じても韓国の場合は、とくに施設介護サービス供給の公平性に問題があることを指摘した。もちろん、保険対象者の拡大は韓国が直面している課題には間違いないが、保険料の引き上げは財政負担と直結している問題であるため、解決策をみつけるのが容易ではないであろう。長期的には、保険サービスの利用対象者を拡大させるための方策を講じながら、短期的には、保険制度を補完することができる自治体の福祉サービスや民間資源を活用して高齢者の介護ニーズに応えるために努力すべきである。同時に、国家レベルで需要を拡大させる状況でなければ、供給についてもある程度の規制をかけるなど、供給と需要のバランスをコントロールする必要がある。それらを通じて、供給者が過当競争状態におかれたり、無競争状態におかれたりすることがないようにすべきである。

次に、職員の確保の側面からみれば、韓国よりは日本の方が高い割合で困難を経験していることが明らかになった。半数以上の事業所が困難を抱えているが、それは準市場の観点からみれば望ましいことである。しかしながら、いくら工夫しても克服することができないほどの慢性的な困難になれば、事業者はサービス提供に対する動機づけが低くなる。そこで、適切な水準の困難さを抱えながらも、同時にその問題の解決が動機づけの向上につながることができるように行政レベルでの供給と需要のコントロールが必要である。

優れた人材がサービス供給の場に入るように誘導するための鍵は、処遇の改善にあるといえる。そこで日本では、二〇〇九年に「介護職員処遇改善交付金」が実現された。それによって、介護職員の処遇や賃金水準が向上され、離職率の低下を図ったのである。二〇一三年度に介護労働安定センターが実施した「平成二五年度介護労働実態調査」によれば「介護職員処遇改善加算を算定した」と答えた割合は七四・九％であり、ある程度の効果は期待できると考えられる。

しかし、その補助金が前述の目的を達成するには問題点もあり、介護職員に平等に配分されるわけではなく、その運用や支給の方法などにおいては事業者に委ねられているのである。そのため、ホームヘルパーや介護職員に必ずしも交付金が与えられるとは限らず、制度の目的を効率的に達成するうえで問題があると指摘できる。良質な人材を確保するためには、交付金の運用方法や対象者などをさらに限定する必要があるといえる。

③　やりがいのある「介護職」という意識の向上

日本は、九三・六％の事業者がやりがいを感じていると答えたが、韓国は七二・八％となっており、二七・二％の事業者がやりがいを感じていないと答えた。以上の結果を鑑みれば、日本には一見して問題がないようにもみえる。しかし、サービスを提供する理由のなかで「専門的知識や技術を伸ばしたいため」と答えた割合をみると、日本は六・六％、韓国は〇・〇％であった。ここで、介護職を専門的知識や技術を要する職種として認識している割合が日韓両国とも非常に低いことがわかる。

介護職は賃金などの処遇だけで働ける分野ではなく、人間を尊重する姿勢をもってこそ働けるヒューマンサービスである。また、介護職に従事するためには、一定の教育を受ける必要があり、業務の遂行に必要な技術をもっていることが求められ、場合によっては資格を取得することも求められる。それにもかかわらず、介護職は「専門職」として一般的に認められておらず、従事者自身もそのように認識していないのが現実である。

介護サービスに携わっている者は、ヒューマンサービスの原点に立ち戻り、業務上の目標管理を徹底してサービスの質を高めることに寄与すれば、専門職としてのアイデンティティが確立できるであろう。

終章　準市場（論）のこれから

1　異なる経路からの出発と展開

本書は、ル・グランの準市場理論の先駆性を評価しながらも、欧米諸国とは異なる日韓の特徴が以下の点にあるため、そのまま適用する際には限界があることを議論の出発点としていた。

①　民営化なき市場化

多くの国家においては、ケアサービスの市場化を進める手法として「民営化」を採用するのが一般的であるが、日本や韓国においては、市場化の議論が登場した時期にはすでに民営の状態におかれており、いわゆる「民営化なき市場化」が進められた。したがって、イギリスで準市場メカニズムを取り入れる際にみられた「供給者と購入者の分離」の過程が日本や韓国では行われていない。つまり、イギリスとは異なる経路を通じて準市場メカニズムが導入されたともいえる。

② 準市場の構造的な違いを考慮したうえでの議論の必要性

ル・グランの準市場論は、購入者である「行政」と供給者である「事業所および施設」との関係におけるやりとりに着目している。しかし、日本や韓国においては購入者が「利用者」であるため、利用者と供給者との関係に着目する必要がある。

また、イギリスは、供給者間に入札競争を行うため、競争原理が明確に働いている。しかし、日本や韓国は入札競争ではなく、事業者自ら利用者を獲得するために工夫をしなければならない点から、競争というものが「自発的で任意的な競争」のかたちとなっている。そこで、形式的には競争が起きる構造であるにもかかわらず、事業者によってはそれを認識していない場合もあり、実質的には競争が発生しない可能性もあり得る構造となっている。

さらに、日本や韓国はケアサービスの価格が「介護報酬」というかたちで定められており、価格をめぐって競争を行うことができない点も大きな違いである。以上のように、日韓両国とも準市場メカニズムが機能しているとしても、イギリスのそれとまったく同様のかたちではないため、それらの類似点と相違点を考慮し、既存の準市場理論の適用できる点と限界を明確に示す必要がある。

③ 理論にもとづいた実証的な研究の不足

ル・グランの準市場理論は、ケア（福祉）サービスの準市場研究において独特な位置にあると評価されている。日本と韓国においても、多くの研究者が彼の理論を援用して研究を展開してきている。しかしながら、理論のレベルに止まっている傾向にあり、実証的な評価の尺度にまで進展できなかった点から不十分さが感じられる。そこで、彼の理論を現場において直接適用してみることを試みると同時に、前述した日韓両国の特徴を考慮して具体的で実証的な評価を実施することが求められる。

2　「理論」「歴史」「現状」の多角度からのアプローチ

以上のような論点を明らかにするため、準市場の「理論」の検討、「歴史」の分析、「現状」の検証という三つの側面から日本と韓国の高齢者ケアサービスにおける準市場の比較分析を行った。

第Ⅰ部では、日本と韓国のケアサービスにおける準市場の要素を導き出し、それについての日韓比較を通じて、類似点と相違点を探ってみた。また、ル・グランによる準市場の定義と日本の研究者による準市場の定義を整理したうえで、日韓の歴史的な流れから、それらの概念と現状との整合性がとれているかについての分析を試みた。

さらに、第Ⅱ部では、現行のケアサービス準市場の姿を浮き彫りにするため、統計資料を用いて、利用量と供給量の比較分析、ケアサービスインフラの市場集中度分析を行った。そして、日本・韓国ケアサービスの供給現場において、準市場メカニズムがいかに有効に機能しているかについて調査にもとづいて明らかにした。その際、第Ⅰ部で提示した日本・韓国のケアサービス準市場の特徴を、ル・グランの準市場成功前提条件に加え、検討課題を設定した。

以下、それらの分析から得られた結果について、序章第3節で示した三つの論点に答えつつ簡単に振りかえっておこう。

①　準市場と日韓の状況との整合性検討およびその特徴

日本と韓国のケアサービス準市場は、ル・グランの準市場理論（Quasai-market theory）に照らし合わせてみれば、どのような準市場の要素をもっているのか。また、その理論は日本と韓国のケアサービス準市場にもそのまま適用できるのか。

日本と韓国のケアサービス供給・利用の場においても、イギリスと同じく民間組織を含む多様な供給組織間に競争を行う構造となっており、利用者は自由にサービスを選ぶことができるようになっている。また、国家介入要素と市場要素が並存している仕組みとなっており、「準市場」体制が整えられているといえよう。

そこで、準市場理論は日韓両国において示唆に富むことは間違いないが、そのまま適用することはできない。なぜなら、日本と韓国の場合、価格をめぐる競争を禁止している点、事業者間の競争が入札競争というかたちではなく「任意的で自発的な競争」としての性格をもっている点、購買者が行政ではなく利用者本人である点、税方式ではなく社会保険方式を採用している点など、その構造に根本的な違いがあるためである。

また、イギリスは同じ量のサービスを利用したとしても、所得や資産によって異なる費用を支払う「応能負担」である一方で、日本・韓国は、利用したサービスの量に応じて同一な費用を支払う「応益負担」となっている。応能負担は、利用者の経済的状況を考慮して対応する「福祉的措置」に近いが、応益負担は新自由主義的な価値の「平等」に立脚している「市場原理」に近い。そこで後者には、個人の所得能力などは考慮されていない。実際に、日本の介護保険制度における応益負担の仕組みがサービス利用の抑制機能を果たしていることは多くの研究者から指摘されているとおりである。したがって、利用料負担の算定方式においては、日本・韓国がイギリスよりもさらに市場化の方向へ進んでいるともいえる。

さらに、イギリスは地方自治体が購入者として位置づけられ、供給者は入札競争を通じて購入者と契約を結ぶ仕組みとなっている反面、日本・韓国は利用者が購入者として位置づけられ、利用者が自ら供給者を選択し、両者が政府（自治体）の介入がない状態で直接、契約を結ぶ仕組みとなっており、構造的なシステムも異なっている。つまり、供給者間の競争といっても、それがイギリスのような入札競争ではなく、多数の供給者が利用者の獲得をめぐって行う競争の性格をもっている。

そこで、日本・韓国の場合、理論的には競争が起きるはずであるが、実際に必ずそうであるとは言い難い。一方で、イギリスは価格競争を認めているため、サービスの質よりは価格の引き下げを通じた競争が起きる可能性が高い。だが、日本・韓国はそのような競争が起きる余地はまったくない。したがって、仮に競争が活発に起きていると想定すれば、それはサービスの質をめぐる競争である可能性が高い。

以上の理由から制度上における準市場の要素にも特徴がみられる。基本的に「準」の要素は「公的関与」が行われる側面、いわば「市場参入の制限」「設備・人員配置基準」「行政の監督・評価」などを指す。そして「市場」の要素は「市場的要素」、いわゆる「営利追求の可能」「利用料の支払い」「供給者間の競争」や「利用者の自由な選択」などがあげられる。本書において、比較の対象として扱った準市場の要素は「供給者側からみたもの」と「利用者側からみたもの」に分けられる。前者にあたる要素としては⑴多様な組織の市場参入と一部のサービスにおける市場参入の制限、⑵設備・人員配置基準の設定を通じた市場参入の制限、⑶供給者に対する行政の監督・評価、⑷サービスの価格設定を通じた価格競争の制限を、また後者にあたる要素としては⑴要介護度の認定を通じたサービス購入権の付与、⑵支給限度額・本人負担分の設定を通じたサービスの利用量の制限を取り上げた。

そのなかで特徴的な点は、日本はサービスの種類によって自由な市場の参入を制限していることに比べ、韓国はその制限の水準が非常に低いことである。一方で、人員配置基準については、大きな違いはなかった。しかし、施設の人員配置基準において、韓国は社会福祉士の義務配置を規定していることに比べ、日本はそのような規定がないことがあげられる。

② 日本と韓国における準市場の形成過程の歴史検討およびその特徴

日本と韓国における準市場の形成もイギリスと同様に「財政主体と供給主体の分離」を通じて取り入れられたのか。イギリスとは異なる日本・韓国の独自の歴史的経験としては何があげられるのか。

イギリスは財政主体と供給主体の分離によって準市場化が進められた一方で、日本と韓国では、それぞれにおいて介護保険制度が導入される数十年前からすでに財政主体と供給主体が分離されていた。言い換えれば、イギリスを含む欧米国家においては、福祉サービスの供給体制がある程度成熟した後に、それらを縮小、あるいは再編する過程のなかで、財政主体と供給主体の分離という手法で準市場メカニズムが導入されたのである。しかし、日本・韓国の場合、福祉サービス自体を拡大していく過程のなかで、それを促すための一つの手法として準市場メカニズムが活用されてきたのである。その点がイギリスと日本・韓国とのもっとも大きな相違点であるといえよう。つまり、介護保険制度の導入と同時に準市場メカニズムが全面的に定着したことは事実であるが、そのことが財政と供給の分離によって行われたわけではない。そこで、「財政と供給の分離」を前提としているイギリスの準市場理論をそのまま日本と韓国の状況に当てはめるには限界がある。

以下、日韓両国における準市場の導入過程について簡単に振り返ってみよう。まず、日本の場合、準市場が導入される以前に、すでに一九五〇年代に社会福祉事業法の制定を通じて「財政主体と供給主体の分離」が図られた。その後、一九六三年の老人福祉法の制定とともに軽費老人ホームが導入されることによって、準市場の要素が含まれたサービスが取り入れられた。一九七〇年代から一九八〇年代にかけては、有料老人ホームや老人保健施設の登場により、事業者と利用者間の自由契約や措置によらない施設が拡大された。しかし、この時期までのケアサービス供給体系の大部分は措置によって行われるものであったため、完全な準市場体制が整えられたとは言い難い。一九九〇年代後半から在宅サービスの拡充とともに二〇〇〇年からの公的介護保険制度の施行をきっかけとして準市場が全面的に定着するようになった。

次に、韓国の状況をみてみよう。韓国も日本と同様に準市場メカニズムが導入される以前である一九七〇年の社会福祉事業法の制定によって財政主体と供給主体が分離された。その後、一九八一年の老人福祉法の制定とともに有料養老施設が導入され、事業者と利用者との契約によるサービスが登場した。それがさらに拡大したのは、一九九〇年代半ばに入ってからである。また、一九九〇年代後半には施設の設置を許可制から申告制に転換することによって民間主体の市場参入を奨励してきた。しかし、準市場体制が全面的に定着するようになったのは、二〇〇八年の老人長期療養保険制度の施行からである。ただし、韓国は、同制度の施行以前から営利法人のみならず個人による市場参入も促進するなど、市場開放の範囲を広げていたため、老人長期療養保険制度の施行が準市場体制のなかでもつ意味は、日本にとっての介護保険制度より大きくないともいえる。

③　ケアサービス準市場の現状と課題

> 日本と韓国におけるケアサービス準市場は実際、どのように機能しているのか。現状はどうなっており、今後の課題としては何があるのか。

これに関して答えを探るためには、統計データにもとづき、ケアサービスの利用量と供給量の分析、市場集中度の分析を行い、また、ル・グランの準市場成功前提条件にもとづいた量的調査を日本・韓国の現場を対象として実施することによって、準市場の姿を明確に示した。以下では、「準市場の成功前提条件」にしたがって総括する。

第一に、市場構造については、利用量・供給量が十分に確保されているか、地域間格差はないか、供給主体の構成はどうなっているか、実際に競争は発生しているかなどを主な検討課題として設定した。その結果、日韓両国とも供給量は十分とはいえ、とくに韓国は利用量が全般的に低いこと（高齢者全体の利用率：六・七％）が問題として指摘できる。それは、国が要介護認定を行う高齢者の規模を限定していることと深く関連している。また、日本においては「居宅」介護サービスの供給に地域間格差が大きい一方で、韓国においては「施設」介護サービスの供給に地域間格差が大きくなっている。そして、日本は株式会社による供給の増加が著しく、韓国は個人による供給の増加が著しい。さらに、事業者間の競争については、日本の場合、あまり感じていない事業者が多い一方で、韓国では激しく感じている事業者が多い。日本においては、準市場が実質的に成り立っていない可能性があり、また韓国においては過当競争が起きている可能性が高い。

第二に、情報の非対称性の問題である。ここでは、供給者と利用者の間に情報の非対称性はないかどうかに関する問題を検討課題とした。分析の結果、ケアサービスの特性上、情報の非対称性が常に存在することを指摘した。しかしながら、日韓両国とも主にインターネットを活用して、事業者の情報を公開したりする方法を用いて情報の非対称性を減らすために努力している。ただし、それだけで十分とは言い難い。なぜなら、すべての高齢者がインターネットの活用能力をもっているとは言い難く、実際には口コミや知人からの紹介など、インフォーマルな情報に依存している可能性が高いためである。今後、高齢者に対する情報のアクセシビリティを高めるための工夫が必要であろう。

第三に、取引費用と不確実性である。事故などの予測不可能な事態に備えるための保険などには加入しているかに関する問題である。これについては、詳しく検討することはできなかったが、量的調査の結果から多少読み取ることができた。日韓両国とも損害賠償保険に加入している割合がそれぞれ九八・一％、九八・〇％となっており、大部分の事業所が加入しており、不確実性への対応を着実にしているといえる。

第四に、動機づけである。これについては、事業者はサービスを提供することに対してやりがいを感じているか、どのような理由からサービスを提供しているかを中心に明らかにした。その結果、韓国においては、三割弱の事業者がやりがいを感じていないと答え、韓国のケアサービス準市場が抱えている大きな問題ともいえる。また、サービスを提供する理由として「専門知識や技術を伸ばしたいため」と答えた割合は、日韓それぞれ六・六％、〇％であり、介護職を専門職として認識していないことが明らかになった。この問題は、長期的にみれば、事業者のサービス提供に対する意欲低下を招くリスク要因となる可能性が高く、両国において従事者の処遇改善とともに認識の改善についても対策を講じる必要があることを示唆する。

第五に、クリーム・スキミングである。これに関しては、特定の特徴をもっている高齢者に対して、利用を拒否したことがあるか、あるならばその理由は何であるかについて明らかにすることを検討課題とした。分析の結果、全般的に日本より韓国において、クリーム・スキミングが高い割合で起きていることが明らかになった。また、両国とも性別と要介護度によるクリーム・スキミングの発生割合が相対的に高くなっている。その根底にある問題としては、介護報酬が低いこと、女性の介護職員が多く男性の介護職員が少ないことがあげられる。実際に、介護報酬の水準が「低い」と認識している割合は、日本七四・二％、韓国七八・二％となっており、顕著に高いことが示された。また、本書の第8章で行った調査の回答者を性別からみれば、女性の割合が日韓それぞれ五九・七％、六二・八％となっており、女性が半数以上である。[1] それらの理由から重度の高齢者より軽度の高齢者を選好したり、男性の高齢者より女性の高齢者に対するサービスの提供を選好したりする傾向があることが予測できる。いずれの問題も日韓両国においてよく指摘されていることであり、今後は介護報酬の改正と男性介護職員を増やしていくための対策を講じるべきである。

3　準市場理論・現状の評価と将来像

（1）準市場理論の展開への寄与

①　歴史論的な視点からみた準市場――その形成におけるタイムラグ

今までの準市場研究には、その形成における時間差が考慮されていなかった。本書での歴史検討を通じて明らかになったことは、先発福祉国家として位置づけられるイギリスにおいて、準市場は福祉国家が成熟した以降、それを再編する論理として登場したことにくらべ、後発福祉国家として位置づけられる日本と韓国において、準市場はそれ自体を形成する論理として登場してきた点である。そのため、イギリスではサービスの供給を民間組織に委譲する形式への転換、いわば「財政主体と供給主体の分離」を通じて準市場が導入された一方、日本や韓国においては大きく異なる過程を経て準市場が定着したのである。

その観点からみれば、準市場の形成において「時間差」を取り入れた際、イギリスと日本・韓国との間には、お互いに異なる歴史的な経路を辿ってきたことがわかる。その一つは「財政主体と供給主体の分離」と「準市場の導入」が同時進行されたことではなく、段階的に行われてきた点、もう一つは二〇〇〇年の日本と二〇〇八年の韓国において、それぞれで介護保険制度と老人長期療養保険制度を通じて準市場が全面的に定着した点、そして「保険原理」の導入を通じてこれまでの議論とはやや異なる側面での準市場の導入効果を図ろうとした点である。

以上をふまえて「財政主体と供給主体の分離」は、日本と韓国の準市場を分析するにあたっては、それほど意味が大きなものではないことが明確となった。今後は、本書で問題提起を行った論点をふまえて、日本と韓国のみならず他の東アジア諸国や欧米福祉国家を含め、福祉サービス供給の歴史や現在の姿における特殊性を明らかにし、

「『横』の類型論と『縦』の動態論がクロスする（金成垣 二〇〇八）」より深まったかたちでの準市場の研究を進めていく必要性を今後の課題として提示したい。

② 準市場論に内在する不十分な点の克服

ル・グランは準市場の成功前提条件として五項目（⑴市場構造、⑵情報、⑶取引費用と不確実性、⑷動機づけ、⑸クリーム・スキミング）と、それらにもとづいた四つの評価項目（⑴効率性、⑵応答性、⑶選択性、⑷公平性）を提示している。これらは、準市場を包括的にみるには有用と考えられるが、具体的に適用する際には多くの限界が生じる。さらに第**2**章第6節で言及したとおり、それらの項目をイギリスに適用した場合と日本・韓国に適用した場合に、その内容は大きく異なるものとなる。

具体的にいえば、自治体（購入者）と供給者との間における準市場的な側面に着目しているイギリスとは異なり、日本は利用者（購入者）と供給者との間における準市場的な側面に着目しなければならないという根本的な構造の違いに起因している。そこで、各国の状況に適した研究の展開が必要となる。

そこで、本書ではル・グランの準市場論に基盤をおきながらも、同時に彼の理論から離れて日本や韓国の独自の状況を反映した理論の展開を試みた。今後、そのような視点に立った研究をさらに深めることによって、日本の準市場に対する具体的な評価が可能となり、将来像のあり方に関する議論が深まっていくであろう。

③ 準市場における国際比較の試み

佐橋（二〇一二）が指摘しているように「準市場」をテーマとして国際比較を行っている研究は数えるほどしかない。今までの準市場に関する研究は主にイギリスの理論にもとづきながら一つの国の制度を検討したり、あるいは一つの国における複数の制度を対象として比較検討を行う研究が主流であった。つまり、一つの制度を対象として複数の国家間の比較をする研究は多くなかったのである。

社会政策の研究において、国家間比較は欠かせないことであり、他国の姿を通して、自国のそれを客観的に評価することができる。そのような意味で、本書はイギリスの理論をベースとしつつ、日本と韓国の制度を同一線上において比較検討を行うことにより、日本の準市場の姿を、または韓国のそれを客観的に評価することができる尺度を示したという点から、準市場研究における一歩の前進を促したと考えられる。

今後は、さらに複数の国家における複数の制度の比較研究ができるように、研究のレベルを高めていくことを今後の課題として示したい。

(2) ケアサービス準市場のあり方への提言

① 公共性の強い「準市場」構築の必要性

第**3**章で確認したとおり、日本と韓国のケアサービス供給・利用システムは理論的に「準市場」体制を形成していることを明らかにした。一方で国家(公共組織)の役割が脆弱な状態で準市場が形成されたという点はイギリスとは異なる日本・韓国の大きな特徴である点にも言及した。

つまり、多くの欧米国家は新自由主義的な福祉国家の再編以前に普遍的な制度を中心とした国家主導的な福祉体系を構築してきた。その後、新自由主義者たちからこのような福祉体系は国家財政危機の主犯であると批判を受けることによって、大々的な福祉再編が行われるようになったが、このような歴史的な背景にもとづいて導入されたのが「準市場」である。

しかし、日本や韓国の場合、そのような議論のなかで準市場が形成されたのではなく、制限された国家の供給能力のなかで、高齢者ケアサービスの供給量を拡充する必要が高まり、民間組織にもっぱら供給を委ねるかたちで準市場が発展されてきた。つまり、公共組織から民間組織に「代替」されたというよりは、そもそも当初から「公私ミックス」されており、現在の状況に至っているのである。

ここで、日本と韓国の介護保険制度の導入において、準市場メカニズムがもつ意味が問われる。「既存の政府による独占的で一律的なサービスの供給体系に民間組織のもつ多様性を結びつけて供給者間の競争を誘導し、その結果、利用者中心の質の高いサービスを提供することができるシステムの構築」に帰結するということが準市場形成の根拠であり、目標でもある。しかし、日本と韓国は異なる歴史的な背景をもっているため、このような論理は当てはまらない側面も多い。その結果、介護保険制度に市場原理を機能させ、サービスを提供するという議論が盛んになった当時にも、公的インフラの拡充よりは市場原理がもつ経済的な価値や市場形成などにさらに関心が高まっていたと解釈できる。

したがって、やや異なる観点から日本と韓国の準市場形成に接近してみる必要がある。それは「公共の脆弱な役割を準市場メカニズムの導入を通じて強化する」という観点である。ここでの公共の役割とは「規制者」としての役割のみならず、「供給者」としての役割という意味も内包している。つまり、福祉サービスの供給に国家の資源を現在より多く投入する必要がある。

加えて、準市場が成功するためには、社会的弱者に対する国家主導的な供給体系を優先的に確保する必要がある。社会的弱者のための福祉サービスの一次的な責任は国家にあるという、福祉サービスの供給体制における基本的な土台となる事実を看過してはいけない。

②　実質的な市場機能が働く「準市場」

ル・グランは、公共政策の運用において、市場機能を活用した方がより効率的であると主張する。しかし、社会主義者たちは、政府や公務員たちを社会のために働く存在として、また公共サービスの利用者たちを自ら行動することができない受動的な存在としてとらえる。つまり、サービスの供給者である政府をチェスの駒にたとえて「ナイト（Knight）」、利用者を「ポーン（Pawn）」としてみている。これに対してル・グランは反対の立場をとっていた。同時に彼は、公共サービスの供給者と利用者を自らの効率を極大化しようとする存在としてとらえる。つまり、公共サービスの供給者は利他心と利己心の両方をもっており、利用者は「ポーン」ではなく自分の権利を高めようとする「クイーン（Queen）」としてとらえるべきと指摘している。

彼の主張によれば、このような利他心と利己心の両方の立場を考慮し、準市場を成り立たせる必要があるとしている。第一に、競争が活発になる程度の供給者数と利用者数が確保されている必要があり、サービスの質が担保されている必要がある。また、政府がサービスの生産と財政をコントロールすることができる市場構造が必要である。第二に、情報の非対称性を防止する必要がある。第三に、取引費用が既存の政府による供給費用より安価であるという必要がある。第四に、供給者においては、サービスを提供することに対する動機づけが必要である。第五に、利用者に対するクリーム・スキミングを防止する必要がある。

第**8**章第4節で検討したとおり、日本と韓国の状況において、もっとも検討の余地のある点は、十分な競争が発生しているかに関することである。これに関して、とりわけ日本において十分な競争が起きていないことが確認できた。準市場の基本前提となる競争が起きなければ、供給者にとっては動機づけができないため、サービスの質を高めるための努力をしなくなる。また、利用者のニーズに応えようともしなくなることによって、利用者の選択権は保障されなくなる。したがって、利用者は再び受動的な存在に回帰することになり、結果的に供給者たちは競争を行う必要性を認識しなくなる悪循環が繰り返されるなかで、準市場の導入がもつ意味が薄れていくことが懸念される。以上をふまえて、活発な競争が起きていない点からみれば、成功した準市場体制が整えられていると評価するには時期尚早ではないかと考えられる。

もう一つ注目すべき点として、クリーム・スキミング問題があげられる。供給者が利用者を選ぶ、逆選択と深く関連している問題であるが、とくに日本と韓国においてクリーム・スキミングが問題となる理由としては、サービスの価格が定められていることがその背景となる。具体的にいえば、要介護度が軽度の高齢者であれ重度の高齢者であれ介護報酬の単価に大きな差がない場合には、比較的に少ない肉体的労働で済む軽度の高齢者を好み、重度の高齢者を拒否する可能性が高い構造的な問題を抱えている。

本書の第**8**章における調査分析を通じて、性別と要介護度によるクリーム・スキミングが相対的に高くなっていることが確認された。この問題は介護報酬の低さや従事者自身が介護職を専門職として認識していない問題と深く関連している。利用者を「クイーン」としてとらえている準市場の基本的な考え方に立脚してみれば、それらの問題は成功的な準市場の確立を脅かす可能性がある危険要因として作用する可能性が高い。したがって、クリーム・スキミングが発生しうる要素を解決するための対策を講じなければならず、そのことが国家の「規制者」としての役割である。

以上から、日本と韓国のケアサービス準市場はまだ成功しているとは言い難い。今後、成功的な準市場体制を整えるためには、一方では国家（公共）の役割、とくに国が直接設置・運営する事業所や施設を増やし、供給の役割を強化させると同時に、他方では供給者間の競争を一層高めるための動機づけ要因を増加させ、クリーム・スキミングが発生する制度的な問題を改善していくことが求められる。

注

（1）本書の第**8**章で行った調査の対象者は「事業所の運営に携わっている者」であり、実際にサービスを提供する介護職員の割合を考慮すれば、さらに女性の割合が高くなると考えられる。

参考・引用文献

〈日本語文献〉

相川良彦・合田素行・堀田きみ・叶堂隆三（二〇〇二）「介護保険下における介護サービス事業の展開状況——都市と農村との地域比較調査報告」『農林水産政策研究』（三）、六七—七九。

圷洋一（二〇〇八）「福祉国家における「社会市場」と「準市場」」『季刊社会保障研究』四四（一）、八二—九三。

蟻塚昌克（二〇〇四）『入門社会福祉の法制度——行財政の視点からみた全体図』ミネルヴァ書房。

蟻塚昌克（二〇〇八）「社会福祉法と組織」新版・社会福祉学習双書編集委員会編『新版・社会福祉学習双書二〇〇八〈第一巻〉社会福祉概論』全国社会福祉協議会、一八一—二四四。

遠藤久夫・山田篤裕（二〇〇七）「介護保険の利用実態と介護サービスの公平性に関する研究」『医療経済研究』一九（二）、一四七—一六七。

郷一尚（二〇〇〇）「「社会福祉と市場」を巡る国際比較——高齢者福祉を中心に」『月刊福祉』二〇〇〇年一月号、五四—五九。

濱野一郎（二〇〇七）「社会福祉運営の課題」仲村優一・一番ヶ瀬康子・右田紀久恵監修『エンサイクロペディア社会福祉学』中央法規出版、一六—一九。

狭間直樹（二〇〇四）「準市場と政策手段——社会福祉法人に対する法的規制と財政措置」『北九州市立大学法政論集』三二（二・三合併）、五七—九八。

狭間直樹（二〇〇六）「社会福祉サービスの営利企業及びＮＰＯの参入に伴う政策手法の変化」『北九州市立大学法政論集』三四（一・二合併）、二九—六一。

狭間直樹（二〇〇八）「社会保障の行政管理と『準市場』の課題」『季刊社会保障研究』四四（一）、七〇—八一。

平部康子（二〇〇八）「イギリスの介護保障」増田雅暢編『世界の介護保障』法律文化社、一九—三六。

平岡公一（二〇〇〇）「社会サービスの多元化と市場化――その理論と政策をめぐる一考察」大山博・炭岩茂・武川正吾・平岡公一編『福祉国家への視座――揺らぎから再構築へ』ミネルヴァ書房、三二―五二。

平岡公一（二〇〇二）「福祉国家体制の再編と市場化――日本の介護保険を事例として」小笠原浩一・武川正吾編『福祉国家の変貌』東信堂。

平岡公一（二〇〇四）「社会サービスの市場化をめぐる若干の論点――まとめに代えて」渋谷博史・平岡公一編『福祉の市場化をみる眼――資本主義メカニズムとの適合性』ミネルヴァ書房、二九三―三一二。

平岡公一（二〇〇六）「社会福祉市場化と公益性――介護サービスを中心に」『社会福祉研究』九六、五四―六〇。

広井良典（二〇〇〇）「経済社会における社会福祉のグランドデザイン」『月刊福祉』二〇〇〇年一月号、二四―二九。

池田幸代（二〇一二）「介護事業利用者の介護サービス選択に関する調査研究」『東京情報大学研究論集』一五（二）、五三―六七。

池田省三（一九九九）「医療保険と介護保険（一二）在宅介護サービスと擬似市場」『週刊社会保障』五三（二〇四八）、五九。

伊藤周平（二〇〇三）『社会福祉のゆくえを読む』大月書店。

伊藤善典（二〇〇六）『ブレア政権の医療福祉改革――市場機能の活用と社会的排除への取り組み』ミネルヴァ書房。

介護案労働安定センター（二〇一〇）『平成二二年度介護労働実態調査』。

城戸喜子（一九九六）「多様な福祉サービス供給主体の特質と分担関係」『季刊社会保障研究』三二（二）、一六七―一七七。

金貞任（二〇〇五）「韓国の介護保険制度の導入」『保健の科学』四七（八）、五七六―五八三。

金貞任（二〇〇八）「韓国の介護保障」増田雅暢編『世界の介護保障』法律文化社、一三三―一五一。

金成垣（二〇〇八）『後発福祉国家論――比較のなかの韓国と東アジア』東京大学出版会。

木下康仁（二〇〇三）『グラウンデッド・セオリー・アプローチの実践――質的研究への誘い』弘文堂。

北場勉（二〇〇五）『戦後「措置制度」の成立と変容』法律出版社。

駒村康平（一九九五）「英国における社会サービスへの市場メカニズム導入政策の研究体系――Quasi-Market研究の紹介」『海外社会保障研究』一一二、七五―八二。

駒村康平（一九九九ａ）「介護保険、社会福祉基礎構造改革と準市場原理」『季刊社会保障研究』三五（三）、二七六―二八四。

駒村康平（一九九九ｂ）「擬似市場（準市場）」庄司洋子他編『福祉社会事典』弘文堂、一八八―一八九。

駒村康平（二〇〇〇）「社会福祉への市場原理導入の考え方について」『月刊福祉』二〇〇〇年一月号、四二―四七。

駒村康平（二〇〇四）「擬似市場論――社会福祉基礎構造改革と介護保険に与えた影響」渋谷博史・平岡公一編『福祉の市場化をみる眼――資本主義メカニズムとの適合性』ミネルヴァ書房、二一三―二三六。

駒村康平（二〇〇八）「準市場メカニズムと新しい保育サービス制度の構築」『季刊社会保障研究』四四（一）、四―一八。

厚生労働省（各年度）『社会福祉施設等調査』。

厚生労働省（各年度）『介護サービス施設・事業所調査』。

厚生労働省（各年度）『介護保険事業状況報告月報』。

厚生労働省（各年度）『厚生労働白書』。

厚生労働省（二〇一一）『医療施設調査』。

厚生労働省（二〇一二a）「介護報酬改定に関する省令及び告示」。

厚生労働省（二〇一二b）『厚生労働白書』。

厚生労働省（二〇一三）「介護報酬について」（http://www.mhlw.go.jp/topics/kaigo/housyu.html）二〇一三年五月一〇日。

厚生労働省（二〇一四）「介護サービス情報公表システム」（http://www.kaigokensaku.jp）。

厚生労働省（二〇一四）「平成二六年度介護報酬改定について」。

厚生省大臣官房統計調査部編（各年度）『社会福祉統計年報』。

厚生省大臣官房統計調査部編（各年度）『社会福祉行政業務報告』。

厚生省大臣官房統計調査部編（各年度）『社会福祉施設調査報告』。

厚生統計協会（二〇〇九）『図説統計でわかる介護保険』。

児山正史（一九九九）「公共サービスにおける利用者の選択――準市場の分析枠組み」『名古屋大学法政論集』一七七、一八九―二二二。

児山正史（二〇〇四）「準市場の概念」日本行政学会編『年報行政研究三九　ガバナンス論と行政学』一二九―一四六。

児山正史（二〇一一）「イギリスにおける準市場の優劣論――ルグランの主張と批判・応答」『季刊行政管理研究』一三三、一七―三一。

熊谷成将（二〇〇七）「公立病院に対する繰入金と医療サービスの水平的公平性」『医療経済研究』一九（一）、三七―五一。

熊沢由美（二〇〇七）「社会福祉事業法の制定と社会福祉法人制度の創設」社会福祉法人大阪府社会福祉協議会編『社会福祉法人の在り方研究会報告書』五―一五。

國武輝久・石田千代子（二〇〇四）「介護保険の利用とその選択基準に関する実証的研究（三一―一）――安塚町・紫雲寺町・新発田市における介護保険利用状況調査の比較分析を中心に」『法政理論』三七（二）、一―五六。

國武輝久・石田千代子（二〇〇五）「介護保険の利用とその選択基準に関する実証的研究（三一―二）――安塚町・紫雲寺町・新発田市における介護保険利用状況調査の比較分析を中心に」『法政理論』三七（三・四）、一―七九。

京極高宣（二〇〇七）『社会保障と日本経済――「社会市場」の理論と実証』慶應義塾大学出版会。

京極高宣（二〇〇九）「介護保険と日本経済――準市場・社会市場の考え方を踏まえて」『季刊社会保障研究』四四（四）、四〇七―四一六。

京極高宣（二〇一三）「福祉サービスの財源」社会福祉学習双書編集委員会編『社会福祉概論Ⅰ――現代社会と福祉』全国社会福祉協議会。

李宣英（二〇一一）「準市場概念の再検討と介護サービスシステムの日韓比較」同志社大学大学院社会学研究科修士学位論文。

李宣英（二〇一二a）「韓国における介護サービス市場の現状――「競争」と「規制」に対する供給者の認識調査をとおして」『Int'lecowk』六七（一〇）、一六―二五。

李宣英（二〇一二b）「高齢者介護サービスの利用量と供給量の推移に関する日韓比較――日本の介護保険制度が韓国の老人長期療養保険制度へ示唆するもの」『同志社社会福祉学』二六、三二―五一。

李宣英（二〇一三）「日韓における介護インフラの地域間公平性分析――他の社会サービスインフラとの比較を通して」『社会政策』五（二）、五六―六九。

李宣英（二〇一四）「ケアサービスの準市場――日本・韓国の事例を足がかりにして」同志社大学大学院社会学研究科博士学位論文。

李峻宇（二〇〇九）「長期療養専門人力の養成と管理」永和良之助・朴光駿・李峻宇・ほか編『高齢者介護システムの日韓比較研究』佛教大学国際交流センター、一六七―一七二。

ルグラン・J（二〇〇九）「準市場論と医療制度改革――イギリスの経験からの展望」『季刊社会保障研究』四四（四）、三八八―三九七。

林春植・宣賢奎・住居広士編（二〇一〇）『韓国介護保険制度の創設と展開――介護保障の国際的視点』ミネルヴァ書房。

増田雅暢（二〇〇四）「韓国の介護保険の検討状況」『週刊社会保障』五八（二三〇九）、二六―二九。

増田雅暢（二〇〇八）「日本の介護保障」増田雅暢編『世界の介護保障』法律文化社、一六九―一八八。

松渓憲雄（一九九八）『イギリスの医療保障――その展開過程』光生館。

三浦文夫（二〇〇〇）『社会福祉政策研究――福祉政策と福祉改革』全国社会福祉協議。

宮本太郎（二〇〇八）『福祉政治――日本の生活保障とデモクラシー』有斐閣。

椋野美智子・田中耕太郎（二〇一二）『はじめての社会保障――福祉を学ぶ人へ 第八版』有斐閣。

村上真（二〇〇二）「イギリス準市場改革とアカウンタビリティ」『同志社法学』五四（四）、一六八〇―一六九七。

森臨太郎（二〇〇八）『イギリスの医療は問いかける――「良きバランス」へ向けた戦略』医学書院。

内藤佳津男（二〇一〇）「高齢者保健福祉の発展」社会福祉士養成講座編集委員会編『高齢者に対する支援と介護保険制度――高齢者福祉論』中央法規出版。

長沼建一郎（二〇〇二）「準市場における福祉関係と契約観――安部志郎・土肥隆一・河幹夫著『新しい福祉と概念』（中央法規出版、二〇〇一）を手がかりとして」『日本福祉大学社会福祉論集』一〇六、一〇五―一一四。

中泉真樹（一九九三）「英国国民保険サービス改革とその内部市場メカニズムについて」『海外社会保障研究』一〇四、五五―七七。

中村永司（二〇〇六）『英国と日本における医療福祉とソーシャルワーク』ミネルヴァ書房。

ニッセイ基礎研究所（二〇一二）「『騎馬戦型』から『肩車型』社会へ」（http://www.nissay.co.jp/enjoy/keizai/28.html）二〇一二年一〇月〇一日。

尾形健（二〇〇七）「憲法八九条と社会福祉法人」社会福祉法人大阪府社会福祉協議会編『社会福祉法人の在り方研究会報告書』一六―二五。

岡崎祐司（二〇〇三）「福祉の「市場化」＝準市場という規定から見えてきたこと――横山寿一さんの問題提起に寄せて」『賃金と社会保障』一三五七、四―一三。

岡崎祐司（二〇〇七）「社会福祉の準市場化と市場個人主義をめぐる理論的検討」『社会福祉政策論集』三、二一―三八。

岡崎祐司（二〇〇九）「保育の準市場化――その問題点と保育政策の展望」『社会福祉学部論集』五、一七―三四。

大塚武則（二〇一〇）「福祉サービスにかかわる組織や団体」社会福祉士養成講座編集委員会編『新・社会福祉士養成講座一一 福祉サービスの組織と経営』中央法規出版、一七―六三。

朴光駿（二〇〇九）「第4章 介護保険の給付、第5章 介護保険の組織――保険者、事業者」永和良之助・朴光駿・李峻宇・ほか編『高齢者介護システムの日韓比較研究』佛教大学国際交流センター、三九―六三。

佐橋克彦（二〇〇〇）「準市場と公的介護保険制度――英国の理論モデルを手がかりに」『帯広大谷短期大学紀要』三八、一三七―一四七。

佐橋克彦（二〇〇二a）「対人社会サービスの準市場化と本質――英国国民保健サービス・コミュニティケア改革の経験から」『帯広大谷短期大学紀要』三六、九九―一〇八。

佐橋克彦（二〇〇二b）「わが国の介護サービスにおける準市場の形成とその特異性」『社会福祉学』四二（一）、一三九―一四九。

佐橋克彦（二〇〇六）『福祉サービスの準市場化――保育・介護・支援費制度の比較から』ミネルヴァ書房。

佐橋克彦（二〇〇八）「「準市場」の介護・障害者福祉サービスへの適用」『季刊社会保障研究』四四（一）、三〇―四〇。

佐橋克彦（二〇一二）「変容する福祉サービスと『新しい公共』――日本における準市場化の動向と課題」『社会政策学会第一二五回大会資料集』（長野大学）。

坂本圭・斎藤観之助・荒谷眞由美・平田智子・植田麻祐子（二〇〇九）「我が国の老人医療制度における公平性計測のアプローチ――医療費集中度曲線の手法を用いて」『川崎医療福祉学会誌』一八（二）、四四九―四六二。

佐藤卓利（二〇〇四）「福祉サービス「準（疑似）市場論」の覚え書き」『賃金と社会保障』一三六一・一三六二、六四―七一。

佐藤卓利（二〇〇八）「介護サービス市場の中の非営利組織――福祉サービス公社と生協福祉事業の分析」『賃金と社会保障』一四六四、四―二五。

シェーラー・P（二〇〇九）「OECD諸国における医療制度の多様性」『季刊社会保障研究』四四（四）、三九八―四〇六。

石才恩（二〇一〇）「韓国老人長期療養サービスの伝達システムおよび人材管理の現状と発展方案」『日本社会福祉学会第五八回大会国際シンポジウム資料集』日本福祉大学。

白瀬由美香（二〇一二）「イギリスのパーソナライゼーション施策――選択を重視したケア推進の意義と課題」『障害学研究』八、八六―一〇六。

総務省（各年度）『人口推計』。

総務省統計局（二〇一〇）『平成二二年国勢調査人口等基本集計』。

総務省統計局（二〇一二）『統計でみる市区町村のすがた二〇一二』。

菅沼隆（一九九三）「米国対日救済福祉政策の形成過程――SCAPIN 775『社会救済』の起源と展開（一）」『社会科学研究』四五（二）、一〇―九七。

須田木綿子（二〇一一）『対人サービスの民営化――行政-営利-非営利の境界線』東信堂。

鈴木亘（二〇〇二）「非営利訪問介護事業者は有利か？」『季刊社会保障研究』三八（一）、七四―八八。

田多英範（二〇〇九）『日本社会保障制度成立史論』光生館。

田川佳代子（二〇〇七）「新自由主義と社会福祉の市場化――社会福祉実践の再構築に向けて」『愛知県立大学文学部論集』五六、六七―七七。

高見千恵・忠津佐和代・中尾美幸・水子学・長尾光城（二〇〇五）「在宅高齢者の介護保険サービスに対する評価」『川崎医療福祉学会誌』一四（二）、二九七―三〇四。

高見悠・玉置真啓・中川浩幸・橋明日香・村木明登（二〇〇七）「介護サービス給付の地域間格差に関する実証分析――公平な介護保険制度の構築に向けて」『ISFJ政策フォーラム2007 1st-2nd Dec. 2007』。

武川正吾（二〇〇一）「介護保険実施による介護サービスの変化に関する自治体質問紙調査」平岡公一『介護サービス供給システムの再編成の成果に関する評価研究』七五―一三二。

武川正吾（二〇〇二）「グローバリズムと反グローバリズムと――論点の提示」小笠原浩・武川正吾編『福祉国家の変貌』東信堂。

玉木千賀子（二〇一〇）「介護支援専門員の仕事のやりがいと困難――主任介護支援専門員に対する調査から」『沖縄大学人文学部紀要』一二、五一―六〇。

谷口泰司（二〇〇九）「介護・障害福祉サービスの給付形態に関する一考察――支援に対する抑制因子の検証と今後の展望」『関西福祉大学社会福祉学部研究紀要』一二、一四七―一五六。

寺田玲（二〇〇七）「福祉生産・供給システムの生成と地域福祉政策」『佛教大学大学院紀要』三五、二〇三―二一九。

豊川智之・村上慶子・兼任千恵・小林廉毅（二〇一二）「医療サービスへのアクセスと水平的公平性」『医療と社会』二二（一）、六九―七八。

津崎貴子・大高牧子・奥山純子・中山徹（二〇〇九）「介護サービスの利用と基盤整備に関する高齢者の意識調査」『平成二一年度日本建築学会近畿支部研究報告集』三三七―三四〇。

埋橋孝文（一九九七）『現代福祉国家の国際比較――日本モデルの位置づけと展望』日本評論社。

埋橋孝文（二〇一〇）「日本における介護ケアワーク――特徴と問題点」『海外社会保障研究』（一七〇）、五〇―六一。

横山寿一（二〇〇三）『社会保障の市場化・営利化』新日本出版社。

全国社会福祉協議会（一九七九）『在宅福祉サービスの戦略』全国社会福祉協議会。

〈韓国語文献〉

강혜규（二〇〇八）「사회서비스 확대정책과 지역사회 사회복지서비스 공급체계」『상황과 복지』二一、六七―九八（＝カン・ヘギュ（二〇〇八）「社会サービスの拡大政策と地域社会の中での社会福祉サービスの供給体系」『状況と福祉』二一、六七―九八）。

곽정숙（二〇〇九）『노인장기요양보험、숨기고 싶은 5 가지』민주노동당 보도자료（＝カク・ジョンスク（二〇〇九）「老人長期療養保険、隠したいこと5つ」民主労働党報道資料）。

곽효문（二〇〇一）「사회복지공급의 민영화에 관한 연구」『교수논문집』五、三八三―四〇四（＝カク・ヒョムン（二〇〇一）「社会福祉供給の民営化に関する研究」『教授論文集』五、三八三―四〇四）。

교육부（二〇一二）『교육통계연보』（＝教育部（二〇一二）『教育統計年報』）。

국민건강보험공단（二〇一一a）『건강보험 상반기 주요통계』（＝国民健康保険公団（二〇一一a）『健康保険の上半期主要統計』）。

국민건강보험공단（二〇一一b）『지역별 의료이용통계』（＝国民健康保険公団（二〇一一b）『地域別医療利用統計』）。

국토교통부（二〇一二）『지적통계연보』（＝国土交通部（二〇一二）『地籍統計年報』）。

김미숙（二〇〇一）『미신고 사회복지시설의 실태분석과 개선방안』한국보건사회연구원（＝金ミスク（二〇〇一）『未申告社会福祉施設の実態分析と改善方案』韓国保健社会研究院）。

김상균・홍경준（一九九九）「한국 사회복지의 현실―낙후된 국가、성장한 시장、그리고 변형된 공동체」『사회복지연구』一三、一二九―一五九（＝金尚均・洪坰駿（一九九九）「韓国社会福祉の現実―立ち遅れた国家、成長した市場、そして変形した共同体」『社会福祉研究』一三、一二九―一五九）。

김연명（二〇〇八）「시장의 복지화가 필요하다―국민연금과 건강보험에서의 시장화의 쟁점」『사회복지정책』三四、二七七―三〇四（＝金淵明（二〇〇八）「市場の福祉化が必要である―国民年金と健康保険における市場化と争点」『社会福祉政策』三四、二七七―三〇四）。

김용득（二〇〇六）「영국 커뮤니티케어의 동향과 함의」『국제사회보장동향』二一―一九（＝金ヨンドク（二〇〇六）「イギリスにおけるコミュニティケアの動向と含意」『国際社会保障動向』二一―一九）。

김용득（二〇〇七）「영국 사회복지서비스의 구조와 서비스 질 관리 체계」『보건복지포럼』一二五、七六―九一（＝金ヨンドク（二〇〇七）「イギリスにおける社会福祉サービスの構造とサービスの質に対する管理体系」『保健福祉フォーラム』一二五、七六―九一）。

김진구（二〇一一）「소득계층에 따른 의료이용의 격차―연령집단별 Le Grand 지수 분석을 중심으로」『사회보장연구』二七（三）、九一―一二二（＝金ジング（二〇一一）「所得階層による医療利用の格差―年齢別のLe Grand指数分析を中心に」『社会保障研究』二七（三）、九一―一二二）。

김진욱（二〇〇五）「한국 복지혼합의 구조―二〇〇〇년도 지출추계를 중심으로」『사회보장연구』二一（三）、二二三―五四（＝金鎭郁（二〇〇五）「韓国福祉混合の構造―二〇〇〇年度支出推計を中心として」『社会保障研究』二一（三）、二二三―五四）。

김진욱（二〇〇九）「한국의 복지혼합과 복지체제」정무권 편『한국복지국가성격논쟁Ⅱ』인간과 복지（＝金鎭郁（二〇〇九）「韓国の福祉混合と福祉体制」鄭武權編『韓国福祉国家性格論争Ⅱ』人間と福祉）。

남찬섭（二〇〇五）「미군정기의 사회복지―응급구호대책과 노동자대책」『월간 복지동향』七九、四八―五五（＝南燦燮（二〇〇五）「アメリカ軍政期の社会福祉―応急救護対策と労働者対策」『月刊福祉動向』七九、四八―五五）。

남찬섭（二〇〇九）「최근 사회복지서비스 변화의 함의와 전망」『상황과 복지』二八、七―四九（＝南燦燮（二〇〇九）「近年の社会福祉サービスにおける変化の含意と展望」『状況と福祉』二八、七―四九）。

노인장기요양보험제도 홈페이지（http://www.longtermcare.or.kr/）（＝老人長期療養保険制度のホームページ（http://www.longtermcare.or.kr/））。

문순영（二〇〇五）『한국의 민간 비영리 사회복지부문에 대한 이해』한국학술정보（＝文洵榮（二〇〇五）『韓国の民間非営利社会福祉部門に対する理解』韓国学術情報）。

박용순・엄기욱・석재은 외（二〇〇七）『노인장기요양보험제도가 사회복지서비스에 미치는 영향』보건복지부 노인요양운영팀・성결대학교산학협력단（＝朴ヨンスン・嚴基郁・石才恩ほか（二〇〇七）『老人長期療養保険制度が社会福祉サービスに及ぼす影響』保健福祉部老人療養運営チーム・聖潔大学産学協力団）。

박정호・여진주（二〇〇八）「한국 노인장기요양보험 케어매니저 제도의 입법화―일본 개호보험 케어매니저 제도의 시사점」『한국사회정책』一五（一）、九一―一二七（＝朴ジョンホ・ヨジンジュ（二〇〇八）「韓国老人長期療養保険におけるケアマネジャー制度の導入――日本の介護保険制度におけるケアマネジャー制度の示唆」『韓国社会政策』一五（一）、九一―一

二七）。

보건복지가족부（각년도）『보건복지가족통계연보』（＝保健福祉家族部（各年度）『保健福祉家族統計年報』）。

보건복지가족부（二〇〇九）「방문요양기관 위법운영에 대한 엄중한 처벌」보건복지가족부 보도자료（＝保健福祉家族部（二〇〇九）「訪問介護事業所の違法運営に対する厳しい処罰」保健福祉家族部報道資料）。

보건복지가족부（二〇〇九）『노인장기요양보험 시행 1 년의 주요 통계 현황』（＝保健福祉家族部（二〇〇九）『老人長期療養保険施行1年の主要統計現状』）。

보건복지부（각년도）『보건복지통계연보』（＝保健福祉部（各年度）『保健福祉統計年報』）。

보건복지부（二〇一〇）『보건복지백서』（＝保健福祉部（二〇一〇）『保健福祉白書』）。

보건복지부（二〇一一）『보건복지부 길잡이 통계』（＝保健福祉部（二〇一一）『保健福祉部ギルザビ統計』）。

보건복지부（二〇一二）『보육통계』（＝保健福祉部（二〇一二）『保育統計』）。

보건복지부（二〇一二）「장기요양급여비 등에 관한 고지」（＝保健福祉部（二〇一二）「長期療養給付費用等に関する告示」）。

보건복지부（二〇一二）『상반기 장기요양보험 주요통계』（＝保健福祉部（二〇一二）『上半期長期療養保険主要統計』）。

보건복지부（각년도）『장기요양보험통계연보』（＝保健福祉部（各年度）『長期療養保険統計年報』）。

보건사회부（각년도）『보건사회통계연보』（＝保健社会部（各年度）『保健社会統計年報』）。

서동민・이용재・정일만（二〇〇六）「노인수발보험제도의 도입에 따른 노인의료복지시설의 지역분포와 이용에 관한 연구」『노인복지연구』三三、一二七―一五四（＝徐ドンミン・李ヨンゼ・鄭イルマン（二〇〇六）「老人長期療養保険制度の導入による高齢者医療福祉施設の地域分布と利用に関する研究」『老人福祉研究』三三、一二七―一五四）。

서영준（二〇〇九）「요양기관의 시설 및 인력의 질 관리 방안」『제43회 한국보건행정학회 자료집』四一―五五（＝徐ヨンジュン（二〇〇九）「老人療養施設および人材の質の管理方案」『第43回韓国保健行政学会資料集』四一―五五）。

석재은（二〇〇八ａ）「한국 장기요양서비스의 복지혼합―ＯＥＣＤ국가들과의 비교적 접근」『사회보장연구』二四（四）、一九七―二二八（＝石才恩（二〇〇八ａ）「韓国の長期療養サービスにおける福祉混合――ＯＥＣＤ国家との比較的接近」『社会保障研究』二四（四）、一九七―二二八）。

석재은（二〇〇八ｂ）「우리나라 노인장기요양서비스 시장의 특성과 정책과제」『보건복지포럼』一四二、三一―三七（＝石才恩（二〇〇八ｂ）「我が国の老人長期療養サービスの市場の特性と政策課題」『保健福祉フォーラム』一四二、三一―三七）。

석재은（二〇〇九）「한국 장기요양서비스의 복지혼합―ＯＥＣＤ국가와의 비교적 접근」정무권 편『한국복지국가성격 논쟁

Ⅱ』인간과 복지（＝石才恩（二〇〇九）「韓国の長期療養サービスの福祉混合——ＯＥＣＤ国家との比較的アプローチ」鄭武權編『韓国福祉国家性格論争Ⅱ』人間と福祉）。

선우덕・이윤경・김진수 외（二〇一二）『제１차 장기요양기본계획 수립방안 연구』보건복지부（＝鮮于德・李ユンギョン・金ジンスほか（二〇一二）『第１次長期療養基本計画の樹立方案研究』保健福祉部）。

선현규・임춘식（二〇〇九）『노인장기요양산업의 이해』양서원（＝宣賢奎・林春植（二〇〇九）『老人長期療養産業の理解』ヤンソウォン）。

신동면（二〇〇一）「한국의 복지혼합에 관한 연구」『한국사회복지학』四五（五）、二二〇—二四九（＝申東勉（二〇〇一）「韓国の福祉混合に関する研究」『韓国社会福祉学』四五（五）、二二〇—二四九）。

신재명・노무지（二〇〇六）『사회복지발달사』청목출판사（＝申ゼミョン・盧ムジ（二〇〇六）『社会福祉発達史』青木出版社）。

엄기욱（二〇〇六）「일본의 수요자 중심 노인보건복지서비스 전달체계」『국제사회보장동향』二〇〇六、二一—一二（＝嚴基郁（二〇〇六）「日本における需要者中心の高齢者福祉サービスの伝達体系」『国際社会保障動向』二〇〇六、二一—一二）。

엄기욱（二〇〇八）「노인장기요양보험제도 서비스 질 향상 방안」『보건복지포럼』一四二、三八—四六（＝嚴基郁（二〇〇八）「老人長期療養保険制度におけるサービスの質の向上の方案」『保健福祉フォーラム』一四二、三八—四六）。

엄기욱・박인아（二〇〇五）「일본 개호보험제도 시행 ４ 년간의 평가와 시사점」『사회복지정책』二一、二九五—三一八（＝嚴基郁・朴イナ（二〇〇五）「日本の介護保険制度の施行４年間の評価と示唆」『社会福祉政策』二一、二九五—三一八）。

오세영（二〇〇五）「노인의료비 억제정책으로서의 일본 공적개호보험」『사회복지정책』二三、三〇五—三三三（＝呉世栄（二〇〇五）「老人医療費の抑制政策としての日本の公的介護保険」『社会福祉政策』二三、三〇五—三三三）。

오영란（二〇一二）「일본 보육정책개혁의 준시장화 흐름에 대한 비판적 고찰」『사회복지정책』三九（四）、二三一—二五四（＝呉英蘭（二〇一二）「日本の保育政策改革における準市場化に関する批判的考察」『社会福祉政策』三九（四）、二三一—二五四）。

우국희（二〇〇六）「영국 노인보호서비스 공급확대를 위한 민간영리부문의 참여와 한국에의 시사점」『노인복지연구』三二、二二三—二四五（＝ウ・グキ（二〇〇六）「イギリスの在宅介護サービスにおける供給拡大のための民間営利部門の参入と韓国への示唆」『老人福祉研究』三二、二二三—二四五）。

유길상（二〇一〇ａ）「공공고용서비스 민간위탁사업의 성공조건」『노동정책연구』一〇（一）、八九—一二八（＝柳吉相（二

〇一〇a）「公共雇用サービス民間委託の成功条件」『労働政策研究』一〇（一）、八九—一一八）。

유길상（二〇一〇b）「직업훈련 민간위탁 성공조건—직업훈련 민간위탁사업에 대한 평가와 개선방향을 중심으로」『노동정책연구』一〇（四）、三九—六四（＝柳吉相（二〇一〇b）「職業訓練の民間委託成功前提条件——職業訓練の民間委託事業に対する評価と改善に向けて」『労働政策研究』一〇（四）、三九—六四）。

유재남（二〇〇八）「OECD 국가 노인 장기요양보호에서 케어 매니지먼트 체계 유형 분석」『노인복지연구』四一、二七七—三〇〇（＝ユ・ゼナム（二〇〇八）「OECD国家の高齢者ケアにおけるケアマネジメント体系の類型分析」『老人福祉研究』四一、二七七—三〇〇）。

윤영진（二〇〇九）「사회복지서비스 공급체계의 유형」윤영진 외 공저『사회복지서비스 재정지원방식』청목출판사（＝尹榮鎭（二〇〇九）「社会福祉サービス供給体系の類型」ユン・ジャン・ジ・キム共著『社会福祉サービス財政支援方式』青木出版社、一一三—一三四）。

이건우（二〇〇八）「일본 사회복지서비스 시장화 추이와 시사점」『KIET산업경제』一一〇、七二—八二（＝李ゴンウ（二〇〇八）「日本における社会福祉サービスの市場化の現状と示唆」『KIET産業経済』一一〇、七二—八二）。

이선영（二〇一一）「노인장기요양서비스 준시장의 한일 비교—국가규제와 시장기제의 현황 분석을 통해」『한국사회복지』一八、八七—一一六（＝李宣英（二〇一一）「高齢者介護サービス準市場の日韓比較——国家規制と市場要素の現状分析」『韓国社会福祉』一八、八七—一一六）。

이용재・박창우（二〇一一）「건강상태에 따른 소득계층별 의료이용의 형평성 변화」『사회복지정책』三八（一）、三三—五五（＝李ヨンゼ・朴チャンウ（二〇一一）「健康状態による所得階層別医療利用の公平性変化」『社会福祉政策』三八（一）、三三—五五）。

이원식（二〇〇六）「일본의 노인개호서비스 공급의 다원화・시장화에 관한 연구」『사회복지정책』二七、二二五—二五二（＝李元植（二〇〇六）「日本の高齢者介護サービスにおける供給の多元化・市場化に関する研究」『社会福祉政策』二七、二二五—二五二）。

이윤경（二〇〇九）「노인장기요양서비스의 지역별 공급 형평성 시계열 변화 분석」『보건복지포럼』一五八、五五—六三（＝李ユンギョン（二〇〇九）「老人長期療養サービスの地域別供給の公平性に関する時系列変化分析」『保健福祉フォーラム』一五八、五五—六三）。

이윤경（二〇一〇）「노인장기요양서비스 공급의 도농간 지역별 형평성 변화분석—二〇〇三년-二〇〇八년）」『사회복지정책』

三七（二）、二〇一―二二六（＝李ユンギョン（二〇一〇）「老人長期療養サービス供給の都市と農村との間における地域別公平性の変化分析――二〇〇三年―二〇〇八年」『社会福祉政策』三七（二）、二〇一―二二六）。

이인재（二〇一一）「사회서비스 제공기관과 인력」윤영진 외 공저『사회서비스 정책론』나눔의 집（＝李インゼ（二〇一一）「社会サービス提供機関とマンパワー」尹榮鎭・ヤンギョン・李インゼほか『社会サービス政策論』ナヌメジップ）。

이준우・서문진희（二〇〇九）「노인장기요양보험 재가서비스의 문제점과 개선방안」『한국노년학』二九（一）、一四九―一七五（＝李峻宇・ソムンジンヒ（二〇〇九）「老人長期療養保険の在宅サービスにおける問題点と改善方案」『韓国老年学』二九（一）、一四九―一七五）。

이혜경（一九九八）「민간 사회복지부문의 역사와 구조적 특성」『동서연구』一〇（二）、四一―七五（＝李惠炅（一九九八）「民間社会福祉部門の歴史と構造的な特徴」『東西研究』一〇（二）、四一―七五）。

전용호（二〇〇八）「노인장기요양보험의 서비스 질 관리 개선에 관한 연구―영국의 질 관리 시스템과 그 시사점을 중심으로」『사회복지정책』三三、三三五―三六一（＝全容昊（二〇〇八）「老人長期療養保険制度におけるサービスの質の管理の改善に関する研究――イギリスにおけるサービスの質の管理システムが示唆することを中心として」『社会福祉政策』三三、三三五―三六一）。

전용호・정영순（二〇一〇）「영국 사회서비스 분야의 유사시장 형성과 발전 과정에 관한 연구―한국 노인장기요양보험에 주는 시사점」『한국사회정책』一七（三）、二五七―二八七（＝全容昊・鄭ヨンスン（二〇一〇）「イギリス社会サービス分野の疑似市場の形成と発展過程に関する研究――韓国老人長期療養保険への示唆」『韓国社会政策』一七（三）、二五七―二八七）。

지은구（二〇〇九ａ）「사회복지 민영화의 비판적 검토」『상황과 복지』二七、三五―七八（＝池殷九（二〇〇九ａ）「社会福祉民営化に対する批判的検討」『状況と福祉』二七、三五―七八）。

지은구（二〇〇九ｂ）「사회복지 민영화와 노인장기요양보험제도」『한국사회정책』一五（二）、九九―一四三（＝池殷九（二〇〇九ｂ）「社会福祉民営化と老人長期療養保険制度」『韓国社会政策』一五（二）、九九―一四三）。

최성재 외（二〇〇〇）「노인 장기요양보호에 관한 한일 비교연구」『한국노년학』二〇（三）、一四三―一六七（＝崔ソンゼほか（二〇〇〇）「老人長期療養保護に関する韓日比較研究」『韓国老年学』二〇（三）、一四三―一六七）。

최원규（一九九六）「외국 민간원조단체의 활동과 한국 사회사업발전에 미친 영향」서울대학교대학원 사회복지학과 박사학위논문（＝崔元奎（一九九六）「外国民間援助団体の活動と韓国の社会事業の発展における影響」ソウル大学大学院社会福

祉学科博士学位論文)。

통계청（二〇一〇）『인구총조사』（＝統計庁（二〇一〇）『人口総調査』)。

하상락（一九八九）『한국사회복지사론』박영사（＝河相洛（一九八九）『韓国の社会福祉史論』バクヨン社)。

황덕순（二〇〇八）「시장원리 확대와 개인사회서비스의 변화—영국의 사례」『노동정책연구』八（三)、六三—九一（＝黄ドクスン（二〇〇八）「市場原理の拡大と個人社会サービスの変化——イギリスの事例」『労働政策研究』八（三)、六三—九一)。

〈英語文献〉

Abrahamson, Peter E. (1991) Welfare and Poverty in the Europe of the 1990s: Social Process or Social Dumping?, *International Journal of Health Service*, 21(2), 237-264.
Andrews, G. J. and Phillips, D. R. (2000) Moral dilemmas and the management of private residential homes : the impact of care in the community reforms in the UK, *Ageing and society*, 20, 598-622.
Ascoli, Ugo and Ranci, Costanzo (2000) *Dilemmas of the welfare mix: the new structure of welfare in an era of privatization*, Kluwer Academic.
Bailey, Stephen J. (1999) *Local government economics*, Principles and practice, MacMillan Press.
Barr. N. (2004) *The Economics of the Welfare State*, Oxford University Press.
Blöchliger, B. (2008) Market Mechanisms in Public Service Provision, *OECD Economics Department Working Papers*, No. 626.
Boyett, I. and Finlay, D. (1995) The quasi-market, the entrepreneur and the effectiveness of the NHS business manager, *Public Administration*, 73(3), 393-411.
Bruttel, O. (2005) *Contracting-out and Governance Mechanisms in the Public Employment Service*, Discussion Paper, Wissenschafi.
Care Quality Commission (2012) The state of health care and adult social care in England.
Chalkley, M. and Malcomson, J. M. (1996) Competition in NHS Quasi-Markets, *Oxford Review of Economic Policy*, 12(4), 89-99.

Claudius, P. (2006) Co-operation between Social Service Providers: A Comparison between Germany and Greece, *Social Work&Society*, 4(1), 92-110.

Culyer, A. and Wagstaff, A. (1993) Equity and equality in health and health care, *Journal of Health Economics*, 12(4), 430-457.

Cutler, T. and Waine, B. (1994) *Managing the Welfare State: The Politics of Public Sector Management*, Berg Publishers Limited.

Davey, V., Fernandez, J. L. and Knapp, M. et al. (2007) *Direct Payments: a National Survey of Direct Payments Policy and Practice, Personal Social Service Research Unit*, London School of Economics and Political Science Press.

Department of Health (1999-2003) Community care statistics 1999-2003 : Community Care Statistics 2003 Home care services for adults, England.

Department of Health (2012) Fair Access to Care Services: Guidance on Eligibility Criteria for Adult Social Care.

Dinitto, D. M. and Dye. T. R. (1983) *Social Welfare: Politics and Public Policy, Englewood Cliffs*, Prentice-Hall.

Evers, A. (1993) The Welfare Mix Approach: understanding and pluralism of welfare systems, in Evers, A. and Svetlik, I., eds. *Balancing pluralism: New welfare mixes in care for the elderly*, Avebury.

Fernandez, J. L., Kendall, J. and Davey, V., et al. (2007) Direct payments in England : factors linked to variations in local provision, *Journal of Social Policy*, 36(1), 97-122.

Freeman, R. B. (1998) *Reforming the welfare state: the Swedish model in Transition*, University of Chicago Press.

Gilbert, H. and Terrel, P. (2005) *Dimensions of social welfare policy*, Allyn and Bacon.

Glendinning, C. (2008) Increasing Choice and Control for Older and Disabled People: A Critical Review of New Developments in England, *Social Policy & Administration*, 42(5), 451-469.

Glennerster, H. (1997) *Paying for Welfare: towards 2000*, Prentice Hall, Hemel Hempstead, UK.

Gough, I. (1999) Welfare regime: On adapting the framework to developing countries, *SPDC working paper no.1*, University of Bath.

Harden, I. (1992) *The Contracting State, Buckingham*, Open University Press.

Hills, J. (1990) *The State of Welfare The Welfare State in Britain since 1974*, Clarendon Press.

Jimenez, J. S., Chaparro, F. P. and Smith, P. C. (2003) Evaluating the introduction of a quasi-market in community care, *Socio-Economic Planning Sciences*, 37, 1-13.

Johnson, N. (1987) *The Welfare state in Transition: The theory and Practice of Welfare Pluralism*, Harvester Wheatsheaf.

Jones, K. (1991) *The making of social policy in Britain: 1830-1990*, Athlone Press.

Kähkönen, L. (1998) Quasi-markets, competition and market failures in government services, *Kommunal ekonomi och politik*, 8(3), 31-47.

Kendall, J., Knapp, M. and Forder, J. (2006) Social care and the nonprofit sector in the Western developed world, Powell, W. W. and Steinberg, R. eds. *The non-profit sector*, Yale University Press, New Haven & London.

Klein, Rudolf (2001) *The new politics of the National Health Service*, 4th ed., Prentice Hall.

Knapp, M., Hardy, B. and Forder, J. (1999) Is the independent sector important in social care?, *PSSRU Bulletin*, 11(2), 14-17.

Knapp, M., Hardy, B. and Forder, J. (2001) Commissioning for Quality : Ten Years of Social Markets in England, *Journal of Social Policy*, 30(2), 283-306.

Laing and Buisson (2003) *Domiciliary Care Markets 2003*, Laing & Buisson.

Le Grand, J. (1999) Competition, cooperation, or control? Tales from the British National Health Service, *Health Affairs*, 18(3), 27-39.

Le Grand, J. (2007) *The Other Invisible Hand: Delivering Public Services Through Choice and Competition*, Princeton University Press, Princeton, NJ, USA.（＝二〇一〇、後房雄訳『準市場 もう１つの見えざる手――選択と競争による公共サービス』法律文化社）。

Le Grand, J., Bartlett, W. eds. (1993) *Quasi-Markets and Social Policy*, The Macmillan press.

Lewis, R., Smith, J. and Harrison, A. (2009) From quasi-market to market in the National Health Service in England: what does this mean for the purchasing of health services?, *J Health Service Policy*, 14(1), 44-51.

Lowery, David (1998) Consumer Sovereignty and Quasi-Market Failure, *Journal of public administration research and theory*, 8(2), 137-172.

Mathew, D. (2004) *Commissioning Home Care : Changing Practice : Delivering Quality?*, UKHCA.

Matosevic, T., Knapp, M. and Kendall, J. et al. (2001) *Domiciliary Care Providers in the Independent Sector*, PSSRU.

McAfee, R. P. and McMillan, J. (1987) Auctions and Bidding, *Journal of Economic Literature*, 25(2), 699-738.

Mooney, G. (1994) *Key Issues in Health Economics*, Harvester Wheatsheaf.

Player, S. and Pollock, A. M. (2001) Long-term care : from public responsibility to private good, *Critical Social Policy*, 21(2), 231-255.

Powell, M. (2003) Quasi-markets in British Health Policy: A Longue Durée Perspective, *Social Policy & Administration*, 37 (7), 725-741.

Reisman, D. (2001) *Richard Titmuss: Welfare and Society*, Palgrave, London.

Rose, R. (1989) Welfare: the Public/Private Mix, Sheila, B. Kamerman and Alfred, J. K. Eds. *Privatization and the Welfare State*, Princeton University Press.

Salamon, L. M. and Anheier, H. K. (1998) Social Origins of Civil Society: Explaining the Nonprofit Sector Cross-Nationally, *Voluntas*, 9(3), 213-248.

Samuel, M. (2011) Expert guide to direct payments, personal budgets and individual budgets, (http://www.communitycare.co.uk/Articles/19/08/2011/102669/direct-payments-personal-budgets-and-individual-budgets.htm) 2013.07.05.

Savas, E. S. (1987) *Privatization: The Key to Better Government*, Chatham House Publishers.

Savas, E. S. (2000) *Privatization and Public Private Partnership*, Seven Bridges Press.

Starr, P. (1988) The Meaning of Privatization, *Yale Law & Policy Review*, 6(1), 6-41.

The NHS Information Centre (2004-2008) Community Care Statistics 2008 : Home Help/Care services for adults, England.

The NHS Information Centre (2005-2007) Community Care Statistics 2005-2007 : Supported Residents (Adults), England.

The NHS Information Centre (2009-2012) Community Care Statistics 2009-2012 : Social Services Activity Report, England.

The NHS Information Centre (2009-2012) Personal Social Services : Expenditure and Units Cost, England.

Wagstaff, A. and Van Doorslaer, E. (1993) Equity in the finance and delivery of health care, in Van Doorslaer, E., Wagstaff, A. and Frans Rutten (eds.), *Equity in the finance and delivery of health care: an international perspective*, Oxford University Press, 7-19.

Walsh, K. (1995) *Public Services and Market Mechanisms*, Basingstoke: Macmillan.

Wilding, P. (1986) *In defence of the welfare state*, Manchester University Press.

Wistow, G., Knapp, M. and Hardy, B. et al. (1996) *Social Care Markets : Progress and Prospects*, Open University Press.

Yeandle, S. and Stiell, B. (2007) Issues in the development of the direct payments scheme for older people in England, Ungerson, C. and Yeandle, S. eds. *Cash for Care in Developed Welfare States*, Palgrave Macmillan, 104-136.

あとがき

筆者が最初に介護保険制度の関連業務に関わったのは、二〇〇八年に韓国の高齢者福祉館に社会福祉士として在職していた時であった。そのころ、ちょうど老人長期療養保険制度が施行された時期であり、同法律下で事業をするために多様な基盤の整備が行われた過渡期であった。介護サービスを引き続き利用するために、利用者は要介護認定を受けなければならず、その家族は新たに策定された利用料を負担しなければならなかった。要介護認定を受けられなかった者は利用を終了する危機に直面する事例もあった。さらに、既存の利用者に対する経過措置がほとんどない状態で施行された同制度は利用者とその家族や職員にまで混乱を招いた。政府は利用者に質の良いサービスを提供し、家族には介護負担を軽減するために制度を設けたと力説したが、制度の施行以後、そのメリットを経験する前にデメリットに直面した。その当時の李明博（イ・ミョンバク）政権は「能動的福祉（Active Welfare State）」を福祉政策のキャッチフレーズとして掲げ「市場を通して福祉を提供する」ことを政策全般に渡って強調してきた。つまり、一方的な福祉サービスの受給者を量産するのではなく、経済活動の動機を妨げないレベルで、最小限のサービスを提供し、他は労働能力を活用して自ら福祉ニーズに対応していくという非常に消極的な福祉政策のことを意味するものであった。

能動的福祉とは、イギリスなどのヨーロッパ福祉国家において受給者の労働忌避を防ぐための労働市場誘導政策の一環として登場した概念である。そこで、韓国の福祉政策が能動的福祉を掲げるほど高い水準のものであったのかなど、筆者はさまざまな問題意識が生まれた。そして、それは福祉の市場政策が供給者および利用者にいかなる影響を与えるかについて深く考えるきっかけとなり、福祉分野の準市場体制に関する研究を韓国のみならず日本の介護保険制度との比較を通して、より明確に示したいという発想に至ったのである。その後、同志社大学大学院社会学研究科に入学し、博士前期・後期課程の五年間に高齢者ケアサービス準市場の日韓比較研究を進めていくことができた。

本書は、二〇一四年に同志社大学に提出した博士（社会福祉学）論文をもとに、加筆・修正を加えたものである。本書の形になるまでには、多くの方々のご指導、ご協力、そして励ましをいただいた。とくに、指導教官である埋橋孝文先生に深く感謝いたします。終始温かくかつ厳しく論文のご指導をいただいたことはもちろん、「自分なりの視点をもって研究に向かう姿勢」、また「創造力や批判力など研究者としてもつべき能力」まで丁寧に教えていただいた。そのうえ、様々な学会やシンポジウムなどで報告の機会を与えてくださったお蔭で、多くの先生方から研究についての貴重なアドバイスをいただくことができた。本書の刊行においても、埋橋先生の多大なご支援があってこそ可能になったといえる。副指導教官の上野谷加代子先生には、好意的なご意見と的確なアドバイスをいただき、研究活動の大きな励みになった。特に、現場からの視点に立った研究を大事にされる上野谷先生の日頃のコメントは、現場で働くようになった今、身にしみて感じられる。東京経済大学の金成垣先生には、博士前期課程の時から現在に至るまで研究の進め方など、日頃より相談にのっていただき、研究の楽しさと難しさを教えてくださった。さらに博士論文の副指導教官として、研究内容の細かいところまで有益なコメントをいただくことができた。研究者としての金先生の姿は筆者のロール・モデルとなり、ここまで辿り着くまでの大きな力となった。本書の推薦文を書いていただいた東京大学の武川正吾先生には、様々な学会や研究会、国際シンポジウムなどでフォーマル・インフォーマルにかかわらず研究についてのアドバイスをいただき、研究をすすめるにあたり色々な側面から考えさせられる機会を与えてくださった。

また、様々な現場の方々にもご協力をいただいた。以前、在職していた韓国の眞覚福祉財団の職員は福祉現場からのアドバイスをくださり、さらに第一線で福祉サービスを提供されている方々をご紹介いただき、現場の話を聴くことができた。現在、在職している社会福祉法人こころの家族の職員からも日本の現場の視点に立ったコメントを聴くことができた。特に実証研究において様々な職員と意見交換ができ、現実的な分析枠組みをたてるのに役立った。このような貴重な機会を提供してくださった理事長の伊基様、故郷の家・京都の施設長 巽耕作様、ケアハウスの施設長 朴正米様、介護課長の衣川比呂志様に心から感謝したい。

また、本書の刊行・編集にあたっては、ミネルヴァ書房の河野菜穂さんに大変お世話になった。お礼を申し上げたい。最後に、これまで私をいつも温かく見守り支えてくれた祖父母や両親に心から感謝の気持ちを贈りたい。

本書の執筆にあたり、お世話になったすべての方々に改めて感謝しながら、福祉の実践者として、そして研究者としてこれからも自分自身を絶えず磨いていきたい。

二〇一五年三月

李 宣英

崔元奎　144,146
通所介護　65,182,185,189
動機づけ　6,84,89,221,228,261
同居家族療養保護士　73
独立部門　34,42,53
取引費用と不確実性　6,83,89,221,227,260

な　行

内部市場　4
南燦燮　142
二重構造　98
日韓比較　93,113,161,169,180,190
日本型福祉社会論　2
日本型福祉レジーム　28
入札競争　60,250,254

は　行

Bartlett, W.　4
狭間直樹　31,68,70
ヒューマンサービス　252
平岡公一　68,69
広井良典　33,71
福祉元年　28
福祉国家　4,24
福祉混合　19
福祉多元主義　18,19
福祉ミックス　19,21,24
福祉用具貸与　185
Bruttel, O.　76
Blöchliger, B.　39-41
Barr, N.　37-39
Boyett, I.　63,64
保育インフラ　203,208,215
訪問介護　65,182,185,189
訪問入浴介護　65,185
北場勉　122,123,130
ポーン　70,266
本人負担分　97,111

ま　行

増田雅暢　171
未申告社会福祉施設　155
民営化　7,57,253
民営化なき市場化　7,117,253
民間委託　147,154
民間営利部門　19
民間組織　24,132
民間非営利部門　19
モラルハザード　81,227

や・ら行

やりがい　228,242,252
要介護認定　65,72,109,175
横山寿一　31
利用者補助型　69,70,91
療養保護士　73,106,206
利用量　169,174
理論的脆弱性　72
Le Grand, J.　4,29,30,31,78,87,169,194,221,224,226,228,263
老人医療費　28,113
老人専門療養施設　73,188
老人長期療養保険制度　3
老人福祉施設　34,125,127,133,153
老人福祉法　126,150,153,159
老人療養共同生活家庭　73,188
老人療養施設　73,188

高齢者ケア　10,87,93,118,255
国際比較　24,69,72,263
国民健康保険公団　46,73
個人予算制度　48,91
国家介入　38,39,256
国家規制　4
国家実施責任　7,124,133
駒村康平　5,33
コミュニティケアサービス　3,47,50,60
児山正史　32,68,70

さ 行

サービス購入型　69
財政主体と供給主体の分離　10,37,41,118,135,141,149,258,262
在宅サービス　47,48,53
サッチャリズム　2
佐橋克彦　31,32,68,72
GHQ　7,28,119,124,133
時間差　135,165,262
支給限度額　94,97,111
市場化　1,3,25,78,253,256
市場原理　2,4,31,38,39,256
市場構造　6,78,88,221,224,260
市場参入　97,98,100,236
市場集中度　193
市場退出　234,247
市場の要素　95,113,257
施設介護インフラ　203,204,215
施設介護サービス　178,183
社会サービスインフラ　195,214
社会政策　3,7,264
社会福祉館　152
社会福祉士　102,104,114,232,257
社会福祉事業法　123,126,133,147,158
社会福祉法人　98,122,144,147,185,188
社会保険方式　22,79,256
集中曲線　201
集中度指数　202
準市場　4,8,29,60,68,75,94,113,117,133,139,158,161,219,245,253
準市場構造　93,98,109
準市場の拡大　129,154,162,163
準市場の形成　126,153,162,163
準市場の失敗　61,62
準市場の成功前提条件　78,221,259,263
準市場の全面的な定着　135,158,162,163
準市場理論　6,8,89,253,254,262
準の要素　94,97,113,257
情報　6,81,88,221,226,260
人員配置基準　100,113,114,257
申告制　154,160,259
新自由主義　2,27,28
垂直的公平性　196
水平的公平性　196
SCAPIN775　28,120
生活保護法　123,150
政府購入型　70
設置主体　24,41
前期高齢者　173
選択権　56,132,160
選択性　263
先発福祉国家　262
専門職購入型　70
石才恩　178
措置制度　3,30,36,126,127,189
措置費　127,137

た 行

第一種社会福祉事業　123
第三セクター　18,19,26
第二種社会福祉事業　123
タイムラグ　3,262
ダイレクト・ペイメント　48,55,90
武川正吾　7,220
田多英範　120,121
短期入所生活介護　65,185
地域間格差　194,197,215
地域包括支援センター　179
地域密着型サービス　65,179,180

索　引

あ　行

圷洋一　70
蟻塚昌克　118,122
イコール・フィッティング　70
委託方式　22
李恵炅　141,146
医療インフラ　203,212,215
Walsh, K.　62
運営主体　24,41,180,232
営利法人　98,131,164,185
χ二乗検定　229,230,235,239,242,243
NHSおよびコミュニティケア　5,57
Evers, A.　19
オイルショック　1,27
応益負担　41,67,256
応答性　61,71,263
応能負担　126,229,256
公の支配　7,123,124,133

か　行

外国援助団体　141,144
介護職　252,267
介護職員処遇改善加算　194,251
介護報酬　105,107,217,239,254
介護保険給付　66
介護保険施設　188
介護保険制度　3,18,64,171
介護療養型医療施設　65,91,188
介護老人福祉施設　65,188,201
介護老人保健施設　65,188
価格競争　64,78,105,224
価格統制　78
家族療養費　73,91
疑似市場　4,33,71
規制緩和　185
規制者　63,265,267
逆選択　81,86,227
教育インフラ　203,210,215
供給者　22,29,36
供給者と購入者の分離　5,6,36,253
供給主体　18,23,24,180
供給量　169,174,180
京極高宣　41
競争原理　68,98,254
許可制　143,160,259
居宅介護インフラ　203,206,215
居宅介護サービス　178,182,185
Gilbert, H.　19
クイーン　70,266
クリーム・スキミング　6,86,90,221,228,261
ケアマネジャー　50,73
現金給付　55,73
憲法第89条　28,121
公益法人　122,147
後期高齢者　171,173
公共性　124,264
公共組織　24,132
公私分離の原則　28,121
公的規制　31,94
購入者　5,6,36
購入と供給の分離　5,33
購買代理者　29
後発福祉国家　262
公平性　71,86,195,201,263
効率性　71,83,263
高齢化　171

《著者紹介》

李　宣英（い・そんよん）

1984年　韓国ソウル生まれ。
2008年　韓国江南大学社会福祉学部卒業後、韓国の社会福祉法人勤務を経て、
2014年　同志社大学大学院社会学研究科博士後期課程修了。博士（社会福祉学）。
現　在　関西看護医療大学非常勤講師、社会福祉法人こころの家族勤務。
主　著　「高齢者介護サービス準市場の日韓比較——国家規制と市場要素の現状分析」『韓国社会福祉』18巻（韓国語）、2011年。
「高齢者介護サービスの利用量と供給量の推移に関する日韓比較——日本の介護保険制度が韓国の老人長期療養保険制度へ示唆するもの」『同志社社会福祉学』26号、2012年。
「韓国における介護サービス市場の現状——「競争」と「規制」に対する供給者の認識調査をとおして」『Int'lecowk』67巻10号、2012年。
「日韓における介護インフラの地域間公平性分析——他の社会サービスインフラとの比較を通して」『社会政策』5巻2号、2013年。

MINERVA社会福祉叢書㊽
準市場の成立は高齢者ケアサービスを変えられるか
——日韓の比較実証分析——

2015年4月30日　初版第1刷発行　〈検印省略〉

定価はカバーに
表示しています

著　者　李　宣英
発行者　杉田啓三
印刷者　藤森英夫

発行所　株式会社　ミネルヴァ書房
607-8494　京都市山科区日ノ岡堤谷町1
電話075-581-5191／振替01020-0-8076

亜細亜印刷・新生製本

ISBN978-4-623-07285-9

Printed in Japan